清西陵三百年

邢宏伟 著

中国建材工业出版社
北京

图书在版编目（CIP）数据

清西陵三百年 ／ 邢宏伟著.-- 北京：中国建材工业出版社，2025.3.-- ISBN 978-7-5160-4241-0

Ⅰ.K928.76

中国国家版本馆CIP数据核字第2024SN2515号

清西陵三百年
QINGXILING SANBAINIAN

邢宏伟　著

出版发行：中国建材工业出版社
地　　址：北京市西城区白纸坊东街2号院6号楼
邮　　编：100054
经　　销：全国各地新华书店
印　　刷：万卷书坊印刷（天津）有限公司
开　　本：710mm×1000mm　1/16
印　　张：17
字　　数：300千字
版　　次：2025年3月第1版
印　　次：2025年3月第1次
定　　价：168.00元

本社网址：www.jskjcbs.com，微信公众号：zgjskjcbs
请选用正版图书，采购、销售盗版图书属违法行为
版权专有，盗版必究。本社法律顾问：北京天驰君泰律师事务所，张杰律师
举报信箱：zhangjie@tiantailaw.com　举报电话：(010) 63567684
本书如有印装质量问题，由我社事业发展中心负责调换，联系电话：(010) 63567692

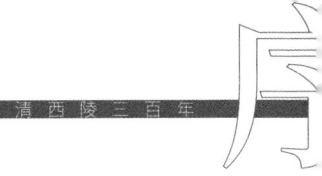

春节刚过，我便收到了邢宏伟老师的邀约，邀我为她的新书《清西陵三百年》作序，我很高兴地立刻答应下来。要说当时的心情，我既为邢宏伟老师的新作问世而高兴，也为清西陵的历史研究有了新的进展而高兴。

清西陵是雍正皇帝长眠的地方，我曾在百家讲坛主讲过《雍正皇帝》，因而对清西陵及其所蕴含的丰富的历史文化内涵做过一些研究。

清西陵建于1730年至1915年，先后有雍正、嘉庆、道光、光绪四位皇帝埋骨于此，规模宏大，保存完整。陵区内遍布古松古柏，空气清新，景色宜人。清西陵的营建经历了清王朝从康乾盛世到被逐出紫禁城的历史过程，是清朝由盛转衰、从兴到亡的真实写照。此后，清西陵又历经民国初年的军阀混战、抗战时期的兵戎战火，宏伟壮丽的陵园渐趋荒芜和破败。中华人民共和国成立后，在党和政府的高度重视下，清西陵的古建筑和历史环境都得到了较好的修复和管理，不仅呈现出昔日高光时刻的面貌，而且已经成为驰名中外的旅游胜地，成为传播我国优秀传统文化的重要场所。

因此，对清西陵的研究是清史研究和中国近代史研究不可或缺的重要组成部分，并一直为清西陵管理部门高度重视。经过几十年的深耕研学，诞生了一批有分量的学术成果，涌现出了几位在清宫史界有一定影响的专家学者，本书作者邢宏伟老师则是新生代中的佼佼者。

因为工作关系，我曾多次去过清西陵，尤其近十几年来，更是往返数十次，也正因此和邢宏伟老师结下了深厚的友谊。

第一次见到作者，大概是2013年，我和清史工程的几位同事去西陵调研。其间，邢宏伟老师作为《河北省清陵志·西陵卷》的执行主编，向我们详细汇报了这本书的编写情况。由于这是西陵的第一部志书，从省里到西陵都非常重视，也希望我们一行能提供一些有益的意见和建议。虽然志书的内容很庞杂，但邢老师的汇报条理清晰，语句流畅，从框架到内容，娓娓道来，给我们一行留下了深刻的印象。后来因为参与清西陵文化展示项目的策划工作，我们又有了多次交流和深入细致的探讨，也因此对邢宏伟老师有了更多的了解。她心境淡泊，谦逊好学，对清西陵的研究深怀敬畏之心。

邢宏伟老师在西陵工作30余年，数十年如一日，潜心研究清西陵历史，是真正的西陵通，《清西陵三百年》这部书汇聚了她几十年的心血，也融汇了近30年来最新的史学研究成果，对建筑、人物、礼仪、制度等都有详尽而客观的记述，尤其是对西陵选址、陵寝盗案、地宫清理、光绪死因、周边王陵等热点话题，更是增加了更多新的史料佐证。本书写作对象是清西陵，但不局限于清代，对清帝退位后，民国年间和中华人民共和国成立后的清西陵发展保护历程也进行了记录。

  清西陵的一砖一瓦都是故事，一草一木都有传说。本书内容以历史档案记载为基础，适当加入典故、传闻，从多维的角度，以翔实的细节描述了一个您并不完全了解的清西陵，更以生动的笔触引领您纵览清西陵这一神秘庄严的皇家禁地，聆听每一座建筑背后的历史故事。所以《清西陵三百年》是了解和研究清西陵的首选读物。

著名清史专家、百家讲坛主讲人、中国政法大学教授

2025 年 2 月于北京

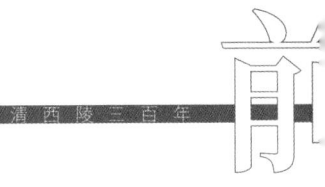

皇陵是皇权的象征，是中国古代礼乐文明的物质表现形式，是中华文明的重要载体。"圣天子孝先天下，首重山陵"，建造皇陵是每个帝王登基后的首要大事。为了体现"厚葬以明孝"，皇陵的建设无不举全国之力，融汇最优良的建材、最先进的工艺技术和最高等级的思想信仰，以其地上地下高水平的建筑与布局成为当时最高水平的人生观、世界观与物质文明的代表作，具有珍贵的历史、艺术和科学价值。除了礼制要求外，陵墓建设更多地融入了帝王们的个人意志和时代特征，因而每座陵墓又呈现出不同的面貌，成为一个时代和帝王政治具像化的写照。

世界文化遗产清西陵是中国皇陵史上建筑年代最晚的一处，坐落于被誉为"千年古县，绿色之州"的易县，在城西的永宁山脚下，始建于公元1730年，完工于1915年。在这186年间，相继建成了泰陵、昌陵、慕陵、崇陵四座皇帝陵及其附属陵寝十座，安葬着雍正、嘉庆、道光、光绪四朝的帝王后妃80人。1995年，末代皇帝溥仪的骨灰也迁葬至西陵保护区内的华龙皇家陵园。陵区内还建设有行宫、永福寺、护陵营房、衙署等众多附属建筑，是现存规模宏大、保存最完整、建筑类型最齐全的古代皇室陵墓群。

2000年，世界遗产委员会在审议包括清西陵在内的中国明清皇家陵寝时评价说："明清陵寝是在中国封建社会盛行的信仰、世界观和风水理论的活生生的见证。它们不仅是埋葬杰出人物的陵园，而且也是记录中国历史上重大事件的场所。"如从雍正三年（1725年）雍正在易县勘选陵址算起，至今已有300年。1730年，清西陵的首陵泰陵破土动工之时，正值清朝最为强盛的时期——康雍乾盛世，而1913年最后一座帝陵崇陵封闭地宫石门时，中国社会已经步入中华民国时期。所以，清西陵的四座帝陵等16组建筑群，无论建筑规模，还是营建历程，无不反映出清王朝由盛转衰再到灭亡的历史发展进程，它所映射出的是清王朝兴衰的背影。清朝灭亡后，清西陵又经历了民国动乱，昔日宏大的陵园逐渐变得衰败和荒芜。中华人民共和国成立后，国家高度重视清西陵的保护和管理，古建筑修缮，整体环境的治理恢复，文物活化研究和利用，旅游开放的不断深化，使清西陵焕发出前所未有的生机和活力。历史的每一次跨越，都在这里留下了弥足珍贵的印迹。

作为中国历史上建筑年代最晚的帝王陵墓群，清西陵是中国古代陵寝建筑的集大成者，其建筑技艺之精湛、品种之齐全、保存之完整在中国皇家陵寝建筑中绝无仅有。清西陵拥有数百座古建筑以及数以千计的雕刻作品和绘画作品，徜徉其间，犹如走进了中国传统艺术的博物馆。432座古建筑，依据清代官式做法，在严格遵守森严等级制度的同时，又不拘泥于典制，具有很强的创造性。四座帝陵中除崇陵地宫被盗外均保存完整，泰陵的三座石牌坊、昌陵隆恩殿内的花斑石墁地、慕陵的金丝楠木殿、昌西陵的回音壁以及永福寺、行宫和阿哥园寝都是清陵建筑中保存最完整的珍品，堪称中国古代保存最

清西陵全图

清西陵主要建置全图
A complete picture of the main construction in the Western Qing Tombs

完整、最具特色的皇陵建筑群。

　　清朝的皇帝们在为自己选择陵址的时候,严格遵守中国传统的环境观,是古代山水法则的忠实践行者。这里"万峰环列,百泉回绕",山川秀美,景物天成。陵区北有永宁山,如巨帐横展,雄浑有力,屏立于陵寝后方,是陵寝的后靠;西有云蒙山,东有福山,盘旋萦回,为陵寝的左辅右弼;南有元宝山,明净端庄,如持笏朝揖,是陵寝的朝山;元宝山两侧,又有东、西华盖山,左右相对,高耸伟岸,形成陵区的天然陵阙;近处有小巧圆润的蜘蛛山为案山,形成一个西北方高大严实、东南方略微开敞的相对封闭的小环境。陵区内有北易水河如玉带环绕,十余条支流贯穿陵区,为陵区提供了充沛的水源。群山诸水相辅相成,形成了典型的青龙、白虎、朱雀、玄武四方位。当年,负责为雍正勘选陵址的怡亲王允祥和福建总督高其倬曾称赞这里是"龙穴砂水无美不收,形势理气诸吉咸备,山脉水法条理详明"之壤。西陵还遗存300岁以上古松13000余株,是华北最大的人工古松林,被誉为可以深呼吸的天然氧吧,自然生态环境优越。

　　如果说西陵的山川形胜为天造地设,那么历经186年的精心营建,数百座建筑与自然景观的巧妙结合,则使整个陵区成为一处"天人合一"的文化景观,傲然屹立于中国古代建筑的巅峰。清西陵的设计者秉承山陵艺术的设计理念。"遵照典礼之规制,配合山川之胜势"和"陵制与山水相称"的原则,将秀美山川作为设计的主体,各种不同形

清西陵鸟瞰图(引自天津大学测绘集)

泰陵、昌陵鸟瞰图

式、规模的陵寝建筑以巧妙的视角、适宜的尺度、变幻丰富的组织序列布列于山川间，使人文景观与自然景观得到充分的融合。清末孙鼎烈在《永宁山扈从纪程》中曾这样描绘西陵形胜："（永宁山）山势自太行来，巍峨耸拔，脉秀力丰。峻岭崇岗，远拱于外，灵岩翠岫，环卫其间。迄下山岗无数，如手之有指。每两岗间平坦开拓处，诸陵在焉，花之瓣、笋之箨，层层包护"，"龙蟠凤翥，源远流长，左右回环，前后拱卫，实如玉笏金城"，取景自然，又高于自然，达到了虽由人作、宛自天开的艺术效果，被联合国教科文组织誉为"世界上独一无二的文化景观，是人类具有创造性的天才杰作"。

清西陵建陵之初，就从北京和东北迁来大批满族人从事陵寝的管理和祭祀活动，这些守陵人都居住在统一建造的营房内。这些营房的规模大小、房舍多少不尽相同，但建筑形式基本一致。每座营房都有围墙环绕，围墙内房舍有序，户巷相对，等级分明。如今，这些营房都已演变成现在的村落。清西陵保护区内共有这样的村落 15 个，大部分保持了清代的样貌，虽历经 200 余年的历史变迁，依然完好地保存着营房围墙、大门、衙署、庙宇、街道、古井等古建筑的原始风貌，浸润出独有的地域风情。清代民俗、技艺、饮食等传统文化在守陵村里代代相传，已成功申报多项非物质文化遗产项目。其中，摆字龙灯已于 2008 年被列入国家级非物质文化遗产名录。

正鉴于此，一直以来，清西陵吸引了众多文化学者来探索研究她，各地的游客朋友来了解和欣赏她。因此，本书力图以多维的角度、翔实的细节来讲述清西陵的故事，努力把她丰富的人文历史、精湛的传统艺术、美丽的自然景观呈现给广大读者。

著者

2025 年 1 月

第一章 清西陵的由来

第一节	清代皇陵的脉络	001
第二节	清西陵的肇建缘由	004
第三节	曲折的选址历程	007
第四节	完美的山川形胜	010
第五节	清西陵的勘定者——高其倬	015
第六节	清西陵的设计者——样式雷	016
第七节	清西陵古松林的由来	020
第八节	西陵八景	024

第二章 泰陵与雍正皇帝

第一节	气势恢宏的首陵	028
第二节	完备的建筑序列	030
第三节	被紧急叫停的考古发掘	041
第四节	一代名君的勤勉人生	046
第五节	雍正死因之谜	049
第六节	雍正的结发妻子和后宫挚爱	055
第七节	规模最大的皇后陵——泰东陵	058
第八节	一个秀女的逆袭传奇	060
第九节	嫔妃们的最终归宿——泰陵妃园寝	062

第三章 昌陵与嘉庆皇帝

第一节	太上皇选陵址与昭穆相建制度的出炉	065
第二节	谨遵祖制的昌陵	068
第三节	工程大案频发	071
第四节	谨遵祖训的守成皇帝	073
第五节	仅做了十三个月皇后的孝淑睿皇后	077
第六节	昌西陵的回音壁与回音石	077
第七节	执掌中宫时间最长的皇后	080
第八节	昌陵妃园寝与嘉庆的嫔妃们	082

第四章 慕陵与道光皇帝

第一节	三选陵址与两次建陵	086
第二节	慕陵陵名的由来	089
第三节	外简内奢的慕陵	090
第四节	历史转折时期的节俭皇帝	095
第五节	被三次安葬的孝穆成皇后	099
第六节	同安地宫的孝慎成皇后	100
第七节	道光最宠爱的孝全成皇后	101
第八节	一反常规的慕东陵	103
第九节	慕东陵的皇后和嫔妃们	105

第五章 崇陵与光绪皇帝

第一节	五朝相度的吉地	113
第二节	光绪亲选陵址的见证——"金龙峪金星宝盖志桩"	115
第三节	停工易主	119
第四节	罢工风潮	122
第五节	接轨近代科技的崇陵	123
第六节	崇陵被盗和清理经过	125
第七节	大志难抒的囚徒天子	131
第八节	光绪死因之谜破解经过	135
第九节	皇位终结者——隆裕皇太后	140
第十节	崇陵妃园寝与珍瑾二妃	142
第十一节	"夜盗珍妃墓"疑案	147

第六章 末代皇帝宣统的『万年吉地』

第一节	最后的"万年吉地"	150
第二节	末代皇帝的跌宕人生	152
第三节	魂归祖陵	153

第七章 清西陵的王爷公主阿哥园寝

第一节	雍正嫡长子端亲王弘晖园寝	156
第二节	年妃之子怀亲王福惠园寝	157
第三节	雍正大阿哥弘时园寝	159
第四节	嘉庆两位公主的园寝	161

第八章 清西陵附近的皇亲贵胄墓

第一节	雍正赐坟地，允祥吞黄土——怡贤亲王允祥园寝	163
第二节	中规中矩的王爷园寝——果毅亲王允礼园寝	168
第三节	亲王规制的郡王园寝——果恭郡王弘曕园寝	171
第四节	坐南朝北的倒座坟——淳度亲王允祐园寝	174
第五节	早于西陵营建的裕亲王园寝	176
第六节	西陵第一任守护大臣贝勒允祎园寝	179
第七节	雍正宠臣田文镜墓	181
第八节	崇陵植树大臣梁鼎芬墓	183
第九节	民国总理赵秉钧墓	186

第九章 梁格庄行宫与永福寺

第一节	梁格庄行宫	189
第二节	皇家寺庙永福寺	193

第十章 陵寝礼仪

第一节	皇帝丧葬仪式	199
第二节	帝后的随葬物品	204
第三节	雍正钦定随葬物品	206
第四节	光绪帝后棺内随葬物品清单	207
第五节	皇帝谒陵与谒陵铁路专线	209
第六节	西陵的祭祀礼仪	212
第七节	祭品名目	215

第十一章 清西陵的保护管理

第一节	清朝对西陵的管理	218
第二节	清朝管理守护机构与现今地名对照	223
第三节	清朝时西陵的修缮	224
第四节	中华民国时期的清西陵	226
第五节	中华人民共和国成立后对清西陵的保护和建设	228

附录

一、清西陵大事记	231
二、清朝皇帝简表	250
三、清帝谒陵简表	252
四、参考文献	253
后　记	256

第一章
清西陵的由来

第一节 清代皇陵的脉络

清朝是以来自东北的游牧民族满族为统治者的王朝，也是中国历史上最后一个封建王朝。公元 1644 年清朝入关后，一方面受先进汉文化的感召，另一方面为了彰显自己的正统地位，在国家典章制度等方面基本沿用了明朝的制度体系，陵寝制度也不例外。

清朝自清太祖努尔哈赤开基至辛亥革命后宣统皇帝退位，其间 295 年（1616—1912 年），历经 12 位皇帝。12 位皇帝的陵寝按其建陵年代和地理位置可分为三脉，即清初的关外三陵和入关后的清东陵、清西陵（图 1-1）。

清朝入关前的皇陵建在关外，称清初三陵，又称关外三陵或盛京三陵，包括永陵、福陵、昭陵三座皇帝陵寝，均位于今辽宁省境内。这三处陵寝都曾经在顺治、康熙和乾隆几朝改扩建，但依然保留了比较浓厚的满族关外建筑特点。

永陵建于明末，顺治十六年（1659 年）定名为永陵，坐落在辽宁省新宾县启运山下的苏子河畔，为清室的祖陵。这里埋葬着清太祖弩尔哈齐的远祖孟特穆（肇祖原皇帝）、曾祖福满（兴祖直皇帝）、祖父觉昌安（景祖翼皇帝）、父亲塔克世（显祖宣皇帝）、伯父礼敦（武功郡王）、叔父塔察篇古（多罗格恭贝勒）以及他们的妻室。

福陵建于天聪二年（明崇祯元年，1628 年），位于沈阳市东郊浑河北岸的天柱山下，亦称东陵，这里埋葬着清太祖努尔哈赤和孝慈高皇后叶赫那拉氏。福陵西北侧有寿康太妃园寝，埋葬着太祖妃博尔济吉特氏。

昭陵建于崇德八年（明崇祯十六年，1643 年），竣工于顺治八年（1651 年），位于沈阳市北郊，亦称北陵。这里埋葬着清太宗皇太极和孝端文皇后博尔济吉特氏。昭陵西侧有懿靖太妃园寝，葬有太宗贵妃博尔济吉特氏。

清朝入关后，又分别营建了关内的清东陵和清西陵两大陵区。清东陵位于北京市区的东北方向，清西陵位于北京市区的西南方向，这两大陵区距北京均约 120 公里，以北京为对称中心，形成了同居畿辅、并列神州的格局。

清东陵位于河北省唐山遵化市城西北 30 公里昌瑞山下的马兰峪，始建于顺治十八年（1661 年），整个陵区划分为前圈和后龙两大部分。前圈是陵区的建筑部分，

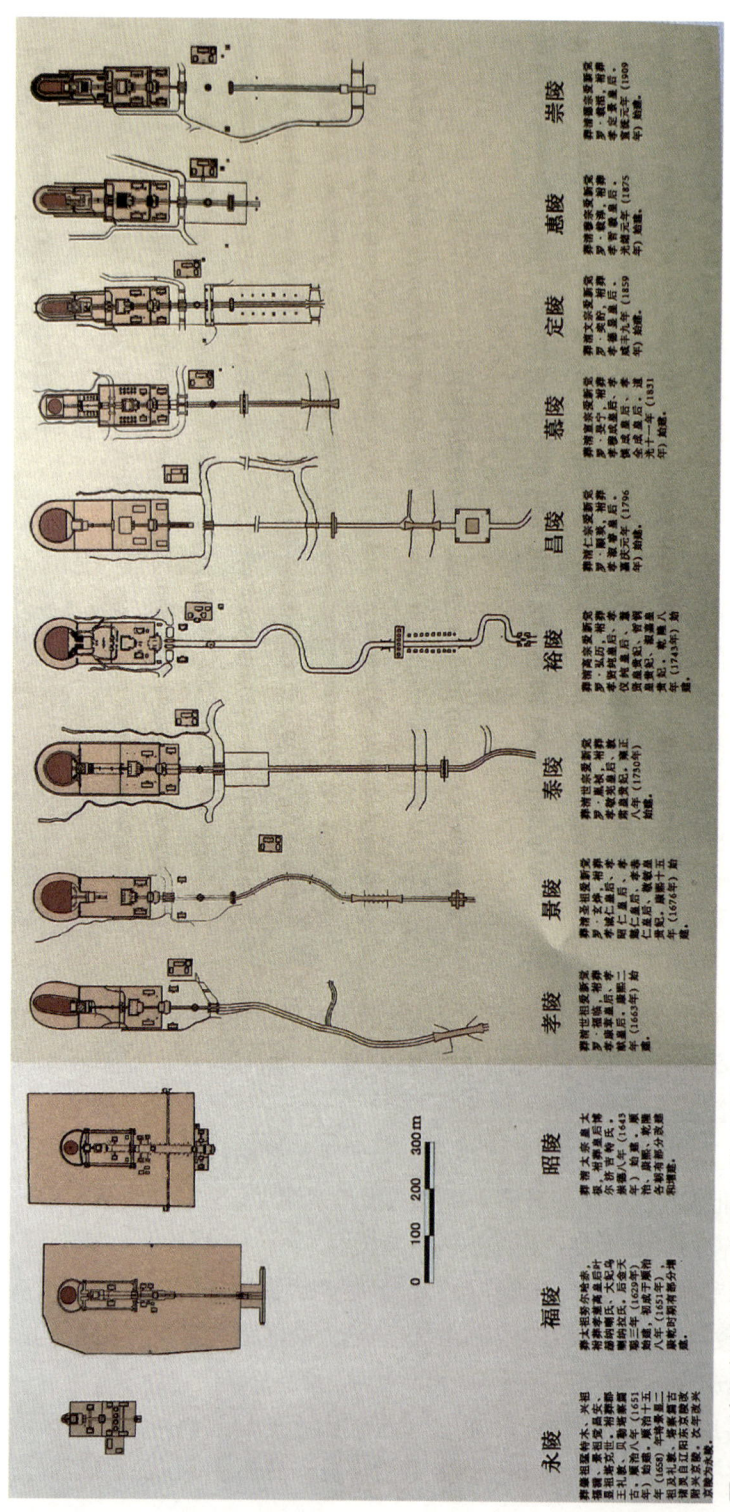

图 1-1 清代帝陵比较图（天津大学测绘图）

总面积约48平方公里；后龙圈是衬托前圈的广大绿化区域，总面积达2500平方公里（图1-2）。

清东陵共建有帝、后、妃陵寝14座，其中有5座帝陵，即清朝入关后第一帝清世祖顺治帝福临的孝陵、第二帝清圣祖康熙帝玄烨的景陵、第四帝清高宗乾隆帝弘历的裕陵、第七帝清文宗咸丰帝奕詝的定陵、第八帝清穆宗同治帝载淳的惠陵；有4座后陵，即孝庄文皇后（顺治帝生母）的昭西陵、孝惠章皇后（顺治帝皇后）的孝东陵、孝贞显皇后（慈安）的普祥峪定东陵、孝钦显皇后（慈禧）的普陀峪定东陵；还有5座妃园寝，即景陵妃园寝、景陵皇贵妃园寝、裕陵妃园寝、定陵妃园寝、惠陵妃园寝。清东陵埋葬着5位皇帝、15位皇后、136位妃嫔、1位皇子，共计157人。

图1-2 清东陵风水形势图（日本东京大学东洋文化研究所藏 光绪元年雷思起绘）

清西陵位于河北省保定市易县城西15公里的永宁山下太平峪，始建于雍正八年（1730年）。建陵之初，"风水"围墙就修了20多公里，陵区外围边界近80公里。随着入葬的帝王后妃不断增多，西陵的界域也不断扩大。其界线北起奇峰岭，南到大雁桥隔易水河与狼牙山相望，东临战国遗址燕下都，西至内长城的重要关口紫荆关，周长100公里，总面积达800平方公里（图1-3）。

清西陵共建有帝后陵寝14座，其中帝陵4座，即清朝入关后第三帝清世宗雍正帝胤禛的泰陵、第五帝清仁宗嘉庆帝颙琰的昌陵、第六帝清宣宗道光帝旻宁的慕陵、第九帝清德宗光绪帝载湉的崇陵；后陵3座，即孝圣宪皇后（乾隆帝生母）的泰东陵、孝和睿皇后（嘉庆帝皇后）的昌西陵、孝静成皇后等人（道光帝后妃）的慕东陵；妃园寝3座，即泰妃园寝、昌妃园寝、崇妃园寝；端王、怀王、阿哥、公主园寝4座。清西陵埋葬着4位皇帝、9位皇后、57位妃嫔以及王爷、皇子、公主等，共计80人。1995年，末代皇帝溥仪的骨灰也迁葬在西陵境内的公墓内。

图 1-3　清西陵全图

第二节　清西陵的肇建缘由

清朝入关后的第三代皇帝雍正是第一个安葬在清西陵的皇帝,所以他的泰陵是清西陵的首陵。清朝入关后的第一代皇帝顺治和第二代皇帝康熙,先后在河北省遵化马兰峪建了孝陵和景陵,仿明朝制度,实行子随父葬。按照中国古代以孝治天下的规矩,雍正皇帝也应该按照子随父葬的制度,在康熙景陵的旁边选址建陵。但雍正皇帝却为何远离父祖、另辟陵区呢?

帝王父子之间分葬在不同的陵区,雍正皇帝并不是首创,历史上的确是有很多先例的,但这种情况多是伴随着王朝迁都而出现的。历史上,为了方便进行祭祀活动,皇陵一般都建在都城附近。比如明朝,第一位皇帝朱元璋就把他的陵墓建在了南京,即明孝陵。后来,朱棣登基后,把都城从南京迁到了北京,他之后的皇帝都埋葬在北京附近的昌平,就是明十三陵。清朝入关前,定都盛京(今沈阳),所以努尔哈赤、皇太极都埋葬在关外的沈阳附近。明成祖朱棣把皇陵从南京迁到北京,清顺治皇帝把皇陵从沈阳迁到关内,都是伴随着都城的迁移而进行的,顺理成章,无可非议。但是,雍正皇帝时期并没有迁都,而且那时清东陵境内还有很多空地,后来又先后葬入了三位清朝皇帝。所以,雍正另辟陵区的做法,颇令人生疑,以致传说纷纭。

有人说他"改诏篡位""谋父逼母",所以心怀不安,不敢近依父母建陵;也有人说他"好大喜功",另辟陵区以突出自己;还有人说因为易州近依紫荆关,紫荆关作为京城的西南门户,自古以来便是兵家必争之地,在此建陵,提高行政规格,增派重兵把守,是为了保卫京师的安全,如此种种。

经过许多清代陵寝学者的多年研究,依据史料考证分析,雍正皇帝另辟陵址,其实是缘于他对完美山水形胜的强烈追求。

"圣天子孝先天下,首重山陵",建造陵墓是圣明天子要做的第一件大事。雍正在即位之初就开始筹划万年吉地事宜。据档案资料记载,早在雍正三年他就派人勘选陵址,命怡亲王允祥总负责,后初步选定距离景陵约70华里的遵化州九凤朝阳山为万年吉地(图1-4)。

雍正四年九月,命采办木料,筹备建筑材料,仅遵化州就令铺户承办九凤朝阳山吉地所用沙城砖70万块、沙滚子砖50万块、尺七方砖750块。但是,就在工程筹备工作紧张进行时,却因一事使整个陵寝工程中断,并最终导致此处陵址被废。

雍正四年(1726年)二月,在九凤朝阳山吉地准备定穴定向时,堪舆师们却提出了很多问题,尤其对穴中土质提出了质疑。穴即陵寝地宫之穴位,营建陵寝开工破土之前要先确定穴位,破土时先从穴位开刨。帝王陵寝对穴中之土要求极严,要求土质纯洁、颜色纯正、土层深厚,所谓上吉之壤。就在九凤朝阳山工地动土兴工之时,却发现"穴中之土,带有砂石",这是建陵的大忌。穴中之土含有砂石容易造成地

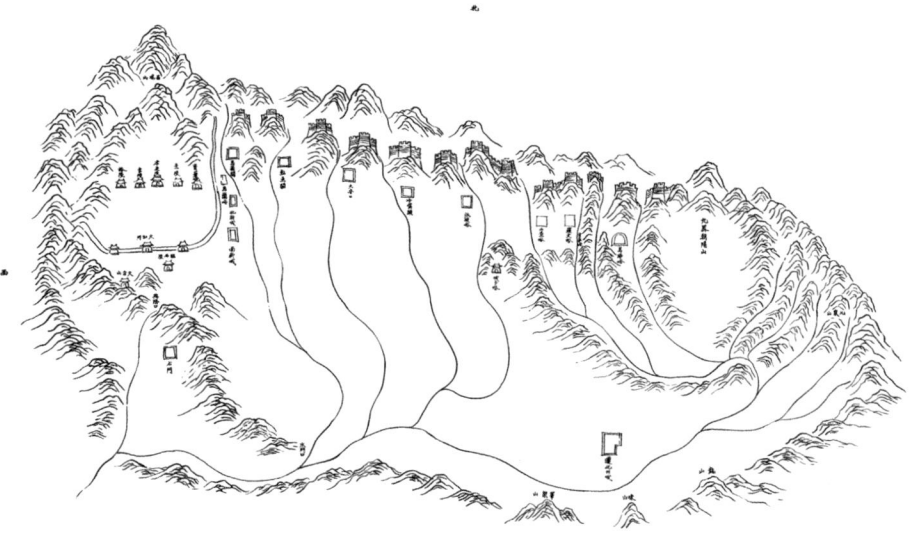

图1-4 九凤朝阳山与清东陵相对位置(王其亨摩自国家图书馆藏样式雷图档242—539道光十年雷景修绘)

宫浸水，的确不能算作吉壤。而在确定陵寝朝向时，发现正对水口，可以说风水全无，风水师们对此也颇多微词。雍正皇帝对此十分重视，又命精通风水的福建总督高其倬和来自江西极富堪舆经验的民间风水师管志宁等多次踏勘，对九凤朝阳山吉地再次详细相度，称九凤朝阳山吉地"规模虽大但形局未全，穴中之土又带砂石，实不可用"。于是，雍正皇帝果断决定，废弃九凤朝阳山吉地，另择他处。后来，乾隆帝、道光帝选陵址时，也都曾派人到九凤朝阳山相度，均未选中。

此后，雍正帝派他最信赖的十三弟怡亲王允祥会同福建总督高其倬、风水师管志宁在京畿一带重新寻找万年吉地。他们经过反复卜测，认为易州境内泰宁山（后乾隆敕名为永宁山）下的太平峪风水形势最好。他们向雍正皇帝递上奏折，称赞易州的太平峪为"乾坤聚秀之区，阴阳和会之所。龙穴砂水，无美不收，形势理气，诸吉咸备，山脉水法，条理详明，诚为上善之福壤"。

雍正览奏后也很满意，可是选择这里为陵址，雍正又担心远离父、祖陵墓，恐与祖制不合，于是命令朝臣们开会商议。善体上意的大臣们通过查阅史籍，引经据典，很快列举了历史上许多远离祖陵另辟陵区的例子，告诉雍正皇帝从夏商到明代皆有父子分葬情况，而且远的不止千里。"如夏禹在浙江之会稽，而自启以下在山西之夏县，少康又在河南之太康，其间相去不止千里……至若汉唐诸帝并在陕西，然汉高帝、文帝、景帝、武帝，分建于今之咸阳、长安、高陵、兴平等县；唐高祖、太宗、高宗、玄宗分建于今之三原、礼泉、乾州、蒲城等处；其间相去远者四、五百里，近者二、三百里。今泰宁山天平峪万年吉地，虽与孝陵、景陵相去百里，易州及遵化州地界与京师密迩，同居畿辅，并列神州，其地实未为遥远。"况且"地脉之呈瑞，关乎天运之发祥，历数千百里蟠结之福区，开亿万斯年之厚泽"。陵地的选择关系到国家的命运，皇上应择胜而断。在大臣们一番有理有据的劝说下，在关系到"国家命运兴亡"的重大问题面前，雍正皇帝欣然接受了臣下的建议，心安理得地把自己的万年吉地定在了易州太平峪。

此外，可能还有一个原因，就是拓展风水。在明十三陵长陵功德碑的背面，刻有乾隆五十年（1785年）的一首御制诗《哀明陵三十韵》。诗中，乾隆皇帝分析总结了明朝灭亡的原因，除了统治者的不作为外，还有风水原因。其中有云："或曰十三气数尽，朱明祚以此为准。"意思是北京天寿山明陵穴位只有13个，所以明代到了北京只传国十三帝（实际上还有一个葬在西山的景泰皇帝）。可见，从明末直至乾隆时期，这种说法一直广泛流行。笃信风水、道教而又有雄心大略的政治家雍正帝，对此是不能不察的，尤其是要替子孙万代着想，所以他另辟一个陵区，增加风水吉穴的数量，以延长清朝国祚。

雍正七年（1729年）十二月初二日，易州太平峪万年吉地被正式确立下来，雍正八年八月十九日，营建工程破土动工，标志着陵寝肇建的正式开始。从此，关内出现了两处清朝皇陵：位于遵化马兰峪的陵寝称清东陵，位于易州太平峪的陵寝称清西陵。

第三节　曲折的选址历程

雍正皇帝选址易州，另辟新址，并非一道旨意就能办到的，其间经历了诸多反复和曲折。

1. 雍正三年曾至易州选址

据资料记载，雍正三年（1725年）初，雍正开始选择陵址时，最初选址地点并非仅局限于清东陵附近，甚至也曾到易州选址，西陵以西的贤德庄就曾入选。

据《翁同龢日记》记载，光绪元年（1875年）正月十三日至二月十五日，翁同龢因"详精于堪舆"，奉两宫皇太后之命在醇亲王奕譞带领下前往东陵和西陵，为刚刚驾崩40天的同治皇帝选择陵址。此次踏勘耗时33天之久。他们先去东陵踏勘了双山峪、威子峪等多处，于二月初二日抵达西陵，先后踏勘九龙峪、酸枣沟、丁家沟、莲花池、西玉沟、凤凰台、张格庄等地。这时已革内务府郎中春华又给醇亲王推荐了五公山和红崖山，翁同龢等遂决定初九日前往五公山。

翁同龢所指五公山即今易县西古县村一带。据《易县地名资料汇编》记载，"据《水经注》载，西汉末年北平侯王谭不从王莽之政，与五子避时乱隐居此山，时称五公城。唐初五回县东迁于此。后此城失破，城内居民迁避东、西重建山庄，将东、西两庄命名为东、西古县，该庄居于西，故名西古县。1958年建安格庄水库时该村搬迁村北山沟中"。五公城即今西古县村南安格庄水库（今易水湖）淹没区域，五公山应为五公城附近之山，也就是今天的西古县村一带。另据《易县志·卷二·建置志》第二章第一节《古代乡社·清顺治二年村社表》记载，今西古县村所在的双峰社辖村12个，其中就包括"西线底、东线底"二个村。据翁同龢记述，五公山距离慕陵以西约30里，称"西线代村，今书西贤德，又有东贤德"。经过走访当地的老年人，以前西古县的白话叫法就叫"西线代"或"西线底"，证实西贤德即今西古县无疑。"出村半里即旧时穴场，前树石碣题曰雍正三年六月十三日立"，证明早在雍正三年六月十三日，易州的西贤德村即今西古县村就曾经被皇家选为备选陵址。

但对于西贤德的风水环境，翁同龢等人却认为，虽然"沙水回抱，四山拱之"，环境不错，但"惜地脉开伤，穴场右手成斗绝大坑，不能用矣，五风水皆称不可"，说明此处地形遭到人为破坏，已经不能作为万年吉地。翁同龢等人的看法和当年高其倬的看法相近。雍正六年，高其倬曾在奏折中提到，"至易州贤德庄之地，看所画之图，管志宁所定之穴，诸处俱好，惟生定之朝山太近太高，此处是一不足之处"。

由此可见，雍正初年选择陵址时，并未局限于遵化一地，除了易州，或许还有其他地方。正如林乾教授所言，清初帝陵选址，在乾隆皇帝昭穆埋葬制度确立以前，并没有固定规制。雍正三年虽然选择了很多地方，但当时被确立的还是遵化东陵附近的九凤朝阳山，这应该是雍正皇帝经过反复比对和综合考量的结果，也显示出雍正皇帝对康熙皇帝开创的清代子随父葬制度的重视和尊重。既然如此，九凤朝阳山到底存在怎样的风水缺陷？从九凤朝阳山到易州太平峪，这中间又经历了哪些波折呢？

2. 关于九凤朝阳山的争论

清史学家林乾教授查阅大量文献后，在《紫禁城》杂志发表《论雍正帝相度万年吉地的几个问题》，文中对雍正皇帝选废九凤朝阳山万年吉地的过程有极为详尽的论述。

雍正三年二月二十六日，选址官员前往遵化州等处相度吉地。一个多月后，钦天监监正明图等一行从遵化州回京，向雍正帝复奏相度吉地之事。这次相度的陵址就是遵化州的九凤朝阳山，奏称距遵化州城北侧二十里之间，"龙身长远，地势雄伟，能增万年寿数，能衍广运无穷"。其后，雍正帝依礼部尚书赖都等奏请：由钦天监勘测地形，分订禁令，择吉日，设立红桩；诸项工程事项，交付工部，查例具奏。由此可见，由钦天监主导选择的陵址已基本确定，并划定保护范围，颁布禁入法令。

帝王陵寝有"三年选址，十年定穴"之说。按礼部所奏，接下去应该进行工程方面的各项准备工作，而"定穴"无疑是重中之重。问题恰好出现在"定穴"中，官员有较多意见分歧。雍正四年正月初七日，雍正命时任正红旗汉军副都统许国桂、原任总督河道中军副将李楠等会同钦天监监正明图前往遵化州相度九凤朝阳山吉地。

相度官员在实际勘察中发现龙脉不错，从大势上看是吉壤。"龙身金星弘伟"，"案内明堂舒畅开阳，案外大堂规模弘阔，八面罗城环绕周密，堂局极大，诚为大势"。但也存在一些不足，主要的问题是，"气势似觉平缓"，不但"龙沙低伏"，且"案山树亦宜去，令其明净。大龙上之边墙，亦宜拆去，以全五行自然之体。以上种种不甚满意之处，亦书中所云山川小节之疵也"。也就是说，此处吉地有不少缺陷，故"伏乞皇上广选贤能，再将此地细加考证，庶几尽善尽美"。此份奏折由许国桂、李楠联名上奏，但也同时强调明图等人没有署名。由此看出，官员们对"吉地"的看法存在明显分歧。

果然,已升任内阁学士兼礼部侍郎仍兼钦天监监正的明图,于同年二月初五日单独上奏,密奏许国桂、李楠与相度官讨论情形,并特别说明,对许国桂、李楠等人提出的疑虑和质疑,已经由精通风水的堪舆官一一做了解答。虽然如此,仍在最关键的尝试"定穴"时出了大问题。清代陵寝的方向也是"南向为尊""南为正向",但正向往往与龙脉不相吻合,因此通常采用南偏东或南偏西,从而与龙脉浑然一体,许国桂欲立"癸山丁向",就是为了弥补这种不足。但随之出现更严重的问题,即相度官据此定穴,正冲水口,所有建筑物无法建造,即"堂局全无"。

帝王陵寝不但要讲"风水",还要满足建筑物所承载的礼制要求,这在明清陵寝中表现得最为突出,"堂局全无"就意味着无法进行起码的建筑布局,这是陵寝建筑最根本的缺陷。无论是许国桂、李楠两人的联名上奏,还是明图的独自密奏,都明确奏请广选贤能再加考证。于是,又有了高其倬、管志宁两位精通堪舆者的多次前往相度。

3. 高其倬和管志宁两位风水师的相度

高其倬于雍正五年进京,由怡亲王带领相度九凤朝阳山,其相度情形当面向雍正帝奏陈外,也曾具折上奏。但高其倬随即回任福建总督。在此前后,江浙一带看风水的江西人管志宁被召到京,也被派往相度九凤朝阳山,清廷不久特授他为户部主事。雍正五年冬,管志宁告假回籍,六年(1728年)二月再度来京,此次相度不限于遵化的九凤朝阳山,而是扩展到直隶一带,包括易州贤德庄等地。

雍正六年六月二十四日,雍正命管志宁于立秋后驰驿前往福建,与高其倬当面讨论,特别传旨给高其倬,"总督还是明理之人,若人之言不是,决不附和以为是,若人所言有理,亦决不胶执己见而以为不是,彼此讲究明白,方于事有益。况此事甚大,令本府带信与总督","事完之后,总督即明白具奏,令管志宁驰驿回京"。雍正此次下旨就是让二人当面讨论,以便他最后定夺。

管志宁于当年九月初七日到达福建,高其倬不但与之"考论十余次",为"验证"管志宁的堪舆水平,高其倬还令其现场指证十余处。两人还一同到福建一家出了五名尚书的坟地进行现场查验。

十一月初五日,高其倬同日连上两道密折,一折是他考校"管志宁学问、眼力所到",认为管志宁不但学养深厚,"且看地年久,阅历颇多,乃系历练之人",充分肯定了管志宁的堪舆水平。另一折是两人反复推敲"九凤朝阳山"的基本结论,高其倬坚持他此前的看法,认为"此地臣向来疑其结作不确者共有五处":一是自少祖以下所起星辰不圆秀,处处带石,气不融和;二是远朝秀而近砂粗,且有扭头转项之态，回向之情不专；三是大案外山脚，条条飞出二十余里，势不归随；四是元辰之水流破地皮，仍带刚性；五是土质有类砂石刚硬，且近所开穴土以水和之，竟丸不成圆丸，乃系砂砾，未见如此穴土。对于以上不确者"五处"，高其倬、管志宁也基本统一了意见。

高其倬明确提出"臣不胜犬马之愿，愿令再加寻觅二三处佳地"，并认为管志宁等相度得易州贤德庄之地，诸处俱好，不足之处是朝山太近太高。高其倬事实上否决了九凤朝阳山作为万年吉地。雍正帝当即在朱批中表示，要再召高其倬进京，并要他做好准备："闰七月初十内外起身来京陛见。"雍正帝没有立即表态，而是命高、管二人进京同时相度，以定取舍。

4. 雍正皇帝的最后定论

雍正七年（1729年）七月，高其倬进京，这次停留时间长达9个月，而最核心的任务仍是相度万年吉地。其间，他最重要的贡献是，促使雍正放弃九凤朝阳山，并最终"选得上上之风水"，即易州永宁山太平峪。前文提到，早在雍正三年就曾到直隶易州选择过万年吉地，那么，据此推测，除了易州西贤德外，易州太平峪是否也在当年的备选之列呢？后经高其倬等再次踏勘后，反复比较，太平峪才从中脱颖而出呢？

雍正七年十二月初二日，内阁奉上谕："朕之本意，原欲于孝陵、景陵之旁，卜择将来吉地，而堪舆之人，俱以为无可营建之处，后经选择九凤朝阳山吉壤具奏，朕意此地近依孝陵、景陵，与朕初意相合，及精通堪舆之臣工再加相度，以为规模虽大，而形局未全；穴中之土又带砂石，实不可用。今据怡亲王、总督高其倬等奏称，相度得易州境内泰宁山天平峪（即太平峪）万年吉地，实乾坤聚秀之区，为阴阳和会之所，龙穴砂水，无美不收，形势理气，诸吉咸备等语。朕览所奏，其言山脉水法，条理详明，洵为上吉之壤。"

最终，雍正皇帝放弃九凤朝阳山，确定易州太平峪为陵址。后来乾隆初年也曾派人对九凤朝阳山反复踏勘，也认为其"山粗水急，并无结作"而不足用。

第四节　完美的山川形胜

那么，令雍正皇帝中意的太平峪万年吉地的风水到底有多完美呢？根据实际地形，结合高其倬等的风水说法，我们来具体分析一下。

"亿年安宅，巩我丕基"，皇帝身后的万年吉地乃关系到帝运盛衰、国祚绵长的国之重典，而"陵寝以风水为重"，所以帝陵选址必须选择在山川形胜之地。这里要有来龙、大帐、左右砂山、区穴、明堂、案山、水法、仪树等诸多自然景观配合。所谓龙脉，即来龙、后龙，陵寝后部屏障；来龙向前降落，并呈两翼横展之势，遂为"大帐"。所谓砂山，即分列大帐两旁、陵寝两翼逶迤环抱的山丘，左称青龙，右称白虎。砂山缠护拱卫的空间，称堂局或明堂，要"地势高燥"、平缓开阔，以利建筑的经营布置。堂局内的地面径流，即"水法"，要有条理，以利组织河槽桥梁。在陵寝前方，要有浅岗或远山同后龙大帐"主客相迎"，互相呼应，成为回视的对景，称为案山或朝山。案山或朝山同大帐来龙相对，组成陵寝建筑群总体布局的中轴线，即山向。陵寝基址的土性要求沃润，不夹砂石。由于基址环境要求极高，不仅要觅龙、察砂、观水、点穴，处处讲究；还要龙穴砂水，无美不收，形势理气，诸吉咸备。纵观清西陵的自然环境，正是中国古代帝王所追求的完美山川形胜之地（图1-5）。

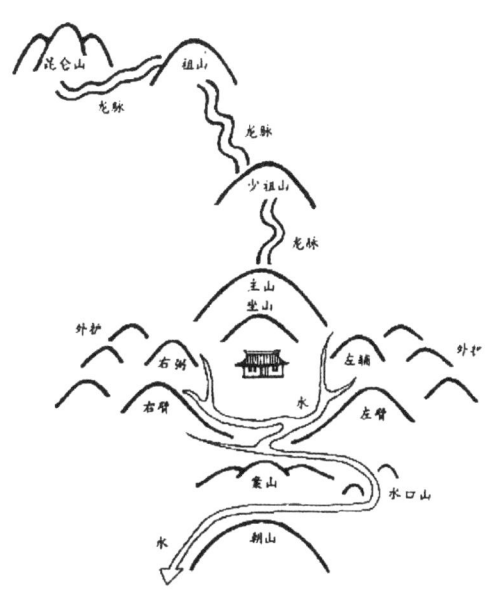

图1-5 传统意义上典型形胜格局

1. 龙脉——发脉悠远，来龙有势

按照中国传统的堪舆思想，定龙脉是选择吉地的首要原则。龙脉是指地表在外形上连绵起伏，好似地中有生气贯通、有始有终、有根有源、有支有派的山脉。龙主要指山的外形，而脉专指隐藏于山里的生气。而龙脉不是随意可寻的。那么，天下的龙脉发源于何处才是最有气势的龙脉呢？这就是昆仑山。在中国古人的世界观中，昆仑山是天下的祖山，高大不见其顶，绵亘不见其来，盘踞丛集不见其分，而且许多著名的大河都发源于此，是万河之源、万山之宗。

昆仑山还是中国神话中的大山。《河图纬·括地象》云："昆仑山为柱，气上通天。"昆仑山与天上的元气相通。所以，龙脉只要与昆仑山相连，就说明与天上的元气相通。那么，我国的山脉是如何与昆仑山相连的呢？

昆仑山在中国境内分脉三支，称为三大干龙。黄河以北诸山称为北干龙，龙脉尽于黄海；黄河与长江之间称为中干龙，龙脉尽于东海；长江以南称为南干龙，龙脉尽于南海。雍正八年八月初九日，高其倬、海望、管志宁以及钦天监监正明图等，敬诣泰宁山下太平峪，并会同总理工程事务大臣一起勘定穴位山向等后，在给雍正皇帝奏报太平峪（今泰陵）万年吉地形势理气的奏折中写到："万年吉地之形势，其龙为北干正脉，行于黄河之北。"

也就是说，清西陵的龙脉是发源于昆仑山的北干龙，与昆仑山一脉相连。昆仑山是西陵的太祖山，山西境内的管涔山则是西陵的祖山。由管涔山向东，巍峨磅礴，气象万千，过雁门关后，稍转向北至北岳恒山，然后逶迤千余里，大帐数百里，经灵丘至广昌（即今涞源县）分为三支。居中一支，高大耸拔而端方，既有高耸入云的龙楼，也有方圆平整的宝殿，众山左右环侍拱卫，缠绕众多，就像众多门徒群聚听佛祖讲经一样，俯首而听，使祖山呈现出尊贵非凡之态，其形势就像"万马自天而下"。过紫荆关后，永宁山如大帐横展，成为少祖山，即西陵的屏障和后靠山。

西陵的龙脉迢迢万里，气势磅礴，从昆仑山传来了充沛的元气，为葬地提供了绵绵不绝的生气之源，正符合"葬者乘生气也"（图1-6）。

图1-6　清西陵全图（故宫博物院图书馆藏样式雷图档，宣统元年雷献祥绘）

2. 砂山——堂局分明，四象完备

龙脉带来的生气要靠砂山的层层环抱来收敛，通过两翼砂山的包裹，使生气汇聚于穴，也就是汇聚在墓穴的位置。

清西陵的四周，按照北—东—南—西—北的方向，由永宁山、官座岭、奇峰岭、福山、东华盖山、元宝山、西华盖山、云蒙山等形成了一个中间堂局宽广，四周群山环绕的大的风水环境。在这个风水罗城南端的入口处，也就是东、西华盖山与元宝山交汇的神石山上，建造了一座特殊的建筑——火焰牌坊，非常恰当地起到围合、联络和门户的作用。在这个风水罗城内，西面和北面的山比较高大，南面、东面的山相对矮小，形成了前方略显敞开的围合空间，符合风水宝地的环境模式。这种地势，既可以阻挡西北的风沙寒流，又能充分地迎纳东南而来的阳光和雨水，是一个理想的生存和居住环境。

《葬书》云："龙虎相抱，主客相迎。凡真龙落处，左回右抱，前朝后应，所以成其形局也。……有吉穴而无吉案，若龙虎抱卫而主客不相迎者，则为花假无疑。"如果四象（东、西、南、北各山）欠缺，就不是一块风水宝地。泰陵的前后左右均有山峰相抱相迎，四象不仅完备、分明，而且中规中矩，丝毫没有突兀僵硬倔强、欺主噬主之意。永宁山中出一脉，由北至南自主峰屈曲而下，呈现出俯伏接受主人安葬的情意，正所谓的玄武垂头。前方的元宝山则端庄秀丽，如持笏朝揖，如朱雀翔舞，显现出向主人致敬之意。穴位左侧砂山活跃宽净、舒展低缓，如青龙蜿蜒。右侧砂山如白虎温顺驯服。案山蜘蛛山则如条案横陈，可凭可依。

《葬书》还说："真龙发迹，迢迢百里或数千里结为一穴，及至穴前，则峰峦簇拥，众水环绕，叠嶂层层，献奇于后，龙脉抱卫，砂水翕聚，形穴即就，则山川之灵秀、造化之精英，凝结配合于其中也。"

如果是真的风水宝地，那么众多的砂山并不是毫无规则地排列，而是层层环绕护卫着中间的堂局和穴区，西陵的诸砂"在左者右环，在右者左抱，南面诸山一一旋北，背面诸山一一转南，太阳之星特朝秀为拱壁，天太之峰后列簇若屯云，雄俊大者群卫于外，园平丰秀者环绕于中，做护之山齐来会成地轴，穿田之峰特耸起作北辰，拥护稠多，在退让垣气深因，处处宽舒"。

缠绵环绕的砂山将龙脉带来的生气紧紧围拢起来，汇聚于穴，使这一穴区成为生气充盈的风水宝地。

3. 朝水——众水朝宗，山环水绕

"风水之法，得水为上，藏风次之"。风水中讲求相地先看水，水在风水中占有极其重要的地位。至于雍正泰陵乃至西陵的水法，则有界气、界穴、界龙、界局、界垣干、界垣大干等六重水流环护陵寝。"自管涔起祖天池，夹照永定河为左界之水，……滹沱河为右界之水"，永定河和滹沱河分别发源于西陵祖山管涔山天池，成为界垣大干之水。界垣干之水为中易水河和拒马河，界气之水位于地下，其余水流则指北易水河及其若干条支流。不仅数量多，而且汇聚极众，不乏永定、滹沱等大河，是其生气充沛的表现。

　　风水中特别讲究水的形状，讲求屈曲环抱，最忌直去无收。清西陵的诸多水流左右环抱，均符合环抱有情的要求。最好的水法当属金城水和玉带水。金城水是指圆形的水，如大红门前后水流就是金城水。玉带水则是指如人的腰带一样弯曲、环抱的水，陵区的水皆是玉带水。

　　水法中非常强调水口的选择。水口就是陵区内水流出的地方，相对应于来水的方向天门，水口也称地户。水口的作用是关拦住流入明堂内的生气。风水理论对水口的要求是：祖龙开帐，展作罗城，即龙脉千里而来，稍作顿息，众山拱卫，是要把龙脉之气关锁于罗城内。罗城作关拦之状，重重关锁，缠护周密，在龙气即水脉流去的地方，或起捍门，或列旌旗，或出禽曜，或为狮象蹲踞，回互于水上，山来缠裹，使水脉在流经水口之前形成大转大折，不见水去为佳。水口距离穴位有几百米者，也有数十千米者，距离越远，说明此处的风水地形越大。

　　清西陵的水口应该是龟山至黑山头一带。在流经水口之前，北易水自大红门向东南流至南百泉村南，而后急转向北至北百泉村北，又急转向东南，使水脉在流经出口之前形成大转大折、不见水去的最佳形势。而且在它弯转的过程中，始终处在两岸高山的紧紧缠裹之中，最后在龟山、梁格庄南山、福山、黑山头四山的夹持下，缓缓地流出陵区。

4. 龙穴——阴阳交汇，生气无限

　　龙脉带来了充沛的元气，当万里而来的龙脉潜入地下的时候，龙脉在地下潜伏的地方，就是一个元气集聚、天地阴阳交汇的中心点，也就是风水所说的龙穴。寻找龙穴是相地的最终目的。

　　以清西陵的首陵泰陵为例，永宁山中间抽出一支山脉向南，逶迤20余里，成为泰陵的父母山。在这支山脉的两旁，还有许多砂山扈从，就像芍药的叶子护卫着芍药花一样，层层护卫。结穴的地方，两侧有蝉翼砂山、金鱼之水会合在穴场左右，使龙穴的轮廓和位置非常鲜明。在两侧，龙砂温顺，虎砂低俯，四周山峦都呈现出对龙穴的拱卫之情，坐北朝南，负阴抱阳，恰恰位于砂水环抱的中央，将万千的气势、各种吉祥的生气都汇聚在龙穴这一处，成为生气充盈的吉穴。

旧时风水云："京都以朝殿为正穴，州郡以公厅为正穴，宅舍以中堂为正穴，坟墓以金井为正穴。"

金井作为帝王万年后的归宿之所，对土质的要求十分严格，"葬者，藏也。无风、蚁、水三者侵体之害"，"水深土厚""避风避水"是金井勘定最重要的条件，不符合这个条件，即使四象再如何完美，也会易地。

验土是陵寝选址中的最后一道程序。穴位选定后要开挖探井，检验土色，以"土细而不松，油润而不燥，鲜明而不暗"为佳，并以秤称量土重，一斗土重六七斤为凶、八九斤为吉、十斤以上为大吉，以此推断土壤的密实性和地基承载力。在清代档案中，曾记载多处吉地因土质不符合而废弃的例子。雍正八年八月二十日，开验土色，发现地下"三尺四寸至一丈二尺俱系紫黄色坚细上格佳土"，为上吉之壤。"酌留二尺五寸以为底基之气，敬定宜深九尺五寸"，穴位决定地宫的深度。

穴位的选择还决定着陵寝的朝向。"谨考前人之法式，察山水之形局，秉来龙之生气，合砂水之旺方，参用三针揆度四势，敬行酌定为壬山丙向"。泰陵的来龙为亥龙，即墓穴后的龙脉从西北方向而来，西北方即亥位，亥龙墓穴的第一穴向就是壬山丙向，即西北（乾）—东南（丙），能正金气，脉贯右耳，受耳气的穴位为上，穴向大吉。泰陵的朝向为北偏东。

清西陵的山川形胜的确是一块乾坤聚秀、阴阳和会的吉壤，是中国古代帝王所追求的完美佳境。

第五节　清西陵的勘定者——高其倬

清朝皇陵的选址通常由钦天监负责，但清西陵的勘选除了钦天监的参与外，起到决定性作用的是一位士大夫，时任福建总督高其倬（图1-7）。

高其倬，字章之，汉军镶黄旗人，出身于官宦之家，是一位政绩卓著的名僚。康熙三十三年（1694年）中进士，此后历任乡试考官、侍讲、内阁学士等职，康熙五十九年出任广西巡抚，康熙去世前升任云贵总督。雍正元年（1723年）四月，48岁的高其倬在奏章上误将大将军王（允禵）抬一格书写，接近皇帝的抬两格书写，受到"革职留任，效力行走"的处罚，半年后方官复原职。在任云贵总督期间，对西南少数民族地区实行有效治理，开设义塾，教育少数

图1-7　高其倬画像

民族的子弟，曾多次上疏，陈明土司制度的弊端，请求实行"改土归流"，以妥善管理苗族地区，屡受嘉奖。雍正三年（1725年）二月，任兵部尚书，同年十月调任福建浙江总督。到任后，高其倬深入基层，体察民情，了解百姓的疾苦，为改善沿海渔民的生活，上疏请求将禁海令放宽，得到批准。

高其倬与大将军年羹尧是连襟，又曾同时供职国史馆，颇有结党的嫌疑。年羹尧案发后，雍正密谕对他严查。高其倬立即表明立场，主张严办，深得帝心。加之他为官勤勉，于地方军事经济颇有建树，所以并未受到牵连，反而更加受到雍正的信赖。

高其倬不仅是位称职的督抚，而且善诗词，通晓天文地理，是一位极富声誉的堪舆大师。

早在雍正五年，高其倬就曾奉命勘察东陵九凤朝阳山吉地，认为此地风水欠佳，"未为大地"。后因高其倬政务繁忙，不能常驻京师，于是来自江西民间的风水师管志宁奉召进京勘选吉地。来自南方的管志宁对直隶地形不是很熟悉，高其倬又将直隶山水可选之处一一给管志宁做了指点。雍正七年七月，高其倬自福建回京，随怡亲王踏勘陵址。在没有航空设备的时代，卜选万年吉地，只能徒步攀登崇山峻岭，以"观四面之山峦，望两旁之水势"，不仅责任重大，而且是一项非常辛苦的差事。

雍正八年二月，高其倬又受命勘察关外祖陵的修理之道。雍正八年二月，晋太子太保，随后调任两广总督。雍正八年九月，在泰陵动工修建后，高其倬被授予一等轻骑都尉的世袭职务和三等男的世袭爵位，并被提升为云、贵、广西总督。在这段时间，高其倬深受倚重，甚至曾被雍正誉为第一大臣。但高其倬性格宽厚温和，驭下宽仁，雍正对其"前怕狼，后怕虎"的态度和"好好先生"的作风非常不满，评价他："才品老诚，操守亦好；但嫌过于谨慎，偏于柔善。"雍正十二年，高其倬曾因包庇下属，降调苏州巡抚。乾隆三年（1738年），高其倬出任工部尚书，在回京赴任的途中突然疾病发作，卒于船上，终年63岁。

第六节　清西陵的设计者——样式雷

"样式雷"，是对清代二百多年间，主持皇家建筑设计的雷姓世家的誉称。清代，一座陵寝勘定地点后，即由工部负责营建。设计工作由"样式房"和"算房"承担，后者负责陵寝的做法和工料估价，前者掌管"图样"和"烫样"，也就是进行规划设计。自康熙初年至清末，工部的样式房都是由工匠雷发达及其子孙主持，因而，后人称之"样式雷"。清西陵的昌陵为"样式雷"第四代雷家玺设计，昌西陵、慕陵、慕东陵为第五代雷景修设计，崇陵为第八代雷献彩设计。

雷发达（1619—1693年）是"样氏雷"世家的始祖，原籍江西省南康府建昌县（今永修县），在明末清初因避战乱而暂居金陵。康熙二十二年（1683年）冬，与其堂弟雷发宣"以艺应募赴北京"，参加清廷宫禁营建，十年后去世。关于雷发达，民间有这样的传说：康熙重建紫禁城太和殿，按照古代的礼制，必须举行上梁典礼。这日皇上亲临主持典礼，文武百官也都出席。但就在上梁的节骨眼儿上发生了意外，脊檩怎么也合不上榫，工部官员们惊慌失措。这时，一个官员急中生智，找到雷发达，让他穿上官服。雷发达袖揣铁斧，身手灵活地攀上梁架，咔咔几斧，梁就落下去了。康熙目睹这一情景，十分欣赏，当场授予雷发达工部营造所掌班的头衔。从此，"上有鲁班，下有掌班，紫微照命，金殿封官"的传说不胫而走。从这段颇具传奇色彩的故事中我们可以看到雷发达在民间获得的崇敬与尊重。但据专家考证，故事的主角并非雷发达，而是将样式雷家族事业推向第一个高峰的第二代传人雷金玉。

第二代雷金玉，为雷发达的长子，康熙二十二年随父进京，在国子监攻读并考取州同衔，听候补缺，不久又投充内务府包衣旗，和父亲一道参加了皇家工程的营造。雷发达退役后，雷金玉很快脱颖而出。当时，正逢康熙帝着手营造清代第一座皇家园林畅春园，雷金玉接替父亲"领楠木作工程"，随即"因正殿上梁，得蒙皇恩召见奏对，蒙钦赐内务府总理钦工处掌班，赏七品官，食七品俸"。这实际上就是雷发达太和殿上梁故事的原型。雷金玉成为雷家世代执掌样式房、主持皇家建筑设计的创始人之一。自此，雷氏一族先后共7代人操持此业，达到极高的艺术造诣。自康熙朝至清末二百余年间的清代皇家建筑工程，无不留下了"样式雷"的深深印记。雍正七年，雷金玉逝世，皇帝赐金百两，并令皇家驿站沿途照料护送灵柩回南京安葬。

第三代雷声澂，为雷金玉的第五子。雍正七年，雷金玉去世时他仅三个月，他的四个哥哥跟随父亲的灵柩全部回归南京。他的母亲、雷金玉的小夫人张氏独自带着他留在京城。为了让雷家的后人重掌样式房，张氏不顾礼教束缚，怀抱幼子在工部泣诉，据理力争，为雷声澂争得成年后重掌样式房的资格。他成年后成为样式房的掌案，直至乾隆五十七年承办皇差，卒于外地。

第四代为雷声澂的三个儿子。长子雷家玮，乾隆二十三年（1758年）生，嗣业样式房后曾查办外省行宫等，道光二十五年（1845年）去世。次子雷家玺，乾隆二十九年（1764年）生，乾隆末年至道光初年继承祖业，曾承办万寿山、玉泉山、香山、避暑山庄和昌陵等工程，包括皇宫中众多的节日彩灯焰火、乾隆万寿点景楼台等，道光五年（1825年）去世（图1-8）。三子雷家瑞，乾隆三十五年（1770年）生，成人后曾代二哥料理样式房，后掌案南苑大修等工程，道光十年（1830年）去世。

图1-8 昌陵的设计者雷家玺画像（首都博物馆藏）

第五代雷景修，为雷家玺第三子，嘉庆八年（1803年）生，少习祖业，父逝后勉力二十四年争回掌案；曾承修慕陵、慕东陵、昌西陵、定陵等。经历了火烧圆明园的劫难后，他将原本存于圆明园附近的大量画样、烫样运到城内，并专门修建了三间房子存放。同治五年（1866年）去世。

第六代雷思起，少年时就曾随父亲雷景修参加定陵的建设，后主持定东陵、惠陵以及西苑等的设计。因重修圆明园，他和儿子雷廷昌先后被皇帝和太后召见五次。雷廷昌曾多次为祖父母、父母捐请封典，同治二年（1863年），他的祖父母、父母被封为二品奉政大夫。光绪元年（1875年），他的父母又被封为二品通奉大夫。第二年，劳累过度的雷思起从定东陵、惠陵等工地扶病返京，不久便离世。

第七代雷廷昌，是雷思起的长子。同治、光绪朝，他跟随父亲参加定陵、定东陵、惠陵以及三海等工程，在实践中得到了锻炼。因此，父亲去世后，他很顺利地接管了样式房掌案，曾主持万寿山庆典、颐和园重建设计。光绪三年（1877年），他因惠陵金券合龙和隆恩殿上梁有功被赐二品，"样式雷"家族的荣耀达到了巅峰。光绪三十三年（1907年）雷廷昌去世。

第八代雷献彩，是雷廷昌的长子。他自幼学习世传差事，未满20岁即任圆明园样式房掌案，承担慈禧太后定东陵的重建，负责被八国联军毁坏的京城、宫苑、坛庙、府邸等众多皇家建筑的修缮，主持了光绪皇帝崇陵的设计。

"样氏雷"自雷发达至雷献彩共八世，一脉相承，两百多年间几乎主持了清代全部的皇家园林、宫殿、陵墓等建筑的建造及维修工程。这个家族的技艺之所以能世代传承，不仅依靠精湛的技术，还十分重视读书，学习文化知识，具有勤奋刻苦的优秀品质。

在清代陵寝的建设中，为了追求陵寝建筑与自然环境的协调，"样式雷"要先随同有关的选址官员和风水师赴现场查勘风水，统筹生态、景观及工程地质等要素，确定基址并展开相应的规划设计。光绪元年，雷思起曾随同醇亲王等为同治皇帝勘选万年吉地，到西陵张格庄时，因雷思起力言丈尺不符而未选用（图1-9）。

图 1-9　样式雷图档中的西陵全图（日本东京大学东洋文化研究所藏）

存世的"样式雷图档"不仅有图纸和烫样，还有工程做法和预算，已经列入世界记忆遗产名录。"样式雷"图样的设计和构图技法科学高超、图面清晰美观、烫样精巧准确。第一代雷发达曾将自己的建筑技艺编成小册子，在当世流传，成为古建工艺的模本。在样式雷的图样和烫样中，自然的山川都被作为建筑的一部分加以规划和利用，而建筑只是有序布列其间，编织出一幅建筑与风景相辅相成的有机图画。英国著名科学家李约瑟说过："皇陵在中国建筑形制上是一个重大成就，……它整个图案的内容也许就是整个建筑部分与风景艺术相结合的最伟大的例子。"因此，"样式雷"不仅是清代的建筑权威，而且在当代规划建筑领域仍然有很高的学术价值和很广泛的指导意义。

第七节　清西陵古松林的由来

"陵寝以风水为重，荫护以树木为先"。清西陵肇建伊始，树木栽植就被作为陵寝建造中的重要工程加以实施，每年对树木防火、防虫、栽种、浇灌及限内补栽等都有正常拨款，为树木管理和养护提供了根本保障。在清西陵近200年的建造历程中，陵寝内外先后栽植了近20万株松柏树。据档案记载，仅泰陵就曾植树38986株、昌陵植树43673株、崇陵植树40601株，使陵区15千米内外，弥山漫谷，尽皆松柏（图1-10）。

图1-10　陵寝四周尽皆松柏

1. 树木的栽植

清政府对陵寝树木的栽植非常重视，其栽植形式与分布、数量都要经过皇帝亲自审批，确定方案后，才能进行栽植。西陵树株的种植方式分海栽和行栽两种。大范围内无规律的栽种称为"海栽"，成排成行的栽种称为"行栽"。陵寝神道两旁栽种的犹如仪仗的树木称仪树，陵寝周围按行栽种有一定株距和行距的称为行树，仪树、行树外围称海树。

陵寝仪、行树的栽植有着严格的规定，"陵寝栽树，每间二丈，种树一株。"但实际栽植过程中，则要根据陵寝的地形不同而定。如："泰陵神道两旁，均封以树，十株为行，各间二丈，每间十有五丈，立荷花头红柱一，冠以朱绳。泰东陵神道两旁，均封以树，十株为行，各间二丈，每间十有五丈，立荷花头红柱一，冠以朱绳。昌陵神道两旁，均封以树，九株为行，各间一丈五尺。昌西陵神道两旁，均封以树，十一株为行，各间一丈五尺。慕陵神道两旁，均封以树，十七株为行，各间一丈二尺五寸。慕东陵神道两旁，均封以树，十三株为行，各间一丈二尺五寸。"泰陵和泰东陵树木栽植各间二丈，而昌陵和昌西陵则是间一丈五尺，慕陵和慕东陵又改为间一丈二尺五寸。仪、行树在栽植之前，必须绘图加文字说明呈皇帝御览（图1-11）。

为了保证树株的成活，栽植树木之前的准备工作也非常精细，如遇有砂石之地，必须更换黄土。如咸丰初年（1851 年），负责昌西陵树株的大臣宗室绵森在栽植前，"亲诣各山详细察看，其后宝山、两砂山及对宫门南案山等处，所挖树窝均系砂石，例须换土，方资壮茂，共树窝 924 个，各径宽四尺五寸，深三尺五寸，拟请满换黄土筑实，每个除树根厚土径二尺高二尺二寸外，924 个树窝共需 255 方黄土，皆由石娄村起运。"西陵当地更流传有每个树坑施一斗黄米做肥料的说法。

树株的栽植时间多选择在冬季。乾隆二十八年（1763 年）谕：陵寝松柏树株，春季栽种，不如冬季栽种为妥。下雪后将树根周围以雪培之，则新种之树易长。所有应种树株，即于冬季栽种。

清西陵栽植的树种以松、柏树为主，间种桧柏、枫树、杨树、柳树等各种杂树。树株的栽种分不同层次，"陵寝近旁仪行栽种松、柏树外，仪行外围添种杂树"。

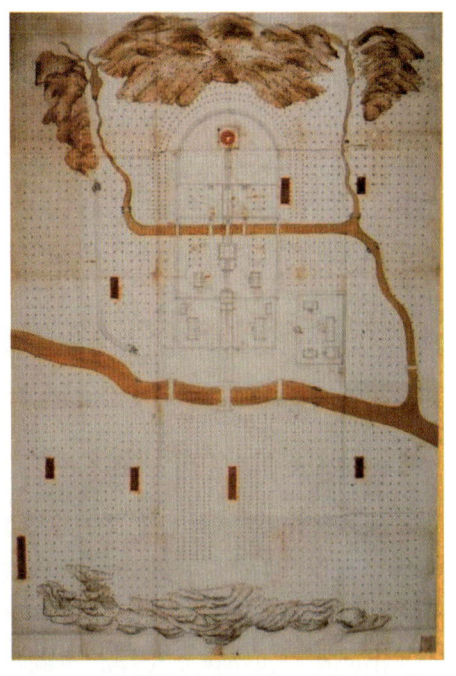

图 1-11　昌西陵地盘画样，上标注有仪、行树的栽植位置（国家图书馆藏样式雷图档 184-1，咸丰四年雷思起绘）

2. 树秧的来源

清西陵的树秧来源共有四种情况：

第一种情况是采买大树。西陵松柏树秧都是从紫荆关外盛产树株的各处山场详细查勘挑选品种，大部分从涞源县上老荒村移植而来。为求吉祥，皇帝还传旨将"上老荒"更名为"上老芳"，并刻碑立石。这些松树多是成年大树，由于树形较大，拖运不易，加之路途遥远，栽植之后成活率较低。

第二种情况是陵区官员自己培育树苗。松树秧采集后先行择地栽秧，加以培养，三年后待其壮茂，再移种到山，以确保其成活率。嘉庆十二年（1807 年），曾购买 4~5 尺高的松柏树 1000 棵，在西口子门外设立苗圃，进行秧栽，并派树户十名进行管理。咸丰初年，负责昌西陵树株的大臣宗室绵森于咸丰元年（1851 年）十一月"由紫荆关外采办高四尺至七尺松树秧，如法培养"，三年后，栽种到山。

第三种情况是从西陵陵区的海树内选择枝棵壮嫩的自生小树，注明标记签记，到冬天直接移栽。

第四种情况是个人捐资栽种。除朝廷出资外，西陵也允许个人出资栽种树木，官员由此可得到优叙。如光绪元年（1875年），总管内务府大臣兼泰宁镇总兵清安在泰陵东阳砂地添种柏树2500棵、在慕东陵石桥以南加种柏树2500棵，费银6480多两，受到"交部从优议叙"的奖赏。光绪元年降调的西陵官员尚膳正春华在泰陵南案山一带捐种移栽柏树2140株，光绪八年五月，已是候补郎中的春华又在泰陵后龙山捐种柏树1392株。春华也受到光绪皇帝的奖赏。清末民初光绪崇陵建造时，由于资金紧张，建成后并没有栽树。晚清遗老梁鼎芬认为陵园无树，既不美观，又关风水，便号召清廷遗老捐款为崇陵植树，并率先捐款一千元。依靠募捐所得，崇陵最终栽树4万多棵。

3. 树木的管理

陵寝树株栽植后，设专员进行管理。西陵内务府设有树户，负责浇水、除虫、剪枝、整形等工作。为了防止树木丢失和砍伐，还特设巡山看树的"海巡"人员，常年居住在树林中巡查。

清政府对负责树木管理的陵寝官员有一套严格的管理办法。规定各陵植树要设专职承办司员担任，责令其承担栽植的所有树株以保固三年为限。"如限内枯干者，监栽官员、铺户补栽；限外枯干者，工部补栽"。

对于被风吹折和伐除的树株，采取因地制宜、因材施用的方法，由各级官员分别负责管理。仪树由陵寝总管办理，海树由泰宁镇总兵官派员贴记后，移知总管共同办理，然后派拨树夫、草夫及兵丁等选择吉日将所有吹折的树株清除。除留足各陵本年祭礼用烧柴外，剩余部分存储一年，以备接续应用。多余部分变价卖掉，所得的价银作为管理树株时的应用，并且要造册登记，经内务府查核。其余破碎的枝梢不能应用的部分，赏给陵寝官员、拜唐阿等。红桩、白桩、青桩界内风折的树株，由负责人员随时呈报其上司，其上司再呈报将军、大臣，详细勘验后，造具注册，注明每种树风折若干棵、干枯若干棵，并将尺寸大小一一登记，上报礼、工二部及承办事务衙门。遇有修整堆拨房（满语，巡逻卫兵的哨所）、桥梁时，将能用的树木酌量取用。尺寸短小不能应用的，仍然作为祭礼烧柴，于年终核销。如果不够祭礼烧柴的应用，应在青桩以外寻觅采取，青桩以内不得擅行砍伐。

清政府还制定了完善的奖惩制度。达到保固三年期限的，对承办人员予以奖励，奖励办法有赏给津贴、御书、匾额、加爵晋级等。对于管理树木不善失职的官员，窃伐树木的官员及对枯死散树隐匿不报、擅行分给树户的官员，予以惩罚。办法有降级、革职、发往边疆效力赎罪等。同治四年（1865年）制定了《管树司员劝惩章程》，其中规定，凡松柏树株，行树每千株每年枯死不得过5株，海树每千株每年枯死不得过 10 株。逾额则惩，无则奖励。

对于偷盗陵寝树株的人，清政府制定了严刑律令。凡盗砍红桩、白桩以内树株者，"比照盗大祀神御物律，斩。为从者，发近边充军"。盗砍青桩以内、白桩以外木植，"为首发极边，足四千里充军。为从杖一百，徒三年"。即使是树木枝杈也绝对禁止砍折："陵寝围墙以内，盗砍树木枝杈，为首者先于犯事地方枷号两月，发近边充军。若在红桩以外、白桩以内盗砍者，为首杖一百，徒三年；如在白桩以外、青桩以内，为首杖一百，均枷号一月。如在青桩以外、官山以内，为首杖一百。为从各犯，具于首犯罪上，各减一等。"

4. 树木的养护

为了提高陵寝树株的成活率，防范林区火灾，清政府制定了一系列养护措施。

树株浇灌均以 30 年为期，10 年内每月浇灌一次，30 年后停灌。至 1916 年，崇陵植树后，改为"以十年停灌，三年内请以七次、六次、五次按年递减"。西陵树木浇灌每年有固定拨款 5800 两，由长芦盐运司解交，1900 年八国联军攻陷天津后改由直隶库每年拨解。但因慕陵、慕东陵地面土质较薄，多年来树木仍未生长茂密，添种初限树木后情况依然没有改观，同治末年又添种二限树木 9500 余株。但这些树木的浇灌是没有正式拨款的，为此，光绪元年（1875 年）四月，西陵总管内务府大臣清安等奏请户部拨款 3600 两，光绪二年四月又奏请户部拨款 3600 两，均得到批准。光绪一朝仅浇灌慕陵、慕东陵二限树木的临时拨款就达 64200 两。

由于树木繁多，设立的树户相对较少，因此浇灌成为难题。遇到连年少雨，土脉干燥，树株渐次萎黄，其中以山树情况较为严重。当时山地担水均有数里之远，要几个月才能轮转浇灌一次。嘉庆十四年档案记载："昌陵吉地松柏、枫、杨树虽皆成活，然非旧有年久大树可比。尚须用心浇灌。当时所设树户仅七十名，要承浇松柏树万余株，实在力有不逮。"为此，清政府拨发银两，添派兵丁协同巡查浇灌。据记载，咸丰七年，因浇灌事泰陵拨银七十两，昌陵拨银一百三十两，慕陵拨银三百两。

虫灾对林木生长也是致命的灾害，清朝治理虫灾的主要方法是派人捉拿。光绪二十三年五月，慕陵、慕东陵的松树发现虫害，虫约四五分长，赤首黑身，藏在嫩叶针穗之间，专吃叶心嫩茎。当时的西陵守护大臣载信、全荣及总管内务府大臣祥霖立即派兵捉拿，对于没有发现松虫的地面，则令所管官员认真检查。他们亲自督催，兵弁按棵搜拿，随时记录，并且商定次序，反复搜拿。经过一个多月的努力，松虫基本被消灭干净。但是载信等人仍不放心，严饬兵弁员役继续搜拿。尽管方法极为简单，但由于兵丁倾注全力，故虫灾未造成严重后果。

为防止森林火灾，各陵均开挖防火道。西陵原设外火道共长28613丈、宽28丈，内火道共长6229丈、宽30丈，围屏山火道共计长1555丈、宽50丈。光绪六年，又在六陵后宝山后增加火道一层，长4086丈、宽28丈。风水内外围火道草茨每年冬初割除，以防不虞。据档案记载，光绪三年九月二十八日，泰陵、昌陵后山发生荒火。烟火自北面青山扑向内围地面风水禁地。经查明，"此次荒火远自外北面青山而起，因风势过猛以致蔓延甚速"，非常危险。守护大臣溥丰、奎英和泰宁镇总兵清安带领官兵迅速将内火道的荒草割除干净，才控制住火势的蔓延，但依然"致使泰陵后宝山以外熏烤各色海树六十五株，泰东陵后宝山以外熏烤各色海树八十三株，昌陵宝山以外熏烤各色海树一百二十株"。所管绿营官兵被撤职，溥丰、奎英、清安等也受到议处。

出于灌溉和消防的需要，光绪年间，西陵"添置水龙二架，水枪百支，水桶百担"。光绪三十一年又在无碍陵寝风水的地方挖井，为水龙汲水提供便利。当时规定，"各陵挖井四眼，位置分布在陵寝的前、后、左、右。每眼井的尺寸为径宽八尺，盖面石宽一丈，四尺深至三丈以内见泉为止"。另外，还决定将旧有水泉改为新井。粗略统计，各陵开挖修浚新旧井共用银约3915两。

清朝灭亡后，西陵林木遭受了严重损失。由于清廷退位，树株浇灌、管理等工作也相应中断，导致树株死亡严重。护陵人银饷断绝，彻底失去了生活来源，为了谋生，不惜盗伐陵区树木。民国战乱时期，军阀在梁格庄火车站公开收购木材，一时引得乡民砍树成风。民国政府在西陵地区成立河北省第二林垦局，以卖树为业，还拍卖陵区土地，伐树垦田。直至新中国成立，西陵树株惨遭破坏的局面方告结束，并对陵区内林木进行了有效保护。据1997年普查统计，清西陵陵区内尚有13902多株古松柏，平均树龄在300年上下，其树形千姿百态，风骨奇绝，弥漫在陵寝内外，随山起伏，顺道蜿蜒，苍茫浩瀚，是华北地区最大的古松林，景色蔚为壮观。

第八节　西陵八景

自清西陵始建至今300年间，历朝文人墨客都以不同形式赞颂西陵美景，尤以民国初年泰宁镇守使陈增荣所定"西陵八景"流传最广。

陈增荣是福建人，于丙寅年（1926年）奉逊清皇室之命在西陵镇守泰宁镇，公务之余巡视边陲，雅爱山川秀丽，认为易县确实为畿南胜地。当年四月，陈增荣就所巡游过的地方，标定了"西陵八景"。现在清西陵仍存有《西陵八景》刻石一块，它原放置在新易铁路梁格庄站的站台上，长宽各约二尺、厚约六寸，碑上阴刻

《西陵八景图》一幅，同时刻有陈增荣的《西陵八景》短文一篇文曰：余奉命镇守泰宁，军书余暇，巡视边陲，雅爱山川秀丽，政俗淳朴，为幽并诸州冠，诚畿南之胜地。爰就浏览所及，率定西陵八景，藉以存真，海内明达。以江湖散人为好事焉否？一笑。丙寅年四月古闽陈增荣题并识。按石刻所示，八景分别为：荆关紫气、易水寒流、奇峰夕照、拒马奔涛、云蒙叠翠、峨眉晚钟、福山捧日、华盖烟岚。每景加以简要按语释读，刻于图像之下（图1-12）。

图1-12　西陵八景刻石

1. 易水寒流

易水发源于易县西部太行山麓，由山泉汇聚而成，河水清洌，水质上乘，自西向东横贯县境。易水有北、中、南之分，北易水河从西陵陵区穿过。中易水河自陵区南部的东西华盖山之南流过，是西陵南部的风水界河，水量最大，也最著名。中易水是一条充满悲壮色彩的河，两千三百年前，壮士荆轲南渡易水刺秦，在此河畔与燕太子丹诀别，高渐离击筑，荆轲怒发冲冠，仰天长啸，白虹贯日，高歌"风萧萧兮易水寒，壮士一去兮不复还"，惊天地、泣鬼神，遂成为千古绝唱，并由此成为"燕赵自古多慷慨悲歌之士"的渊源。《战国策》中"鹬蚌相争"的故事也发生在易水河边。此外，相传《二十四孝》中王祥"卧冰求鲤"的故事也发生在这里。洛宾王曾有诗曰："此地别燕丹，壮士发冲冠；昔时人已没，今日水犹寒。"

2. 荆关紫气

紫荆岭位于县城西45千米，是清西陵陵区的西端边陲，又名万仞山，山势险峻，处于华北平原向山西台地过渡的断层带，山岭上建有明长城重要关口紫荆关。紫荆关，为全国九大名关之一，与居庸关、倒马关并称内三关。秦汉称上谷关，东汉称五阮关，北魏称子庄关，宋金称金坡关，元以后以山多紫荆树改称今名。其有"紫塞金城"之誉，历史上发生过140多次战争。明代就地取材，大兴工程，建成料石包砌的"九门九关石头城"。清圣祖康熙两次驻跸。陈增荣在《西陵八景附识》中称其"南踞燕赵，北控幽并，环山有河，夙称险隘"。紫荆岭上长满紫荆树，盛夏荆花盛开，紫色的花朵使紫荆岭上紫气如云，故名"荆关紫气"。

3. 云蒙叠翠

云蒙山位于清西陵西部，西距泰陵10公里，是陵区西部的天然屏障，与西陵的靠山永宁山同属一条龙脉。明《弘治易州志》记载："层峦叠嶂，翠色横空，中有太宁寺。"有银丝葫、乳水洞、云蒙双塔等景观，传说为孙膑、庞涓师从鬼谷子受道修业之地，冯道、王鼎等曾在此修身养性，著书立说。云蒙山有77道山峰、33道峡谷，顶峰海拔1120米。桃花、流水、红叶、冰瀑被称为"云蒙四绝"。

4. 拒马奔涛

拒马河居于西陵靠山永宁山之后，是西陵北部的风水界河。拒马河发源于涞源县，流经易县境内32.5公里，水势湍急，波涛惊奔，当年盘马弯弓之概犹可想见。晋代，曾有大将刘琨率兵在此河畔守卫，以抗拒石勒的兵马，故名"拒马河"。历史上，拒马河与紫荆关共同构成农耕文明与游牧文明的分界线，如今是易县经济社会发展的重要水源支撑，保障着易水湖、龙湖的水源补给，供养着紫荆关、官座岭等7座水力发电站。官座岭抽水蓄能电站也以拒马河为主要水源。

5. 峨眉晚钟

此景位于今梁格庄镇娄亭村。按《西陵八景图》所记，距梁格庄火车站西北12.5公里，白玉山麓，山腰有座峨眉寺，过去有古钟孤悬在崖头的老树杈上，霜天一杵，很远的村都能听到钟声。每当夕阳时分，"晚钟阵阵竽声响，僧背经文谷中传"，悠扬的诵经声和撞钟声在谷中回荡，被人们标榜为异迹。

6. 奇峰夕照

奇峰岭属于永宁山脉，位于泰陵北十里。这里群峰林立，高低参差，前后错落。奇峰是奇峰岭的一座山峰，由于大自然的鬼斧神工，使这一山峰前面和顶端如剑削般整齐，如一座屏风突兀独立于群峰之前。夕阳西下，群山已退入暮色之中，唯有它独享最后一缕阳光的照耀，并向大地展现它挺拔的雄姿。陈增荣描写此景为："高峰插云，环山拱塞，春秋晚霁，落日殷然。"

7. 福山捧日

据《西陵八景图》所记："此景在镇署后，距离车站约二里半。林峦竞秀，桃柳争妍，晓望山巅，纲村如画，朝暾台起，恍接扶桑。"福山即今梁格庄行宫东三里，有三峰起伏，平缓对峙，状如蝙蝠，谐音为福山。山腰多植桃、柳等树，春和景明之际，桃红柳绿，春风徐来，落英缤纷。清晨，火红的太阳从对峙的峰峦中间跃出，阳光首先沐浴在中间的山峰上，远观恰似红日在两山的捧托之中。

8. 华盖烟岚

东、西华盖山分立于泰陵东南和西南2公里处，左右对峙形成天然的陵区大门。华盖山山峰高耸，直入云天，气势雄伟。山顶常年有云雾缭绕，当地人望华盖山顶可以知晴雨。山上遍植松树、柏树，四季长青，浓荫蔽日，云蒸雾霭，烟岚滚滚。特别是夏季大雨初晴之时，山腰中烟雾翻腾，滚滚升起，似瑶池仙境般令人心旷神怡。陈增荣赞此景为"领袖群山，秀耸天外，晚霞朝雾，滴翠沾衣"。华盖原为帝王或贵官车上伞盖，后泛指高贵者所乘之车，寓意吉祥。

第二章
泰陵与雍正皇帝

泰陵是清朝入关后第三代皇帝雍正的陵墓,是清西陵的首陵,位于永宁山主峰之下的太平峪,雄踞于清西陵的中心位置,是格局最为完美的古代帝陵,建于康乾盛世中期的 1730 年至 1736 年,其工程之浩大、建筑之坚固,正是大清盛世的鲜明写照。

第一节　气势恢宏的首陵

泰陵始建于雍正八年(1730 年),完工于乾隆元年(1736 年),工程历时 7 年,除直接支取的物料不需动用银两外,共耗银 240 万两,是清西陵营建年代最早、建造规模最大、建筑功能最完备的陵墓,无处不体现出清王朝的盛世气度,是西陵之首(图 2-1)。

根据《清实录》的记载,这块吉地是雍正七年(1729 年)十二月雍正皇帝发布上谕正式确定的。实际上,早在雍正六年,这块陵址就已被确定为备选吉地,而且相关的拆迁工作也已经开始了。

皇家陵园是"万年龙虎抱,每夜鬼神朝"的风水禁地,所有民居、坟墓、庙宇、杂树必须全部迁出陵区之外。据档案资料记载,为了营建泰陵,在划定的范围之内迁走了 19 个村庄,拆除民间瓦房 73 间、石板房 14 间、草房 1336 间、草棚 461 间,搬迁山厂 200 处,砍伐树木 6154 棵,圈占各种地亩 84 顷

图 2-1　乾隆朝泰陵图(中国第一历史档案馆藏)

13亩5分7厘5毫8丝。对于拆迁补偿，雍正还特别下旨实行优惠政策。雍正八年（1730年）四月二十日，雍正在批阅户部奏请太平峪红桩之内拨换田、房，迁移寺庙一切事宜的题本时，批道："风水地内所有民间田亩，照应得之价，加倍偿给。已经耕种者，俟收成后再令交官。村庄庐舍，悉照房屋间檩，加倍先给银两，俟其将迁居之处收拾周备，再令搬迁。各村舍所种树木，亦著给与价值。一应寺庙于风水地红桩之外，照式官为盖造。如该寺庙有香火田地，亦著将新建寺庙附近地亩加倍拨给。至所有坟墓，悉照地之大小，从厚赏给地价，俟卜有平稳之地，再令迁移。务使民间从容宽裕，各沾实惠。其应需各项价值，悉于内库支领。"。

雍正八年（1730年）八月十九日，泰陵兴工营建，承修大臣为：恒亲王弘晊，内大臣常明，尚书海望、查克丹，侍郎溜保、德尔敏，以后又续派侍讲学士赛尔敦、朝阳等人，郎中苏尔泰、罗丹苏、住安图等人为监督。

皇陵建造要在全国范围内征召最优良的建材。据记载，泰陵工程所有瓦料在北京琉璃瓦厂烧造，石料采自北京房山，木料来自南方，砖块由江苏苏州和山东临清烧造。根据现存档案的记载，泰陵工程用去北京产琉璃瓦料392920件，自南方运进楠木、柏木、杉木、梨木共计99016根，山东临清砖块1577070块，江苏苏州金砖6000多块。

雍正七年（1729年）三月十九日，令广东采办万年吉地楠木，七月十九日，运送圆方楠木共280根块，另铁梨木9件。广南韶道林兆惠承办楠木985根块，堪用者仅有280根块，林兆惠因此被革职。由于时间紧迫，只好在琼州府（今海南岛）开山采办500余根块油楠，以济急用。因此，泰陵的主体建筑除使用亚热带的一般楠木外，也使用了海南的油楠。至于由房山的大石窝开采的青白石料、由昌平采办的豆渣石更是不计其数。为储存物料，仅建陵之初就搭建棚厂499间，耗费白银5385两。泰陵不仅用料多，而且运料开支也相当大，仅泰陵工程的砖、瓦、木料运费即达200358两，工程之浩大可想而知。

雍正十三年（1735年）雍正帝崩逝时，工程尚未完工。乾隆皇帝即位后，加紧施工，乾隆元年（1736年）九月十六日全工告竣。泰陵气势雄伟、规模宏大，以永宁山为祖山、蜘蛛山为案山、元宝山为朝山，占据了陵区中最尊贵的位置。主体建筑坐北朝南，宫殿区北偏东4.5°、引导区北偏东2°，总体以顺治皇帝的孝陵为蓝本，局部又有改创，建筑面积189亩，共有建筑74座，沿着祖山、案山、朝山形成的中轴线，疏密得当、错落有致地排列开来，其间用一条长约2.5公里的砖石神道贯穿。宏伟的宫殿群在群山环抱、松柏掩映下，景色十分壮观。

古文献中对"泰"的美好解释是"循礼安舒曰泰,临政无慢曰泰"。雍正皇帝在位时，勤于政务、励精图治、法纪严明、政绩卓著，因此乾隆皇帝将他的陵墓命名为"泰陵"。

第二节　完备的建筑序列

泰陵石共有建筑 74 座，沿中轴线由南向北有序排列。从南至北依次是：火焰牌坊、一路五孔石拱桥、石牌坊三座、大红门、具服殿、一路三孔石平桥、圣德神功碑亭、一路七孔石拱桥、石像生、龙凤门、一路三孔石拱桥、三路三孔石拱桥、神道碑亭、东西朝房、东西值班房、隆恩门、东西燎炉、东西配殿、隆恩殿、陵寝门、二柱门、石五供、方城、明楼、宝城、宝顶、地宫。神道碑亭东侧建有神厨库，库内建神厨、南北神库、省牲亭。这些建筑不仅布局和谐严谨，而且造型壮丽多姿，工艺高超精美（图 2-2）。

火焰牌坊：位于西陵大红门南 5 公里的神石山上，是西陵最南端的建筑和陵区入口的标志，也是清代白差的必经之路。清代凡白差来陵，陵区的官员命妇及永福寺的喇嘛都要来此跪迎，举哀。牌坊坐西朝东，为四柱三门的柱出头式石牌坊，通体青白石材质，柱头施云板设蹲龙，每间柱间石额枋上设置石雕火焰宝珠，象征逢凶化吉、皇族兴盛。火焰牌坊的设置也是清西陵所独有，此处正处于东西华盖山与元宝山南延的交叉处，是陵区南端风水和会之处，而火焰牌坊的设置正好起到了围合和关联的作用。2003 年 9 月，火焰牌坊上的四个蹲龙和明间额枋上的火焰宝珠被盗，案件很快被侦破，被盗石构件追回后归安。盗贼在盗取火焰宝珠时，火焰宝珠和明间额枋发生碰撞，现额枋和火焰宝珠上尚留有残痕（图 2-3）。

一路五孔石拱桥：位于大红门前泰陵主体建筑的南端，桥南有青砖海墁，北端与神道相接，是泰陵的第一座神路石桥。石桥横跨于北易水河上，长 87 米、宽 10.94 米。桥身为青白石材质。券脸石上雕有龙头，桥两侧栏杆雕

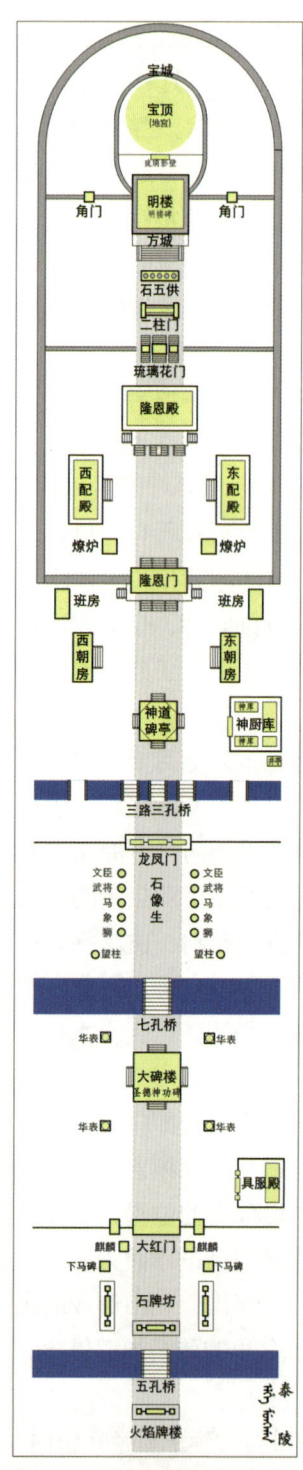

图 2-2　泰陵平面示意图

三幅云净瓶寻杖栏板，二十四节气望柱头。桥下东西两侧均有豆渣石垒砌的泊岸。1987版电视剧《西游记》中，唐僧取经前告别大唐皇帝的一场戏就是在这里取景拍摄的，剧中唐僧从此桥踏上西天取经之路。

神道： 五孔桥北连接着一条砖石墁地道路叫作神道，是泰陵建筑的中轴线。泰陵神道自五孔桥起，北至宝顶前哑巴院止，全长约2.5千米，将各座建筑串联起来。神道中部为御路石，两侧为牙子石。御路石与牙子石中间铺墁青砖。神道砖出自山东临清，铺法为两卧一立，砖下一尺五寸路基，异常坚固结实。

图2-3 火焰牌坊（1900年 摄）

三架石牌坊： 是中国古代唯一的品字形石牌坊组合群。牌坊是一种门洞式建筑物，通常用来标榜功德、表示仪注。明清皇陵入口都设有石牌坊，但均为一架，泰陵却突破了这一制度，改设三架。三架青白石牌坊，一座居中面南，两座稍后分列东西，与北面大红门相对应，形成一个宽敞的四合院。三架牌坊呈品字形排列，是我国古代唯一的一处品字形石牌坊群，堪称国粹，是中华民族古代建筑的瑰宝（图2-4）。

这里为什么要建三座石牌坊呢？说法有很多。其中有两种说法比较合理。一种说法是因为雍正还是皇子时的府邸雍和宫门前建有三架品字形的木牌坊，按照事死如生的原则，在他的陵墓自然也要建造同样布局的三架石牌坊。另一种说法则认为是出于建筑空间布局的需要。泰陵的大红门位于左右护砂九龙山、九凤山和易水河的夹持之间，山水格局比较紧凑，地势没有清东陵和明十三陵那样宽敞。如果只建一架石牌坊，人们的视线自然会被两侧山势所吸引，皇陵的气势会被冲淡和发散，不免有压迫之感。所以增建东西两架石牌坊，和对面的大红门构成一个围合空间，既遮挡两侧护砂，也收敛了人们的视线，凸显了皇陵的豪迈气势。

三架石牌坊均为五间六柱十一楼的形式，宽31.85米、高12.75米，每架牌坊都是一件大型的精美石雕艺术

图2-4 泰陵石牌坊大红门功德碑楼鸟瞰

作品。建筑师用仿木构作法,将巨大石料用卯榫连接起来,并雕刻出楼脊、瓦垄、勾滴、斗拱、额枋、雀替等木作构件。在牌坊的各个部位还雕刻出不同类型的形体纹饰,各个画面布局合理、造型生动、雕技细腻、玲珑剔透。唯有正中一间牌楼坊心是空白无纹的,十分引人注目,很多人不解。其实这是因为明陵的石牌坊都没有文字,从而被清代陵寝承袭下来(图2-5~图2-8)。

  石牌坊巨大的石基座由两块巨石构成,石基座中间凿有石槽,将6根柱子的柱身与巨大的夹杆石牢牢地稳固在一起。石牌坊的石构件重达几吨至十几吨不等,在清代没有现代化的起重设备,却能建造如此规模的石建筑,虽历经三个世纪的风霜雨雪、烈日严寒和多次地震的冲击,仍巍然屹立。唯正中石牌坊的东次间横梁在同治四年出现裂缝,采用方木抱柱和承托横梁加固至今,对石牌坊的整体结构并未产生明显影响。

图2-5 泰陵面南的石牌坊

图2-6 石牌坊夹杆石上的雕刻　　图2-7 夹杆石雕刻　　图2-8 夹杆石雕刻

三架石牌坊既是祭祀仪式的起点，也是对雍正功德的表彰，更是我国古代大国工匠精神的具体体现。三架高大的石牌坊以它巍峨的雄姿成为泰陵和清西陵的标志。

大红门： 是进入清西陵的总门户，位于石牌坊之北，坐落于陵寝中轴线上，坐北朝南，为单檐庑殿顶式建筑，面阔34.8米、高14.3米、进深11.4米，规模巨大，气势宏伟。整座门系砖石垒砌而成，油灰灌浆，异常坚固。共有三个拱券式门洞，三对巨大的合扇门板，每扇重约1.5吨，用松木做成。各扇门钉为封泡铜圆帽钉，横竖各9行，九九八十一个，"九路钉"显示了"真龙天子"的至高至尊，不同凡响。三座门洞有东走君、西走臣、中间走神之分。

大红门东西两侧筑有随墙，各有随墙门一座。宽大的风水围墙由大红门向左右伸展，初建时长20千米，宣统时期，风水围墙长达26千米，将泰陵和昌陵的座座建筑包围起来。大红门前两侧还有两只石雕猛兽，名为麒麟（图2-9）。麒麟为传说中的瑞兽，古人认为，麒麟这种瑞兽的现身和黄河水变清一样，都是帝王统治英明、国家太平的象征。大红门前雕刻麒麟的形象，昭示着雍正皇位继承顺乎天意，而且他的统治深得民心；同时，也起到镇墓兽的作用。大红门前设置麒麟，这也是明清皇陵中清西陵所独有。

图2-9　大红门前石麒麟

大红门前左右还各有一座石下马牌，高4.3米，正面上刻有满、汉、蒙三种文字的"官员人等至此下马"字样。大清法律规定，距下马牌百步外下马下轿，违者以大不敬罪论，杖一百。

具服殿： 又称更衣殿，位于大红门北面东侧，坐东朝西，有神道与主神道相通。院墙相围，独立成院，是皇帝送葬时稍事休息、更换衣服的地方。院内正中为更衣殿，面阔三间，单檐歇山顶。殿后有一间琉璃瓦顶小屋，与主殿相通，称净房，内置马桶，是皇帝的御用"卫生间"。泰陵具服殿是明清皇陵中唯一遗存的一座（图2-10）。

圣德神功碑亭： 俗称大碑楼，位于

图2-10　具服殿

陵寝中轴线上，坐北朝南，双檐歇山式建筑，高 27.5 米、面阔 23.4 米，是泰陵最高大的建筑，建于乾隆二年（1737 年）至乾隆七年（1742 年），耗银 13 万余两。碑楼内，两通巨大的石碑矗立在龟趺背上，分别镌刻着满汉两种文字，记载着雍正皇帝一生的功德。泰陵功德碑的汉字多达 4401 字，碑文由清代大文学家方苞执笔拟定，由曾经担任雍正老师的原户部尚书徐元梦翻译成满文。乾隆元年（1736 年）九月十六日，乾隆帝命自己的叔父、康熙帝的第十七子、善于书法的和硕果亲王允礼书写泰陵圣德神功碑汉字碑文。乾隆初年，允礼健康状况欠佳，于乾隆三年（1738 年）二月初二日去世，乾隆三年六月二十七日奉旨，泰陵圣德神功碑文改由康熙帝的第二十一子、慎郡王允禧书写。

图 2-11　泰陵圣德神功碑楼与华表

图 2-12　泰陵圣德神功碑

在碑楼外的广场四角各有石雕华表一根，每根高达 12 米。柱身为八角形，底座为八角形莲花青白石须弥座，华表外围环置汉白玉石栏杆，狮子望柱头，三幅云净瓶栏板，是君权至上的标志，顶部的蹲龙则被后人赋以"盼君出"和"劝君归"的含义。自道光皇帝裁撤了功德碑楼以后，清西陵只有泰陵和昌陵有此建筑（图 2-11、图 2-12）。

一路七孔石拱桥：位于大碑楼北，是泰陵神道上的第三座石桥。桥身长 106.6 米，是清西陵最长的桥梁建筑，为国内所罕见（图 2-13）。

石像生： 石像生是神道两侧石雕动物和人像的统称，位于泰陵七孔石拱桥北侧、蜘蛛山南，东西成对设置于神道两侧。最南端为一对望柱，青白石雕刻，

图 2-13　一路七孔石拱桥

平面为六边形，往北依次为立狮、立象、立马、武将、文臣各一对，均为青白石材质，立于青白石须弥座之上。石像生雕工细腻、造型生动，犹如威武雄壮的仪仗队，威严、肃穆。

泰陵营建之初，雍正皇帝曾下令不必建造石像生。清代沿用明代陵寝制度，仿效十三陵，在主神道设置石像生。如顺治皇帝的孝陵，作为清东陵的主陵，神道两侧放置了18对石像生。按照这一制度，泰陵作为清西陵的第一座陵墓，其神道是陵区的主神道，理应设立石像生。雍正七年（1729年）十二月，雍正帝曾在谕旨中明确指示"石工浩繁，颇劳人力，毋庸设立"石像生。在泰陵建造规制档案中，确实没有石像生一项。乾隆十二年（1747年）的《直隶易州志》泰陵序列中，龙凤门前只有青白玉望柱二根，并没有石像生的相关记载，说明泰陵建造之初，的确没有建置石像生。据天津大学王其亨教授考证，乾隆十三年刊工部屯田司《工部则例》记载泰陵置石像生5对，泰陵的石像生当是乾隆皇帝在乾隆十三年补建的，而且这其中还发生了一段大臣和皇帝据理力争的故事。

乾隆帝登基以后，出于礼制和孝道的考虑，在乾隆元年就考虑为泰陵建置石像生，大臣们奉旨询问原相度泰陵风水的高其倬、户部员外郎洪文澜，皆称："泰陵甬道，系随山川之形势盘旋修理，如设立石像生，不能以其丈尺，整齐安供，而甬道转旋之处，必有向背参差之所。则于风水地形，不宜安设。"按照制度，石像生应安置于龙凤门之前，但泰陵龙凤门前即案山蜘蛛山，神道在这里顺应地形，绕过案山，呈弯曲的形状，如果设置石像生，就位于转弯的位置，不能做到整齐划一、肃穆庄重。所以泰陵不设石像生的原因并不是雍正帝所说的节省人力，而是风水的原因。

乾隆帝听了这个解释后，并不满意，谕总理事务大臣："朕思陵前石像生，系典礼之一节，若因甬道前地势盘旋，难于安设，或将大红门、龙凤门展拓向外，俾地势宽敞，位置攸宜。尔等同和亲王带领通晓风水之洪文澜再加敬谨相度，妥协定议具奏。"他让大臣们考虑将大红门、龙凤门等建筑向南拓展。

臣工们遵旨赴现场勘察后，旋即奏议："大红门，正在龙蟠虎踞之间，护北面随龙生之旺气，纳南面特朝环抱之水，前朝后拱，天心十道，实天造地设门户，不便展拓向外，况石像生之设，古制未详，无大关典礼之处，似可毋庸添设。"面对一言九鼎的皇帝，大臣们据理力争，称风水攸关，大红门不能向南拓展，石像生可以不设。乾隆帝对此也无可奈何，只好说"知道了"。一直到十几年后的乾隆十三年，乾隆皇帝大兴土木为自己营建陵墓时，可能认为如果先辈的陵寝都不建石像生，而他自己的陵墓却建置了八对石像生，违背了逊避祖陵的原则，势必会失笑于人，于是同时为泰陵还有康熙的景陵补建了石像生。

泰陵石像生的雕饰风格在中国古代石像生建造史上具有里程碑意义，突破了前朝体型庞大的夸张造型，接近写实的风格，并由凶猛变得温顺驯服，装饰精美。其中象征"天下太平"的大象驮宝瓶形象第一次出现在陵寝石像生中（图2-14）。

图 2-14　泰陵石像生中的石象

龙凤门： 位于案山蜘蛛山北，砖石结构，三门六柱三楼四壁，面阔35米。6根柱子为青白石雕刻，柱顶雕有蹲龙。四面琉璃影壁均建在石须弥座上。下肩为琉璃砖砌须弥座，上身为琉璃饰面砖，中心四岔琉璃花心，正面（南面）四岔角和中心各嵌琉璃蟠龙，背面四岔角嵌缠枝莲宝相花，中心各嵌琉璃鸳鸯荷花图案，象征帝、后共穴，永远合好（图2-15）。

一路三孔石拱桥： 位于龙凤门北，是泰陵神路上的第四座石桥。桥身长30.65米，为青白石材质，有三幅云净瓶寻杖栏板和二十四节气头望柱。

三路三孔石拱桥： 也称九孔桥，位于一路三孔石桥北侧、神道碑亭南侧。三路桥并列于神道碑亭南侧马槽沟上，桥与桥之间有荷叶净瓶栏板和望柱相连，使之成为一个整体。三桥大小相同、造型一致，均为青白石材质，桥面两侧施净瓶栏板，龙凤头望柱。这是泰陵神道上的第五座石桥（图2-16）。

图 2-15　泰陵龙凤门及宫殿区鸟瞰

海墁： 泰陵九孔桥南北分别建有大面积的青砖墁地，称之为"海墁"。具体做法和神道相同，最下面用三合土筑打地基约50厘米，上面铺设三层青砖，两卧一立，异常坚固。泰陵海墁宽阔平整，历经近300年，没有任何塌陷和鼓胀现象，不仅增加了陵寝的恢宏气势，还体现了古代高超的建筑技艺水平，是劳动人民聪明智慧的结晶。

神道碑亭： 神道碑亭坐落在三路三孔桥桥北的广场上，位于陵寝的中轴线上，坐北朝南，平面呈正方形，面阔、进深均为8.29米，高14.08米。四面均辟拱门，亭内正中龙趺碑一通，阳面刻满汉蒙三种文字的雍正皇帝的庙号、谥号和徽号，汉文为："世宗敬天昌运建中表正文武英明宽仁信毅大孝至诚宪皇帝。"（图2-17）

图 2-16　泰陵三路三孔桥神道碑亭及宫殿区鸟瞰　　图 2-17　泰陵神道碑

神厨库： 位于神道碑亭广场东侧，跨马槽沟，有石平桥相通，坐东朝西，有围墙环绕，自成院落，是祭祀时制作和存放供品的地方。院内神厨一座，是制作供品的厨房；神库两座，是存储原料和存放供品的库房；东南角双檐的建筑名"省牲厅"，内置大铜海和水池，是杀牛宰羊、制作牺牲的地方。

井亭： 位于神厨库围墙外的东南角。井亭为黄瓦盝顶式建筑，顶部中央露天，与井盖中间的透孔相对，为的是让阳光能够照射到水面，因为清宫认为不见阳光的水为纯阴之水，不能饮用。

东西朝房： 位于神道碑亭北大月台的东西两侧，面阔 5 间、进深 1 间，前出廊，单檐歇山黄色琉璃瓦顶。东朝房内做膳品、熬奶茶，故也称茶膳房，房后遗存有晾奶亭遗址；西朝房是做主食糕点的地方，因为满族俗称这些为饽饽，也称饽饽房。西朝房还是祭祀时工作人员临时回避的场所。东西朝房后地面上各矗立两座烟筒，是典型的满族传统建筑特征（图 2-18）。

东西班房： 位于朝房北面，面阔 3 间、进深 1 间，布瓦卷棚顶式建筑，是守护陵寝士兵休息的地方。

隆恩门： 位于神道碑亭北的中轴线上，坐北朝南，面阔 5 间、进深 2 间，单檐歇山黄琉璃瓦顶，面阔 20 米、

图 2-18　东朝房背面烟筒及晾奶亭遗址

进深 9.06 米、高 11.05 米。前有月台，月台两侧分别有 4 级抄手踏跺。明间天花支条上悬挂斗匾，上有满、汉、蒙三种文字的"隆恩门"字样，钤盖有"乾隆尊亲之宝"印文。隆恩门是陵寝引导建筑的结束，也是寝殿建筑的开始。隆恩门东西两侧有陵墙延伸再折向北，将寝殿建筑群围括在内。

焚帛炉： 又称燎炉，位于东西配殿南端，通身用琉璃装饰，精美华丽、光彩照人。正面有拱券式炉口，炉膛镶铸铁炉壁，是祭祀时用来焚烧金银锞和五彩纸的建筑（图 2-19）。

隆恩殿： 位于隆恩门北侧正中月台上，坐北朝南，是祭祀活动的主要场所，每年清明、中元、冬至、岁暮、祭辰五大祭，每月朔望两小祭都在此进行。隆恩殿是整座陵寝中最重要的殿宇，面阔 5 间、进深 3 间，重檐歇山黄瓦盖顶，面阔 30.29 米、高 20.35 米。双檐间悬挂斗匾，上有满、汉、

图 2-19　泰陵燎炉

蒙三种文字的"隆恩殿"字样，钤盖有"乾隆尊亲之宝"印文。殿内地面铺墁金砖，有暖阁三间。中间暖阁供奉雍正皇帝和孝敬宪皇后神牌，西暖阁供奉敦肃皇贵妃年氏神牌，东暖阁供奉佛像。

殿前有月台，月台上有铜鼎三座，中间铜鼎仅存底座，为泰陵原物，两侧铜鼎由泰东陵移来。月台两侧设铜鹿、铜鹤各一，现仅存石底座。殿座、月台周围、台阶两侧均置汉白玉净瓶栏板、龙凤头望柱。月台东、西、南三面有踏跺 5 处，东西各 1 处、南面 3 处，正中踏跺镶嵌有龙凤丹陛石（图 2-20）。

东西配殿： 位于隆恩殿前两侧，东西相向对称布置，均面阔 5 间、进深 1 间，前出廊，单檐歇山黄琉璃瓦顶。西配殿是帝后忌辰时喇嘛念经的地方，每次有 13 名喇嘛，诵药师经。东配殿是放置祝板的地方，在隆恩殿维修

图 2-20　泰陵隆恩殿

时临时供奉墓主人神牌,也是皇帝举行祭祀典礼时临时休息的地方。

陵寝门: 也称琉璃花门、三座门,位于隆恩殿北,色彩艳丽、雍容华贵。按照事死如生的陵寝设计理念,陵寝门是后寝的门户。陵寝门两侧建有卡墙,将隆恩门以里的建筑分成前朝和后寝两部分(图 2-21)。

二柱门: 位于陵寝门以北的神道上,属于礼制性的建筑,无实际功用。它由两根石柱和一个门楼组成,每根石柱顶部有一条石雕的蹲龙。清西陵只有泰陵和昌陵有此建筑(图 2-22)。

图 2-21 泰陵陵寝门

图 2-22 泰陵二柱门、石五供、方城明楼

石五供: 位于二柱门北,通身为青白石材质。底座为石须弥座,长 6.45 米、宽 1.65 米、高 1.43 米。上陈香炉一尊,两侧花瓶、蜡台各一对。须弥座雕饰精美,下枋四面雕刻有八宝等吉祥纹饰,题裁多样、内容丰富,细腻生动。凡帝后陵墓,均建有石五供,是一种象征性的石雕祭器,是举行祭祀仪式的地方。不同身份的人,其行礼位置也不同:皇太子在台南;皇帝、皇太后、皇后在台北;妃嫔则在东侧。

方城明楼: 位于石五供之北,作为帝陵的核心建筑,屹立在地宫外部建筑宝顶的最前端。方城为正方形平面的城台,下设高大的月台,月台前延出宽大的疆磋坡道,其上坐落着明楼。下部中间设瓮券门,有一条南北方向的砖隧道贯通。台面的东西南三面做雉堞,北面砌宇墙。

明楼建在方城台面正中,重檐歇山顶,四面辟门,其形制与神道碑亭相似。双层屋檐间悬挂有斗匾一方,上面用满汉蒙三种文字书写着陵墓的名称"泰陵"。楼内有石碑一通,长方形须弥座碑座,饰五彩。碑身前后涂以朱砂,故称"朱砂碑",

碑阳面用满蒙汉三种文字刻有"世宗宪皇帝之陵"。明楼正脊距地面16.5米（图2-23）。

哑巴院： 哑巴院位于方城与宝城之间，穿过方城下门洞券即可进入哑巴院。洞券的入口有石雕券脸，券内安设两扇对开的实榻门，朱漆门扇各带有鎏金铜钉帽和兽面铺首。穿过门洞是一座四周由城墙围成的小院，因为位置隐蔽，内向封闭而被喻称为哑巴院。院子的东西两侧各有一座转向蹬道，通往明楼和宝城。哑巴院的北墙为宝城南城墙，称作月牙城。正中贴墙砌有一座黄色琉璃影壁，并嵌有中心花、岔角花。琉璃影壁下面就是地宫的入口。影壁墙下方曾有一处盗洞，1980年4月进行过试掘，发现此盗洞只有一米多深，证实泰陵地宫尚未被盗掘，后回填恢复原状（图2-24）。

图2-23　泰陵明楼内的朱砂碑

宝城： 是指宝顶外的围墙，上有可行人的马道，外沿做雉堞，内沿砌宇墙，城身用澄浆砖干摆。

宝顶： 位于明楼之北，是地宫之上的封土，即坟头，是神道的末端顶点。宝顶用白灰、沙土、黄土拌和成"三合土"，一层一层夯实，又用糯米汤浇固，加固铁钉，异常坚固。泰陵宝顶呈近圆形，周长256米，下面即是地宫。

地宫： 位于宝顶正下方，亦称玄宫，也称地下宫殿，为石质建筑。依清制，皇帝陵地宫为九券四门。泰陵地宫内地面是用金砖铺墁的。地宫内埋葬着三位

图2-24　泰陵哑巴院和1980年试掘地宫时遗留的水泥梁

墓主人：雍正皇帝、孝敬宪皇后、敦肃皇贵妃。自乾隆二年（1737年）入葬后，泰陵地宫至今没有打开过，依然保存完好。

第三节 被紧急叫停的考古发掘

1979年，泰陵开放之初，在泰陵哑巴院内影壁前曾有一个盗洞回填的痕迹，里面填满了烂砖碎瓦和垃圾。据当地的老年人讲，他们十几岁的时候进陵园里玩，就看到有这个大窟窿。另据易县文化广电和旅游局所存档案记载，在1979年清西陵文物保管所工作计划中有这样的安排：解放初期，文物工作者就已经发现泰陵地宫被盗的痕迹，但至今仍未勘察，建议1979年打开地宫，1980年开放。以上两点说明盗洞出现应该是在1949年解放之前，当时人们都认为泰陵地宫已经被盗掘了。这个盗洞引起了清西陵管理部门的高度关注，有盗洞，就说明泰陵地宫已经被盗，是否对地宫进行抢救性挖掘被提上了相关领导的工作日程。

1. 申请挖掘

据时任易县文化局副局长的陈宝蓉先生在《回忆我在清西陵工作的日子》一文中回忆，"文物工作者的良心，使我对这个盗洞不能置若罔闻。如果说这个盗洞是清朝垮台后盗墓者所为，那六七十年来，有多少雨水、雪水流入地宫，墓室内肯定是积水成潭，寒暑交替不知沤坏了多少珍贵文物。特别是死者身上的朝服以及装殓死者的棺椁、歌颂死者的祝板（应为册宝）等木制品，绝对不能继续在脏水里浸泡着了。"他亲自执笔起草了《关于抢救挖掘泰陵地宫的请示报告》，向河北省文化局进行了汇报。时任河北省文化局局长路一同志对挖掘工作也很重视，立即召开局党组会进行专题研究，决定由文物处李晓东处长负责，起草关于抢救挖掘泰陵地宫的申请，报送国家文物局，请示挖掘泰陵地宫。

1979年9月15日，河北省文化局收到了国家文物局《关于发掘泰陵地宫的批示》，要求"按照1964年国务院批准《古遗址、古墓葬调查发掘暂行管理办法》的规定呈报审批"。

据此，河北省文化局迅速将泰陵地宫发掘的详细报告进行呈报，1980年2月24日，国家文物局复函河北省文化局，正式批准挖掘泰陵地宫。还特别强调保护文物和"金头之谜"两个方面。批准文件如下：

河北省文化局：

你局（80）冀革第9号函收悉。经与中国社会科学院考古研究所协商，同意你局清理清西陵泰陵地宫的计划，并请在工作到进地宫清理时通知我局，以便届时派人前往现场了解。

此复。

国家文物事业管理局
一九八〇年二月十四日
抄致：中国社会科学院考古研究所

泰陵地宫的发掘工作得到了河北省、保定地区的高度重视，发掘工作由河北省和保定地区联合进行。1980年4月5日，河北省文化局文物处董增凯处长、赵辉等到达清西陵，准备泰陵地宫挖掘工作。4月7日下午，召开了挖掘泰陵地宫筹备会，由董增凯、赵辉、河北日报社记者于山、河北电视台记者吴新英、保定地区文化局副局长付启、易县县委副书记张志刚、易县革委会副主任郝秀芬、易县文化局副局长陈宝蓉、西陵文物保管所所长赵海奇以及西陵派出所、58011部队负责人参加。会上组成了挖掘工作领导小组，负责人有董增凯、付启、张志刚、赵辉、孙德海、58011部队李副团长、陈宝蓉、赵海奇。下设挖掘、后勤、保卫三个组，河北省古建研究所的赵辉、孙德海同志和保定地区文管所的张金茹、夏清海同志具体负责发掘工作，驻西陵太平峪村的总参通讯团58011部队官兵提供发掘用工，河北电视台、河北日报社的记者负责全程跟踪拍摄，并决定4月8日上午8点破土动工。4月7日晚，清西陵文物保管所召开了全体干部职工参加的挖掘地宫筹备会，董增凯、付启、陈宝蓉参加会议，对挖掘工作进行了具体部署和要求（图2-25）。

图2-25　泰陵地宫发掘时，自方城门洞券内壁雕花位置以北的地面条石曾全部被起开

2. 挖掘经过

经过一系列的缜密安排，1980年4月8日，泰陵地宫发掘工作正式开始，清西陵文物管理处的档案资料中保存了现场发掘过程的详细记载：

"一九八〇年四月八日—四月十日发掘泰陵地宫情况（图2-26）：

参加人员：省文化局文物处董增凯处长、地区文化局副局长付启，河北省古建研究所赵辉、孙德海，地区文管所张金茹、夏清海、小林、小刘、孙连凤等，58011部队干部战士21人，西陵区派出所高九德，县公安局1人，易县文化局陈宝蓉同志、西陵保管所赵海奇所长、宋允芹、李福贵、王国福、王润生、潘友良、尚洪英,河北电视台吴新英等5人,河北日报记者王建华、石安,共计47人。

1980年4月8日上午8点50分,全体工作人员在泰陵明楼前礓礤坡上合影留念,9点用木架支撑照壁,9点34分未(隗)有清(县委书记)、郝秀芬(县革委副主任)来陵,达到49人。上午10点钟,正式破土动工。从照壁前御路第一块石板起至第四块石板,河北电视台、河北日报记者开始拍照。10点16分方砖下面第一层灰土(6厘米),灰土下面是灰背(3厘米),灰背下面是长条砖,东西向,整半交错。上午11点开始挖第二层长条砖,长46厘米、宽23厘米、厚13厘米,长条砖下面是白灰铺垫,厚3厘米。11点15分,开始移中间御路第2号石头,石头长1.35米、宽1.03米,汉白玉石料。11点21分,开始移第1号石头(青石),石头长1.31米、宽1.03米、厚29厘米,石头下面先有白灰(3厘米),后有江米灌浆三合土(深5厘米)。上午11点45分暂停,吃午饭。下午2点2分开始移第3号石头(厚30厘米、长1.32米、宽1.03米),第二层江(糯)米灌浆三合土厚18厘米,边缘部分有夯窝,第二层江米灌浆三合土下面四边有夯窝,每行2~3个,直径2.5厘米或4厘米不等,灰面有平夯痕迹,一夯压半夯,平夯圆径40厘米。下午5点10分收工。

1980年4月9日上午8点开始,21人(解放军)参加,挖掘墓道上第二层江米灌浆三合土(厚20厘米)。墓道宽4.48米,墓道距墓道壁84厘米,御路总宽6.16米,影壁至宝城9.32米。第四层江米灌浆三合土表面仍有夯窝,与上层建筑做法一样。按架梁处是第六层砖的下面,砖缝是用白灰浆灌注,砖的层次分布情况是一丁一顺,砖的形状有的是长方形,有的是银锭形(有图),厚12厘米,灰缝3厘米,影壁下面六层砖共90厘米。

1980年4月10日上午10点开始下横梁,22名解放军参加。上午11点下好横梁。下午继续起第4号石头及西边方砖。第三层江米灌浆

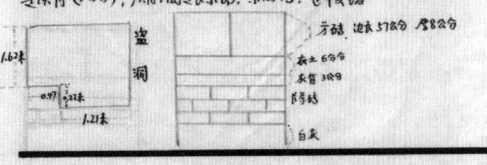

图2-26 地宫发掘原始记录

三合土厚23厘米，第四层江米灌浆三合土厚42厘米，下面出现了墓道积砖，为南北方向，此砖距地面1.38米。

1980年4月11日上午8点开始动工，解放军23人参加。（起动墓道表面石块登记表4～16号。1980年4月11日测出。）券门内第8号、9号、10号（石块）下面开始往北是江米灌浆三合土，以南是填砖，横竖平铺。砖缝呈人字形，砖长46厘米，宽23厘米。17号石块长1.59米、宽63.5厘米、厚36厘米，18号石块长1.45米、宽63厘米、厚35厘米，19号石块长95.5厘米、宽63.5厘米、厚6厘米。从券洞内第四行石头底下铺有碎砖片白灰，起铺平作用。11日下午，解放军到23个人。"

据多名参加挖掘的工作人员回忆，糯米灌浆的三合土非常坚韧，出于保护的需要，战士们只能用八磅的大锤用力锤打铁钎，每一锤下去只有核桃大的坑。经过清理，发现盗洞为不规则的长方形，东端南北长1.84米、西端南北长1.62米、北端东西宽1.68米、南端东西宽1.21米。盗洞深达0.75米时明显缩小，又继续向下0.25米，总深1米。

按照此份档案资料，抬头标明是"一九八〇年四月八日—四月十日发掘泰陵地宫情况"，实际记载到了1980年4月11日上午，11日下午没有具体工作记录。

3. 紧急叫停

据陈宝蓉先生回忆，"因为施工过程中请当地驻军帮忙，他们身强力壮，纪律严明，干劲十足，所以工程进度很快，只用了3天时间就挖到了地宫前面的第一道屏障金刚墙。可是，这时候盗洞也不见了。"因此推测泰陵地宫尚未被盗掘。

他这样回忆当时的情景，"地宫没有被盗通，说明墓室的文物没有丢失，那可都是价值连城的宝贝，具有很高的历史研究价值。继续挖掘下去，'金头之谜'即将破解，说不定这次挖掘成果能被评为1980年度考古新发现。人们欢呼跳跃，为即将取得的成果而高兴。"但是在这种情况下，发掘工作必须暂停，及时向国家文物局和省文化局汇报，等待批示。于是，11日下午挖掘工作暂停。据易县文化局1980年档案45卷《清西陵专档》中记载："4月11日下午两点多钟，国家文物局按照夏鼐同志的意见给我们打了长途电话：'听说泰陵地宫没有被盗，暂停挖掘，我们与考古研究所的同志去西陵研究后再说。'就这样，挖掘工作暂时停止了。"

时隔两日，《北京晚报》在4月13日头版刊发了记者陈凡的通讯报道《清泰陵正在发掘中》。全文如下：

"本报讯 据河北易县消息，清雍正皇帝的陵墓——泰陵，现正由有关部门组织发掘。

泰陵位于河北易县境内西陵之中，离北京二百四十华里。去年，西陵文物保管所对泰陵进行了多方考证和调查，未发现被盗迹象。经国家文物局和考古研究所批准，于最近开始发掘。据考古人员介绍，泰陵建筑坚固严密，这正是未曾被盗的原因。

泰陵的发掘现场是在宝城和明楼之间。挖掘组已将地面的大方砖取掉。第二层是长方形砖，也已取掉。第三层是用灰、土、砂和成的三合土，质地坚硬。预计半月左右可见分晓。"

这条消息一经发布立刻引起了更大的反响（图2-27）。

4月15日，时任中国社会科学院考古研究所所长夏鼐先生、国家文物局局长任质斌、副局长孙逸仙等带领众多专家来到西陵，到泰陵地宫发掘工地现场视察，并确认，泰陵地宫尚未被盗掘。夏鼐先生提出，"不准挖掘的意见其理由有二，一是1958年周总理说过一句话，三五年内不准挖掘帝陵；二是现在我们国家防腐技术还没有过关，因地宫没被盗，文物一定很多，出土后不易保存"。

图2-27 《北京晚报》1980年4月13日头版照片

4月21日，国家文物局正式下文，撤销泰陵地宫发掘计划，具体内容如下：

河北省文化局：

清西陵泰陵地宫，系根据已被盗掘的报告而批准同意清理的。现发现盗洞并未挖穿，地宫未受破坏，原发掘清理计划理应停止进行。目前，我局和中国社会科学院考古研究所的负责同志前往实地勘察确实。兹决定撤销原批准的发掘清理计划，将已挖土方回填，按原状复原。

特此函告，请即通知清西陵文物保管所执行。

国家文物事业管理局
一九八○年四月二十一日
抄致：中国社会科学院考古研究所

于是泰陵地宫发掘工作被紧急叫停，按要求回填，恢复原状，也把雍正"金头之谜"留给了后人们。

第四节　一代名君的勤勉人生

雍正皇帝名爱新觉罗·胤禛（1678—1735 年），是清朝入关后的第三代皇帝。康熙十七年（1678 年）生于紫禁城的永和宫，在 35 位弟兄中排行第四。生母孝恭仁皇后乌雅氏，原任护军参领卫武之女。据《清实录》记载，乌雅氏尝"梦月入怀，华彩四照，已而诞上，……上天表奇伟，隆准欣身，双耳望垂，目光迥然，音吐洪亮，举止端凝。"生有异兆，相貌不凡（图 2-28）。

胤禛 6 岁就读，师从张英、熊赐履、徐元梦、尹泰、顾八代、汤斌等名师大儒。皇子时期就多次随皇父外出，并参与一些政务活动，这些都使他开阔了眼界，增长了才干。他 14 岁成婚，21 岁被封为多罗贝勒，32 岁被封为和硕雍亲王。他极具政治远见，在康熙晚年众皇子争夺储位的斗争中，韬光养晦，匿其锋芒，整日讲求佛法，与僧道为伍，不问政事，但暗中争储活动却从未停歇。他一方面与众兄弟保持友好关系，另一方面在父皇面前竭力树立自己友爱仁孝的形象，暗中积蓄力量（图 2-29）。

康熙六十一年（1722 年）十一月二十日，45 岁的胤禛继位登基，在位 13 年，生有十子、四女，雍正元年（1723 年）秘密立皇四子弘历为储君，即后来的乾隆皇帝。雍正十三年（1735 年）8 月胤禛驾崩于圆明园，享年 58 岁，庙号世宗乾隆二年三月初二日葬入泰陵，谥号"敬天昌运建中表正文武英明宽仁信毅睿圣大孝至诚宪皇帝"（图 2-30）。

图 2-28　胤禛读书像

图 2-29　胤禛耕织图（图中人物以胤禛及其家人为原型）

图 2-30　雍正朝服像

雍正皇帝有很强的施政才能，在位期间，面对康熙留下来的百废待兴的国势政情，他励精图治、勤于朝政，勇于改革、推行新政，严惩政敌、整顿吏治，一扫康熙末年的疲态，为乾隆盛世的出现打下了坚实基础，是中国历史上著名的改革务实的皇帝（图2-31）。

为君难玺
故宫博物院藏

"为君难"玺文

图2-31 "为君难"玺及印文

1. 严禁朋党

康熙帝执政期间，一直奉行比较宽仁的政策，使得朋党斗争在康熙朝各个时期都比较激烈，尤以其晚年诸子争储的党争牵扯面最广、持续时间最长、影响也最深远。雍正帝即位时，朋党的存在已经严重影响到了皇权的稳固。因此，他在雍正二年（1724年）颁布了《御制朋党论》，在位期间始终铁腕打击朋党，甚至不惜剥夺对新政不满的兄弟允禟等宗室的族籍，并将之监禁。此外，他还对那些权重势大的大臣进行了清算，如满洲出身的隆科多和汉人出身的年羹尧，有效巩固了皇权。

2. 整顿吏治

雍正登基后，把整顿吏治和财赋作为当务之急。他首先狠抓了清查钱粮亏空案件，谕令户部，传谕各省督抚，除陕西省外，限以三年将所属钱粮严行稽查，补足亏空，如限期不完，定行从重治罪。在1723—1724年间，他又连续发布了30道有关清查钱粮亏空的谕旨，共查办亏空案件达169起，计银23082116两，取得相当可观的成果，官场风气为之一清（图2-32）。

图2-32 雍正帝御书"勤政亲贤"匾，并悬挂在养心殿西暖阁办公处，是雍正皇帝治国理念的充分体现

3. 耗羡归公和养廉银

我国古代以银、铜为货币，征税时，银两在兑换、熔铸、保存、运解过程中有一定的损耗，故征税时要加征附加费，此项附加费称"火耗"或"耗羡"，由地方

州县征收，作为地方办公及官吏们的额外收入。耗羡的征收额度，由州县随意规定，有的征税一两（古代一两等于十六钱），耗羡达五六钱，极大地加重了人民负担。因此，雍正大力推行"耗羡归公"，将此项附加费变为法定税款，固定税额，由督抚统一管理，并将其中一部分作为"养廉银"返还各级官吏，大幅度提高官员们的经济收入，以达到高薪养廉的目的。养廉银数额巨大，是官员俸银的几十上百倍，京官则实行双俸制。此政策既减轻了人民负担，又保证了廉政的推行。

4. 摊丁入亩

这是我国财政赋税史上的一次重大改革。中国自古就有人丁税，成年男子不论贫富，均需缴纳人头税。雍正元年（1723年），雍正皇帝采纳了直隶巡抚李维均"将丁银摊入地亩征收"的奏议，次年下令各省推行。这一制度将人丁税摊入地亩，按地亩的多少定纳税的数目。地多者多纳，地少者少纳，也称作"摊丁入地"，一举取消了延续千年的人头税，国家税收迅速增长。这项措施，有利于贫民而无利于土地所有者，雍正皇帝也因此而得罪了当时的地主阶层。

5. 改土归流

雍正朝以前，我国西南及其他一些少数民族聚居的地区实行土司制度，其职务为世袭，仅名义上接受清朝的册封。但土司们大权在握，骄恣专擅，对朝廷的政令阳奉阴违。这种制度妨碍了国家的统一和地区经济文化的发展。雍正四年（1726年），雍正帝派鄂尔泰治理西南苗疆，实行改土归流政策。即废除云南、广西、贵州、四川、湖南等少数民族地区世袭的土司制度，改为由朝廷任命的流动官员进行管理。改土归流的实行，打击和限制了土司的割据和特权，促进了少数民族地区的经济文化发展，对边疆地区的稳定具有积极作用。

6. 平定青藏叛乱与设立驻藏大臣

雍正元年至雍正二年，平定了青海和硕特蒙古首领罗卜藏丹津的叛乱，罗卜藏丹津遁逃准噶尔，清政府设置西宁办事大臣管辖青海事务，稳定了青海的政治局面。雍正五年（1727年），平息了西藏封建主噶布伦等人的政变，并在西藏设立了驻藏大臣办事衙门，在以后的20年中，西藏政局稳定、忠于朝廷。

7. 创立军机处和奏折制度

雍正七年（1729年），为处理军务方便，成立军机处。作为皇帝的秘书班子，为皇帝出主意、写文件、理政务，"军国大事，罔不总揽"，其特点是处理政务迅速而机密。军机大臣直接与各地、各部门打交道，了解地方情形，传达皇帝旨意。与创立军机处伴随的是推广奏折制度。由于以前的官文批转手续繁复，且经多人阅看，时间拖延且难以保密，而奏折则直达皇帝本人。雍正在位 13 年，具有上密折权力的人先后达 1000 多人，使不同身份的官吏可以及时反映情况、报告政务，也使官员们相互监督，成为雍正帝了解国情、控制官吏的有效手段。

8. 创立秘密建储制度

鉴于康熙晚年众皇子争夺储位的惨痛教训，雍正皇帝创立了秘密建储制度，即在皇帝生前，秘密选定一个皇子作为储君，并书写"立某某皇子为皇太子"的谕旨，藏在紫禁城乾清宫"正大光明"匾的后面。在皇帝去世之前，由皇子们和王公大臣共同开启，按照谕旨中所写宣布继位人选。于雍正元年八月秋立弘历为储君。在这一过程中，宣布立储是公开的，但立储的人选却是秘而不宣的。秘密建储制度的创立，确保了皇权的平稳过渡。

9. 消除贱民籍

雍正帝对民生异常关注，在保障人权方面也有一项改革，即消除贱民籍。由于历史原因，山西陕西的"乐户（官妓）"、浙江绍兴的"惰民"、广东的"蜑户"，都属于贱民籍，处于社会最底层，他们的后代只能从事世袭的低贱的工作。雍正五年（1727 年），雍正皇帝将贱民籍全部取消，使其成为民户，给予了他们正常的社会地位和权利。

史学家孟森先生曾说："自古勤政之君，未有及世宗者。"雍正皇帝非常勤政，常常批阅奏折到深夜，经年累月，寒暑无间。中国第一历史档案馆的刘桂林先生是研究雍正帝的专家，他对雍正帝批阅过的题本、奏折进行过统计，共有 192000 多份，平均每天 40 余份，每天批复的文字少则八千字，多者甚至上万字，堪称封建帝王中的"劳动模范"。雍正皇帝大力推行除弊改革，一举改变已经沿袭千年的制度和政策，其间必须辅以强硬甚至残酷的政治手段，这必然会触动当时部分官僚、地主和文人等既得利益阶层的利益，为他死后的种种传说埋下了伏笔。

第五节　雍正死因之谜

雍正十三年（1735 年）八月二十三日子时，58 岁的雍正驾崩于圆明园。由于事出突然，而官方记载简要，没有详细的描述，加之野史逸闻渲染，引发了后人对其死因的多种猜测联想，是因为过度劳累，积劳成疾，还是另有不可现世的隐情？雍正帝的死因成为清宫八大疑案之一，至今仍无定论。

1. 雍正驾崩，事发突然

据《清实录》记载，雍正帝在雍正十三年（1735 年）八月十八日接见了办理苗疆事务大臣，二十日接见了宁古塔将军及协领、佐领等两批并不重要的官员，说明他的身体没有问题，因为这种接见并非是必要的。但第二天，情况却急转直下。据《雍正朝起居注册》记载，雍正十三年八月二十一日，"上不豫"，雍正身体有点不舒服，但仍"照常办公"，说明无大碍。到二十二日的时候，雍正病情加重，便让他的两位皇子宝亲王弘历（乾隆）、和亲王弘昼前来照顾，不料到了晚上七八点钟，"疾大渐"，已经病危了，于是急忙将各位王爷、内大臣和大学士们召到寝宫，发布遗诏。深夜时分，即二十三日子时竟溘然而逝。

作为当时突发事件的见证人，顾命大臣大学士张廷玉在他的《自订年谱》中记录了这一惊心动魄的时刻。八月二十日的时候，雍正感觉有点不舒服，但"犹听政如常"。可就在二十二日晚上漏将二鼓（晚上九点到十一点）的时候，张廷玉已经休息了，却突然传来急促的敲门声，原来是宫内的侍卫，急召张廷玉火速进宫。据张廷玉回忆，当他急速来到圆明园，远远就看到大门口有四名太监正在那翘首张望，在焦急地等待，看到张廷玉后，有一个太监立即跑进宫内报信去了。当张廷玉来到皇帝寝宫的时候，发现寝宫里非常慌乱，太监、内侍、御医等人进进出出，非常匆忙。

图 2-33　鄂尔泰画像

寝宫里的灯光昏暗，只能看见皇帝头朝里躺在榻上，看不清皇帝的脸。张廷玉去拜见皇帝的时候，也没听到皇帝发出任何声音。这使他感到"惊骇欲绝"，白天还好好的皇帝已经快不行了！这期间门外又陆陆续续地来了很多大臣，都在殿外等待消息。子夜时分，哀讯传出，雍正皇帝驾崩了。

这些记载都显示，雍正从发病到去世不过两天时间，辍朝休息也仅一日时间。被后世称作"暴崩"也就不足为怪了。据袁枚写的《鄂尔泰行略》记载，由于事发突然，皇宫里没有任何准备，找不到马，匆忙之下，鄂尔泰（图 2-33）只能骑着运送煤炭的骡子，从圆明园护送雍正遗体回紫禁城装殓。由于没有马鞍，以致鄂尔泰大腿磨破，鲜血淋淋，竟毫不知觉，护送皇帝的遗体回宫后，忙于处理丧事，一直到七天之后他才回家。他的家人发现他的衣服上结了好多血痂,而且沾在身上,这时候大家才知道鄂尔泰大人因为那天晚上骑骡子受伤了。可见当时之紧急与匆忙。

雍正皇帝在没有任何征兆的情况下出乎意料地骤然而亡,而正史记载不仅简略,对病情也没有交代,也无怪乎大家对他的死因浮想联翩了。那么雍正的死因除了正史记载的病死说,还有哪些说法呢?

2. 雍正"金头之谜"

在民间,雍正"金头之谜"流传很广,说雍正是被吕四娘所杀,并取走了头颅,清宫只好为他铸了一颗金头下葬,所以埋葬在清西陵泰陵的雍正皇帝是一颗金头。而刺客吕四娘是雍正朝曾轰动一时的文字狱案案主吕留良(图2-34)的后人。那么历史上刺客吕四娘是否真有其人?吕留良又是因为什么而深陷文字狱大案的呢?

图2-34 吕留良画像

这种说法之所以在民间流传最广,也确有其历史上的客观原因。大兴"文字狱"是封建统治者为禁锢和压制民间思想、维护其精神统治的重要手段,直到清嘉庆朝才彻底取消。雍正四年(1726年),有一个叫查嗣庭的官员去江西担任科举考试中的乡试正考官,他出了一道题目叫"维民所止",被雍正皇帝看到,认为"维"就是雍正的"雍"字去了头上的一点一横,而"止"则是"正"字上面去掉一横,显然是在预示皇帝无头,于是被革职拿问,死于狱中。而赫赫有名的大将军年羹尧,最初也是因雍正三年二月的奏折上将"朝乾夕惕"误写成"夕惕朝乾",被雍正皇帝抓住了小辫子,成为噩梦的开始,终致赐死。

而在雍正朝影响最大、最广的却是吕留良文字狱案。吕留良,号晚村,浙江桐乡人,是吕四娘的爷爷,明末清初著名的文人。顺治十年中秀才,后思想大变,悔恨取得清朝的功名。他坚持反清复明的思想,主张"华夷之分大于君臣之义",坚持汉族的立场,不承认清朝,在社会上有一定的影响力,被尊称为"东海夫子"。康熙年间,地方官曾两次举荐他,他誓死不就。他把这看作是逼他出仕做官,厌恶至极,为免得再被纠缠,干脆削发为僧,入山当了和尚,专心著述,著有《吕晚村文集》等很多书籍。由于他宣扬维护汉族利益的思想,他写的书不可能得到公开刊印,因此,他的弟子就把他的书抄写下来,作为密本保存。然而,万万没想到,在他去世45年后的雍正六年,他的家族却因他遭遇了重大变故。而这飞来横祸,却是一名落魄的书生招来的。

图 2-35　岳钟琪画像

这个落魄书生就是湖南秀才曾静，他屡次科举不中，于是放弃科考，改为教授生徒。他深受吕留良思想的影响，认为川陕总督岳钟琪是抗金英雄岳飞的后代，理应反抗金人的后代满族人。雍正六年九月，他居然给岳钟琪写了一封策反信，并派学生张熙交给了岳钟琪（图 2-35）。信中以大宋忠臣岳飞的后代等词，鼓动岳钟琪起兵反清，完成驱逐夷狄之大业。岳钟琪见了曾静的信，扣押了张熙，飞报朝廷。雍正降谕旨，将曾静、张熙师徒拘捕入京，由雍正帝亲审。曾静表示悔过认罪，供称都是受吕留良思想的蛊惑。雍正因此迁怒于吕留良。经过长达四年的审理，吕留良最终以大逆罪论处，家人连坐。吕留良及其长子吕葆中、学生严鸿逵被刨棺戮尸，其子吕毅中、严鸿逵的学生沈在宽被斩立决，吕和严的孙辈约 90 口人全部被发配宁古塔，为披甲人做奴仆，吕家财产没收。

据传，雍正皇帝在治罪吕留良一家的时候，吕留良的孙女吕四娘恰巧不在家，所以幸免于难。她知道举家罹难的噩耗后，为了报仇，就远遁深山，苦练武艺。经过一番苦练之后，终于武艺学成。恰在这时，宫里要选秀女，于是她利用选秀的机会混入宫中。后来，机缘巧合之下，她被安排到雍正皇帝身边，刺杀了雍正皇帝。

按史料记载，当时负责办理吕留良案的是浙江总督李卫（图 2-36）。李卫是雍正的亲信且办事周密，他曾给雍正上过多道密折汇报办案经过。从这些密折上看，吕家先后经历了三次抄家，而第一次只涉及男子，所以不排除有女性逃出。甚至雍正八年时，社会上就流传有"吕氏孤儿"一说。李卫不敢疏忽，又进行了第三次秘密查抄。发现吕葆中有个继妻曹氏，年 68 岁，因从前削发为尼，在寺庙出家，未经入册，续又查出吕留良家所有男性娶过的妻妾等 24 人、"未曾许字之女四人"（即未订婚的女子四人），加上出家的，共 29 人，一并听候发落。

从李卫写给雍正的多道密折上看，吕留良家可能有女子在第一次查抄后逃出，不然，雍正也不会得知"吕

图 2-36　李卫画像

氏孤儿"之说。如果真是这样，吕四娘也许真有其人。但是，即使真有其人，要想进入壁垒森严的皇宫大内刺杀皇帝，也难如登天。由于泰陵地宫至今没有打开，雍正是否真有金头，仍然是个未解之谜。

3. 雍正是丹药中毒而死吗？

早在清末民国初年，就有人提出"世宗之崩，相传修炼饵丹所致，或出有因"这个说法。当代著名学者杨乃济先生通过中国第一历史档案馆所藏的清内务府造办处《各作成活计清档》等第一手资料，撰写了《雍正帝死于丹药中毒旁证》一文。清史学者冯尔康先生、李国荣先生以及日本学者杨启樵也都提出了雍正死于丹药中毒的观点。为什么史学界会认同"雍正皇帝丹药致死"这个观点呢？

丹药是中国古代道家炼制的一种药丸，原料有铅、汞和其他中药材，道家宣扬丹药有强身健体、延年益寿的神奇效果。古代很多皇帝都对服食丹药情有独钟，以期长生不老，永掌皇权。比如秦始皇嬴政、汉武帝刘彻、魏武帝曹操、唐太宗李世民、明世宗朱厚熜等，都曾经把服食丹药作为延年益寿的神方，而他们的死又都和丹药有着或多或少的关系。（图2-37）

图2-37 《平安春信图》中雍正和儿子弘历均为道士装束

雍正皇帝也特别崇信道教。他有一个明确的观点，即以儒治世、以佛治心、以道治身，作皇子时就曾作《烧丹》诗：铅砂与药物，松柏绕云坛。炉运阴阳火，功兼内外丹。这说明他在皇子时期就已经开始接触丹药了。登基后，超负荷的工作自然使他感到身体疲倦，精神不振。雍正七年，雍正皇帝得了一场大病，寒热不定，饮食无常。到雍正八年五月，他甚至觉得痊愈无望，开始安排自己的后事。与此同时，他还以密折的形式，谕令他的心腹大臣们细心查访内外科的好医生和深达修养性命之人，从速来京城，给他治病。这些密折留存至今的多达15封，内容完全相同，都是160个字，而且全是雍正皇帝亲笔书写的，可见当时雍正的心情非常迫切（图2-38）。

而大臣们确实找到了一个有神异功能的道士，名叫贾士芳，最早在北京的白云观作道士，雍正五年，怡亲王允祥曾经给雍正皇帝推荐过，雍正皇帝把他召进宫来，经过和他交谈，认为徒有虚名，没有什么真本事，就让他出宫了。没想到，三年后，

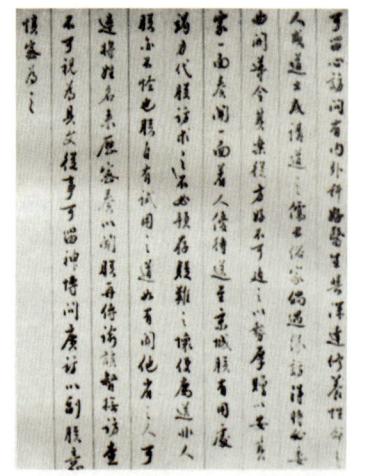

图 2-38 雍正密令督抚推荐通晓医术道士之手谕

李卫再次推荐了他。这时贾士芳已经从北京到了河南，很有名气。于是，雍正皇帝就让河南总督田文镜赶紧将他护送上京。贾士芳擅长按摩，给雍正帝治疗后，疗效明显。雍正帝十分高兴，寄字给云贵广西总督鄂尔泰，说"朕躬违和，适得异人贾士芳调治有效"。

但是，令人没想到的是，贾士芳仅仅在宫里待了几个月，雍正皇帝就突然下谕旨，将他处斩了。

据雍正皇帝所言，是因贾士芳在他面前使用妖术。据说，道士贾士芳会一种密咒，还将部分密咒传授给了雍正皇帝，嘱咐皇帝不舒服就念一段密咒。雍正皇帝试过之后，觉得确实有效，身体舒畅、内心平和安定。贾士芳在给雍正皇帝按摩的时候，也会念咒语，其中有类似"天地听我主持，鬼神听我驱使"之类的话，让雍正皇帝觉得这个人很恐怖，甚至认为是贾士芳用密咒控制了他的健康，让他身体好就好，让他不舒服就不舒服，心想：要是贾士芳哪一天想让他死，那岂不会把他咒死？为此而动了杀心。当然，这只是雍正皇帝自己的说法。也有人认为，是贾士芳在皇帝面前说到涉及政治的一些敏感话题，才导致雍正皇帝恼怒而获罪。

虽然雍正皇帝最后处死了道士贾士芳，但是并没有因此就丧失对道教的信任。雍正皇帝最迟在雍正四年就已经服食道家的丹药"既济丹"了，还将这些丹药赏赐给心腹大臣，比如鄂尔泰、田文镜、岳钟琪等人。还特别写了一道谕旨，特意叮嘱大臣们，这些丹药不是为了治病，而是用来补充元气强身，不要顾虑，只管放心服用（图 2-39）。

为给皇帝治病疗疾，大约在雍正八年十一月间，圆明园秀清村内开始点燃炉火，烧炼丹药。经过多方调治，雍正十年初，这次大病终于痊愈。此后，雍正对丹药的药效更是深信不疑，服用数量有增无减。在圆明园内负责炼

太上老君驱邪宝
木质，道教法器钮，长8厘米，宽8厘米，通高5厘米，故宫博物院藏。

太上老君驱邪宝印面

"太上老君驱邪宝"印文
印文除"太上老君"、"宝"字外，还刻有道教符号。

图 2-39 雍正延请道士进宫炼丹，制作道士用印"太上老君驱邪宝"

丹的主要是张太虚和王定乾，此二人深谙"修炼养生"。他们也不负圣意，练出了一炉又一炉的仙丹妙药。雍正自己服用后，感觉很好，便拿出一些赏赐给出征的将士。据《活计档》记载，雍正十二年三四月间，雍正就曾两次赏赐丹药。

中国第一历史档案馆的专家们在整理清宫档案的时候，发现了很多关于圆明园秀清村的秘密档案。据记载，雍正十二年、十三年，雍正下旨调进秀清村炼丹用的煤就达192吨、炭42吨。甚至雍正皇帝一个月内会下三道谕旨，运三次炼丹原料进园。雍正十三年八月初九日，雍正去世前的12天，圆明园一次就运进炼丹原料牛舌头黑铅200斤，可见当时炼制丹药的数量非常可观。

然而令人感到不解的是，雍正生前对炼丹、食丹迷恋如此，但他去世后的第三天，刚刚登基的乾隆皇帝在万机待理之时，却专门下旨，将圆明园的道士全部驱逐出宫，斥责他们"为市井无赖小人，最好造谣生事"，并说雍正皇帝"未曾听其一言，未曾用其一药"。这岂不是欲盖弥彰？同时他还警告宫里的太监和宫女们，不要妄谈国事，否则要严加治罪。

实际上，乾隆皇帝这样做也是有例可循的。历史上，唐太宗就是因为吃了丹药中毒而死的。他死了之后，他的儿子唐高宗继位，也是对道士们网开一面，没有处死，而是驱逐出宫罢了。所以，我们不妨认为乾隆皇帝的这种做法是对历史的一种借鉴，若是真的处死这些道士，岂不坐实了雍正皇帝死于丹药中毒的说法！

第六节 雍正的结发妻子和后宫挚爱

乾隆二年（1737年）三月初二日辰刻，清世宗雍正葬入泰陵地宫，随同一起入葬的还有他的结发妻子孝敬宪皇后和他的后宫挚爱敦肃皇贵妃。

1. 结发妻子孝敬宪皇后

孝敬宪皇后，乌喇那拉氏，胤禛嫡妻，原任步军统领费扬古之女，是雍正一生中册立过的唯一的皇后。孝敬皇后出身名门望族，隶属满洲正白旗，祖父鄂硕官至内大臣三等伯，父亲则是康熙朝的内大臣一等公费扬古。康熙三十年（1691年）指婚为14岁的皇四子胤禛嫡妻，后被封为雍亲王妃。康熙三十六年（1697年）三月二十六日，生皇长子弘晖。雍正元年二月初四日，立为皇后。（图2-34）

雍正九年（1731年）九月，皇后乌喇那拉氏染病卧床，月底病情转重，移住畅春园。雍正当时也正在病中，但依然坚持前去看望皇后。雍正九年九月二十九日未时，雍正看望皇后刚回到自己的寝宫，皇后乌喇那拉氏就去世了。雍正想立刻返回畅春园，

图 2-40　孝敬宪皇后朝服像

亲视皇后小殓、大殓,受到大臣们的劝阻,说皇上今大病尚未痊愈,若亲去灵前,定会触景增悲,损坏身体,而且明代典制,皇后去世,只需皇子和百官守灵祭奠,并无皇帝亲自祭奠之仪,雍正帝方才作罢。

从九月三十日起,雍正辍朝五日,成服缟素。在京诸王以下及文武各官、公主王妃以下及旗下二品命妇以下,俱齐集畅春园举哀,服丧二十七日。因当时紫禁城宫殿正在修缮,皇后梓宫停放在畅春园九经三事殿内正中。

雍正九年十月初七日,皇后梓宫奉移京西田村殡宫暂安。雍正九年十月初十日行册谥礼,谥为孝敬皇后(图2-40)。乾隆二年(1737年)二月二十二日,孝敬皇后梓宫奉移泰陵,乾隆帝沿途护送,停放至泰陵隆恩殿西旁的芦殿内。乾隆二年三月初二日辰时,随雍正皇帝梓宫入葬泰陵地宫,位于雍正皇帝梓宫东侧。

2. 后宫挚爱敦肃皇贵妃——年氏

敦肃皇贵妃,年氏,汉军镶黄旗人。她是湖广巡抚年遐龄的女儿,是广东巡抚年希尧、川陕总督年羹尧的妹妹。早在康熙年间,年氏就已是皇四子胤禛的侧福晋了。年氏端庄淑娴、通情达理,深受胤禛的宠爱。在康熙五十四年至雍正元年9年间,先后生育一女三子,而且这9年间,其他的妃嫔没有一个生育过孩子,说年氏有专房之宠,毫不夸张。雍正元年二月十四日,年氏被封为贵妃。

年氏受宠大概有三方面的原因。

一是因为哥哥年羹尧(图2-41)。年羹尧任川陕总督、抚远大将军,手握重兵,节制西北,是朝廷中炙手可热的人物,也是康熙末年储位争斗的重要力量。雍正继位后,不止一次在与年羹尧的通信中提到年妃和她的孩子。所以,颇有拉拢年羹尧之意。

二是年妃本身资质不凡。年氏生于高官显贵之家,从小受到了正统严格的教育,有良好的文化修养。雍正皇帝这样评价她:"贵妃年氏秉性柔嘉,持躬淑慎。朕在藩邸时事朕克尽敬慎,在皇后前小心恭谨,驭下宽厚平和。皇考嘉其端庄贵重,封为亲王侧妃。"说她性格柔和,懂得进退,在皇帝、皇后面前小心谨慎。年氏还深得长辈喜爱,康熙皇帝也夸奖她端庄贵重。她还深知大体,极具智慧。据《枝巢清宫词》记载："偶有家书，必先呈御览，故得全始终礼。"她深知娘家父兄在朝中的地位显赫而敏感，为了避嫌，凡是家里送来的信件，她都先给雍正帝拆开看。所以她始终为雍正所宠爱，并得以善终。

三是年妃容貌出众。雍正"十二美人图"非常著名，画面展现的是一位汉服女子品茶、观书、沉吟等情景，画中女子清丽、娇柔、妩媚、婉约。近些年，有研究者认为这12位女子实际是同一个人，而"十二美人图"的成画时间，与年氏病重去世的时间非常接近。据说年氏病逝后，雍正突发"睹物思人"之念，下旨命画工照着年氏生前的画像，作"十二美人图"。（图2-42）

雍正三年十一月，年妃因病早逝。年妃身体状况一向不好，"妃素病弱"，9年内四次生育也对她的身体健康造成了不小的损伤，更令人痛心的是她生育的四个孩子又相继夭折（她的四个孩子分别是康熙五十四年、五十九年、六十年和雍正元年出生。雍正元年出生的福沛，降生当日就夭折了，年妃去世时，仅有康熙六十年出生的福惠尚在），连续丧子带来的精神打击使年妃的身体更加虚弱。雍正三年初，年羹尧因恃宠而骄，狂妄自大，多有目无君主、欺压群臣、僭越违制之事，被雍正皇帝斥责并降旨治罪。年氏预感娘家将面临灭顶之灾，因而更加忧虑，本来病弱的身体如雪上加霜，雍正三年十一月终于卧病不起。十一月十五日，雍正已预感到年氏来日无多，深感悲伤，于是向礼部发出一道谕旨："贵妃著封为皇贵妃。倘事出，一切礼仪俱照皇贵妃行。"谕旨中，雍正对自己疏于关心年妃的病情而深感自责，"妃素病弱，三年以来，朕办理机务，宵旰不遑，未及留心商榷诊治，凡方药之事，悉付医家，以致耽延日久。目今渐次沉重，朕心深为轸念。"言真意切，充满了对年氏的爱怜之情。

雍正三年十一月二十二日，刚晋升皇贵妃7天的年氏去世。也就在这个月，其兄年羹尧被逮回京受审，年氏死后19天，十二月十一日，年羹尧被赐令自尽。

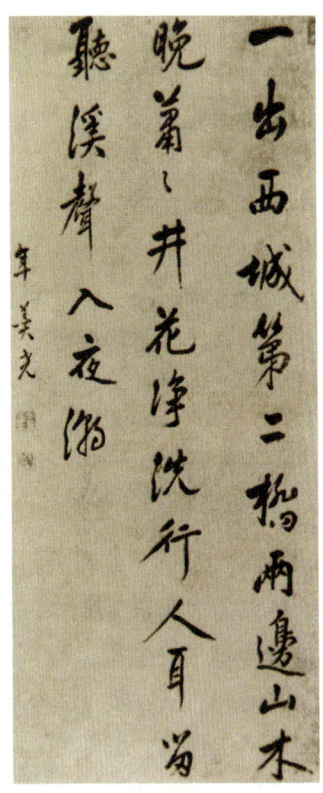

图2-41　年羹尧诗迹

图2-42　十二美人图之捻珠

年妃去世后，雍正为她举行了隆重的丧礼。治丧的金帛牛羊靡费之巨令人咋舌，仅金银锭一项，5日内就用了97500个。因为没有先例可循，礼部大小官员手忙脚乱地一番辛苦劳碌之后，雍正仍然大为不满，指责丧事"仪仗草率"，礼部从尚书到侍郎四人"俱降二级"。

雍正三年十一月二十八日，年氏金棺由圆明园奉移到阜成门外十里庄殡宫暂安，十二月被册谥为敦肃皇贵妃。乾隆二年二月二十二日，敦肃皇贵妃金棺随孝敬宪皇后梓宫奉移泰陵，三月初二日辰时葬入泰陵地宫，金棺位于雍正帝梓宫右（西）侧，比左侧孝敬宪皇后的梓宫稍后些，以示尊卑有别。

第七节　规模最大的皇后陵——泰东陵

清代，晚于皇帝去世的皇后不与皇帝合葬，要单独建陵，称作皇后陵，皇后陵的名称则根据与皇帝陵的方位命名。在泰陵东北三华里，有一处皇后陵——泰东陵，是乾隆皇帝的生母、雍正皇帝的皇后——孝圣宪皇后钮祜禄氏的陵墓，也是清西陵规模最大的皇后陵（图2-43）。

"生同衾，死同穴"，是无数人追求的美满夫妻。而历史上的乾隆生母钮祜禄氏，却曾明确表示不愿跟雍正皇帝埋葬在一起。早在乾隆二年（1737年）三月，在奉安雍正皇帝于泰陵地宫时，办理泰陵事务的恒亲王、内大臣户部尚书海望提出，要为乾隆生母即崇庆皇太后钮祜禄氏在泰陵地宫中预先留出位置。但皇太后却下旨称"世宗宪皇帝梓宫奉安地宫之后，以永远肃静为是。若将来复行开动，揆以尊卑之义，于心实有未安。况我朝昭西陵、孝东陵成宪可遵，泰陵地宫，不必预留分位"，不同意和雍正皇帝合葬。于是，乾隆皇帝遵从皇太后的心意，仿照昭西陵、孝东陵之例，为孝圣皇太后在泰陵东北方向的东正峪卜得吉壤，并于乾隆二年（1737年）开始营建陵寝，即泰东陵。

图2-43　泰东陵后山前眺

泰东陵占地面积 56 亩，共有建筑 30 余座，是清西陵规模最大、体系最完整的皇后陵。泰东陵的神道与泰陵主神道相连，建筑从南至北依次为：七孔石平桥、三孔石拱桥、东下马碑、西下马碑、井亭、东平桥、西平桥、神厨库［包括南神库（遗址）、北神库、神厨（遗址）、省牲厅（遗址）、神厨库大门］、东朝房、西朝房、东班房、西班房、隆恩门、门两侧环以朱垣、东焚帛炉、西焚帛炉、东配殿、西配殿、隆恩殿、陵寝门（三座门）、石五供、方城、宝城、明楼、宝顶、地宫等。泰东陵的建造，开创了清代皇后陵的标准规制，成为后代营建皇后陵的范本。

泰东陵不仅建筑规制标准完整、规模宏大，乾隆皇帝为表孝心，细节上也颇费了一番心思，创下了很多第一。

乾隆皇帝为了尊随母亲礼佛的习惯，在泰东陵地宫内增加了经文、佛像、番字雕刻，泰东陵也是清代第一座地宫内雕刻有经文、佛像的陵墓，更是清代皇后陵中唯一一座有经文、佛像、番字雕刻的地宫。同时，在隆恩殿东暖阁内还建有木雕佛楼，这是现今看到的清代陵寝中最早的佛楼建筑。在泰东陵之前，无论是皇帝陵还是皇后陵，隆恩殿内均无佛楼。在以后的四座皇后陵中，只有慈禧的定东陵建了佛楼。因为是首建，泰东陵佛楼只有一层。

泰东陵佛楼建筑精美豪华，佛楼内正面和东西两侧装饰鎏金万福流云壁画，金色的云朵和蝙蝠熠熠闪光，色彩艳丽，造型生动，工艺精湛，保存完整，是难得一见的艺术珍品。据档案记载，泰东陵佛楼内，正面曾供奉有无量寿佛和八大菩萨的画像各一轴，最右侧供奉有铜佛 27 尊，分三层供奉，每尊都配有紫檀木或楠木窝龛，分别有无量寿佛、弥勒佛、救度佛母和菩萨像等。佛楼正中，安设有乾隆四十年呈进的御制诗玉鸠竹杖一件，陈设有红油供案一张，供有金漆八吉祥和掐丝珐琅五供等（图 2-44）。

在隆恩殿前的月台上，首次设置铜鹿、铜鹤。泰东陵以前的清代皇后陵，隆恩殿前的月台上只设鼎式铜炉一对，没有鹿、鹤之设，只有皇帝陵才设铜鹿、铜鹤各一对。孝圣宪皇后去世后，乾隆皇帝命仿帝陵之例，在泰东陵隆恩殿前的月台上增设铜鹿、铜鹤各一对。以后各后陵

图 2-44　泰东陵佛楼内的万福流云鎏金壁画

均效仿，但数量减少，设鹿、鹤各一只，成为定制。

乾隆四十二年四月十四日卯时，孝圣宪皇后梓宫奉移西陵泰东陵，乾隆皇帝亲自护送，四月二十五日辰时孝圣宪皇后梓宫葬入泰东陵地宫。

第八节　一个秀女的逆袭传奇

图 2-45　孝圣宪皇后半身像

孝圣宪皇后，钮祜禄氏，满洲镶黄旗，四品典仪追封一等承恩公凌柱之女，生于康熙三十一年（1692年）十一月二十五日，比雍正皇帝小14岁。康熙四十三年，年仅13岁的钮祜禄氏被选中为秀女，赐给皇四子胤禛为格格。她也是电视剧《甄嬛传》中甄嬛的原型。她家世并不显赫，也没有倾国倾城的美貌，在入宫的前20年，她的地位不高，只是个低级侍妾，可以说是备受冷落的。康熙五十年，在她入宫后的第八个年头，才生下了她唯一的孩子弘历。可见在王府中，她接近雍亲王的机会并不多，而这仅有的一次生育，也是出于一次偶然（图2-45）。

据清代学者王闿运所著《湘绮楼文集》中记载，有一年，雍亲王感染瘟疫，平时服侍他的女人害怕感染，都不愿意接近他，福晋不得已派钮祜禄氏伺候亲王。在钮祜禄氏近两个月的精心照顾下，雍亲王的病终于痊愈。钮祜禄氏得以侍寝，从而怀孕，于康熙五十年八月生下了唯一的孩子弘历。此后直到雍正皇帝去世的24年间，她再也没有生育。然而，正是这仅有的一次生育，却给钮祜禄氏以后的命运带来重大转机。

康熙六十一年三月，康熙皇帝到圆明园赏牡丹，见孙子弘历聪慧过人，因而格外喜爱，便带回皇宫亲自培养。康熙六十一年夏秋之季，康熙皇帝正在避暑山庄，一天应皇四子胤禛之请，带着弘历到胤禛的驻地狮子园，康熙皇帝指着身边的弘历说："将他的生母召来见我。"钮祜禄氏随即应召而到。康熙皇帝见了钮祜禄氏后，连声说"有福之人！有福之人！有福之人！"但此时，钮祜禄氏仍是王府里的一个低级侍妾。康熙皇帝为什么要见弘历的生母呢？几十年后乾隆皇帝是这样解释的："今仰窥皇祖恩意，似已知予异日可以托付，因欲豫观圣母福相也。"是因预知弘历日后会成为皇帝，这也成为康熙传位雍正一个很重要的原因。

雍正登基以后，于雍正元年二月十四日谕礼部，封格格钮祜禄氏为熹妃，连升数级。雍正八年又封为贵妃。雍正十三年八月二十三日，雍正崩逝的当天，弘历尊封其为皇太后。

弘历事母至孝，以天下养。《啸亭杂录》有如下记述："纯皇侍奉孝圣宪皇后极为孝养，每巡幸木兰、江浙等处，必首奉慈舆，朝夕侍养。后天性慈善，屡劝上减刑罢兵，以免苍生屠戮，上无不顺从，以承欢爱。后喜居畅春园。上以冬季入宫之后，迟数日必往问安视膳，以尽子职。"

据统计，皇太后生前，凡乾隆皇帝举行的4次南巡、3次巡幸五台、4次东巡、两诣盛京祭祖、30次热河避暑、一次巡幸嵩洛，无不带皇太后同行。弘历还多次奉皇太后展谒东西陵，巡幸天津。在清代的11位皇太后中，出巡范围之广、次数之多、时间之长，孝圣宪皇后名列首位。

农历十一月二十五日是皇太后的圣寿节。每到这一节日，弘历于前一日遣官祭太庙后殿，当日，弘历亲自到皇太后宫行庆贺礼。王大臣在慈宁门、百官在午门给皇太后行礼。弘历或在重华宫，或在静宜轩，或在寿康宫盛排筵席，庆祝皇太后圣寿。按中国人的习俗，从60岁寿辰开始，每10年举行一次大型的祝寿活动。弘历为皇太后举行了三次大规模的圣寿庆典，其规模之大、场面之隆重、花样之繁多、耗银之巨，在清代祝寿庆典中为最（图2-46）。

尽管弘历对皇太后极为孝顺，言听计从（图2-47），但始终坚持后妃不干预朝政、不干预外事的祖制家法。一天，弘历去慈宁宫问皇太后安，在谈话中，皇太后说起顺天府东面有一座寺庙残破荒废了，应当修缮一下。弘历立时意识到这是皇太后听信了外面的传言，被人利用了。弘历不便于驳皇太后的面子，当场答应了下来。但离开皇太后以后，立刻将皇太后身边的太监等人召来，训谕说，你们都曾经侍奉过圣祖皇帝，见过几次昭圣皇太后（即孝庄文皇后）令圣祖皇帝修盖过庙宇？以后再有这种事，一定要劝阻。

乾隆四十二年新年刚过，正月初八，弘历就奉皇太后到圆明园，安排皇太后住

图 2-46 崇庆皇太后圣寿庆典图

图 2-47 乾隆皇帝祝寿图

在长春仙馆。正月十四,弘历在天坛刚行毕祈谷礼,就听到了皇太后有病的消息,立刻赶回圆明园看望。皇太后的病此时尚不太严重,还能活动。当天晚上,弘历特地陪着皇太后到同乐园进晚膳。从正月十四到正月二十二日,弘历天天都到长春仙馆看望皇太后。从正月二十二日起,皇太后的病势转重,这一天,弘历探望了两次,这天夜里病情更加沉重;从二十三日子刻进入弥留状态,弘历赶来,在病床旁陪护。丑刻,皇太后溘然长逝,享年86岁。皇太后遗体很快运回皇宫,二十三日辰刻到达慈宁宫。梓宫停放在慈宁宫正中。弘历亲自为母亲定谥号为孝圣宪皇后。为了表示孝心,特意用3000多两黄金铸了一座金塔,铸成后净重215斤,专门储存皇太后生前掉下来的头发,此金塔现保存于北京故宫(图2-48)。

图2-48 孝圣宪皇后金发塔

孝圣宪皇后在乾隆盛世当了42年皇太后,享尽了荣华富贵。其享年之高,在清代皇太后中列第一位,在中国封建社会历史上也是少见的。

第九节 嫔妃们的最终归宿——泰陵妃园寝

清代,妃嫔是没有资格和皇帝、皇后葬在一起的,所以就为她们在皇帝陵的旁边专门建造了绿色瓦顶的公共墓地,称作妃园寝。妃园寝与帝后陵相比,建筑体量显著缩小,小巧简朴,别有一番灵秀的风韵(图2-49)。

泰陵妃园寝是世宗雍正皇帝妃嫔的墓葬群,位于泰东陵东500米处的杨树沟(现名忠义村),建于1730—1736年(雍正八年至乾隆元年)。泰陵妃园寝坐北偏西18°,占地面积29亩,共有建筑物29座,其建筑布局从南向北依次为三孔石拱桥一座、东西朝房、东西班房(西班房仅存遗址)、宫门、焚帛炉、享殿、三座门、21座宝顶。

宝顶分前后三排,弧形排列,根据墓主生前尊卑关系,按照"居中为尊""长幼有序"的原则,各宝顶大小不同、位置有异,埋葬着雍正帝的21位妃嫔。前排正中为纯懿皇贵妃,她位居诸妃之首。在她的两侧,是曾为雍正生育过子女的齐妃、谦妃、懋妃、宁妃。后两排埋葬的则是地位较低的贵人、常在、答应和格格,共16位。这里埋葬的格格并不是皇族的千金,而是指那些被选入宫但没有得到任何封号的秀女。

纯懿皇贵妃,耿氏,管领耿德金之女,满洲镶黄旗。康熙二十八年出生,比雍

图 2-49　泰陵妃园寝鸟瞰与葬位

正小 11 岁。早年入侍潜邸，为格格。康熙五十年十一月二十七日生皇五子弘昼。雍正即位后封裕嫔，进裕妃。乾隆即位后，尊为裕皇贵太妃。她还是一位老寿星，乾隆四十九年十二月十七日薨逝，享年 96 岁，是有清一代后妃中第二长寿者，仅逊于 97 岁的康熙皇帝的定妃。乾隆五十年（1785 年）二月，谥曰纯懿皇贵妃。四月初九日金棺奉移泰陵妃园寝，四月十六日辰时葬入地宫。

齐妃，李氏，汉族，知府李文烨之女。胤禛即位前为侧福晋，即位后封齐妃。李氏是雍正早年的宠妃，十年间曾先后生育了四个孩子。康熙三十四年生皇二女和硕怀恪公主，康熙三十六年生皇子弘盼，康熙三十九年生皇二子弘昀，康熙四十三年生皇三子弘时，弘盼、弘昀均夭折，弘时长大成人后因犯错误被父皇削籍离宗，乾隆即位后方收入谱牒，齐妃也因此受到牵连，备受冷落。

乾隆二年四月齐妃病重，被移到北海的五龙亭。乾隆奉皇太后亲自到五龙亭探望。四月初七日，齐妃病逝，终年 60 岁。乾隆二年（1737 年）十二月，齐妃金棺奉移泰陵妃园寝，而后葬入地宫。

谦妃，刘氏，内管领刘满之女。康熙五十三年出生，比雍正皇帝小36岁，是雍正晚年的宠妃。雍正七年入宫，初为刘答应，雍正八年晋封刘贵人。雍正十一年六月十一日，生皇六子弘曕，当时雍正已经56岁，是雍正最小的儿子，也是雍正在位期间除年妃在雍正元年生的福沛之外的第二个孩子。弘曕出生第二天，刘氏被晋封为谦嫔。乾隆尊她为皇考谦妃。谦妃于乾隆三十二年（1767年）五月二十一日去世，终年54岁。同年十月十六日，奉移泰陵妃园寝，十月二十五日葬入泰陵妃园寝地宫。

宁妃，武氏，知州武国柱之女。早年入侍胤禛潜邸，卒于雍正十二年（1734年）五月，追封为宁妃。乾隆初年葬入泰陵妃园寝。

懋嫔，宋氏，主事金柱之女，早年入侍胤禛潜邸，为格格。康熙三十三年，为17岁的雍正生育第一个子女——皇长女。雍正元年被封为懋嫔。雍正八年（1730年）九月去世，乾隆二年十二月随同齐妃金棺奉移泰陵妃园寝并入葬。

郭贵人，雍正初年封为郭常在，雍正七年晋为郭贵人。乾隆五十一年正月卒，彩棺暂安于京北曹八里屯殡宫，同年三月初七日奉移泰陵妃园寝，十三日葬入泰陵妃园寝地宫。

李贵人，雍正七年封李贵人。乾隆二十五年四月二十八日卒。

安贵人，卒于乾隆十四年四月至乾隆十五年底之间，彩棺曾暂安于田村殡宫。

海贵人，雍正三年为海常在，雍正十三年九月晋为海贵人。乾隆二十六年十二月卒，彩棺暂安于田村殡宫，乾隆二十七年四月初一日奉移泰陵妃园寝，初十日葬入地宫。

张贵人，初入宫为常在，雍正十三年四月升为张贵人。卒于雍正十三年四月二十一日。

马常在，雍正七年已经入宫，称马答应。雍正八年一月晋为马常在。卒于乾隆三十三年夏，彩棺暂安于田村，一直停放了七年未安葬。被乾隆发现后，非常生气，惩处了一大批官员后，乾隆四十年葬入泰陵妃园寝地宫。

李常在，雍正八年已进宫，被封为李答应。雍正十年晋为李常在。卒年不详，但资料记载，乾隆五十一年尚健在。

顾常在，雍正七年四月已进宫，为常在。雍正七年九月卒，暂安于田村殡宫。

高常在，雍正七年四月已进宫，称高答应。雍正八年一月晋为高常在。约卒于雍正十年七月至雍正十二年底之间。其彩棺暂安于田村殡宫。

常常在，雍正七年一月已入宫，称常在。雍正十年八月去世，彩棺暂安田村殡宫。

此外还有那常在、文常在、春常在、苏格格、伊格格、张格格等，史料记载不详。

第三章
昌陵与嘉庆皇帝

　　昌陵建于1799年至1803年，位于泰陵西侧一公里，是清朝入关后的第五代皇帝嘉庆的陵墓，埋葬着嘉庆皇帝和孝淑睿皇后。昌陵建造过程中有太多的无奈之举，不仅楠木易成松木，而且工程大案频发，正如清朝国势如江河日下，不可逆转。但嘉庆皇帝凭借大清盛世的余晖，依然将自己的陵墓经营得有声有色。昌陵地上建筑仿雍正泰陵而建，地下宫殿则仿乾隆裕陵建造，将父祖陵墓的精彩汇于一身。

第一节
太上皇选陵址与昭穆相建制度的出炉

　　自古以来，都是晚辈为长辈选择墓地，或者是墓主人生前自己决定，但嘉庆皇帝的陵址却是他的父亲太上皇乾隆皇帝选定的。（图3-1）

　　雍正皇帝在易州太平峪首建泰陵以后，清朝皇帝陵寝分成了遵化和易州两地。乾隆皇帝即位后，也曾在泰陵附近易州地面选过陵址，包括易州太平峪西南7.5公里的西管头村北，这一地址距离泰陵相对较近，大约就是今天慕陵的位置。还有易县东北瑞麟山也曾作为备选地址。乾隆皇帝自己也说过，"乾隆元年，朕绍登大宝，本欲于泰陵附近地方相建万年吉地。"当然同时也去遵化的九凤朝阳山等地踏勘，还有

图3-1　太平峪万年吉地昌陵总地盘样本（故宫博物院图书馆藏，嘉庆二年雷家玺绘）

直隶密云等很多地方，甚至扩展到奉天（今辽宁）一带。经过广泛选址，直到乾隆七年三月十七日，乾隆帝最终决定在东陵胜水峪建造陵墓，也效仿他的父亲雍正，没有子随父葬。那么乾隆为什么会这样做呢？

乾隆和他的父亲不同，他选择父子分葬有一个很重要的原因是出于对祖父康熙的无限崇拜。乾隆曾多次提到，幼年时受到康熙的钟爱和亲自教导，即隐含有继统之意。登基后，向天默祷在位时间不能超过康熙六十一年之数，于是乾隆六十年，乾隆便遵从自己的诺言，传位给了儿子。他对康熙皇帝的崇拜可以说达到了无以复加的程度。乾隆皇帝还将这种感情镌刻在他在西陵留下的两块碑记上。在泰陵功德碑文上，一开篇，乾隆并没有直接写父皇雍正，而是先赞颂祖父康熙的丰功伟绩，"洪惟我圣祖仁皇帝，统承三圣之谟烈，奋奠万方，抚临天下，六十有一年，实兼开创与守成之事。爰自绥靖南荒，剪除三孽，而后惟务以深仁厚泽，沦浃中外，俾涵泳优游，四方从欲，而励精图治，悠久无疆。晚岁之政，尤欲申严庶务，以正官方；纠诘敝民，以清礼俗。以明作济惇大，以节制保丰亨"。这在清代所有的功德碑文中是仅有的一例。而在《敕建永福寺碑记》上也写道："洪惟我皇祖，御宇六十一年，圣德神功，上蟠下际，储祥锡羡，崇鸿峻极，亦既与天并隆矣！"乾隆更是赞颂康熙六十一年所创造的事业与天一样尊崇，从而为后代积累了无限的功德，建立了衡量百世、衡量万世的规则，子孙后代都要以他高尚的道德作为追求才能立于后世，是永保多福之源。

所以乾隆想到如果他在西陵建陵，子随父葬，后代的皇帝也都效仿在西陵建陵，那么东陵就只剩下顺治和康熙两位皇帝，而随着血缘关系的越递越远，势必会烟火冷落。乾隆怎么能忍心他无限崇拜的爷爷被冷落呢？所以他依然选择父子分葬，陪伴在爷爷身旁。即使胜水峪风水不完美，如左侧砂山低矮，即使刚建好就出现地宫进水情况，都可以忽略，而采用人工的方法进行培补改造。当然这也是乾隆帝经过很长时间筹思，特别是考虑到保持东西两个陵区的平衡而做出的决定。

嘉庆元年（1796年）元旦，乾隆举行传位大典，将皇位传给了儿子嘉庆，退位做了太上皇（图3-2）。

虽然太上皇还健在，但新皇帝登基后，选址建陵仍然是首先要做的一件大事。祖父和父亲都选择了父子分葬，嘉庆面临两难的选择，万年吉地选在哪里呢？东陵，还是西陵？嘉庆其实是多虑了，已经退位的太上皇并没有将这个难题留

图 3-2　太上皇乾隆"归政仍训政"宝印

给他的后人。为了彻底解决后代皇帝建陵问题,乾隆皇帝在嘉庆元年十二月二十二日发布了一道著名的上谕,将他的考虑全盘托出:"向例皇帝登基后即应选择万年吉地。乾隆元年,朕绍登大宝,本欲于泰陵附近地方相建万年吉地。因思皇考陵寝在西,朕万年吉地设又近依皇考,万万年后,我子孙亦思近依祖父,俱选吉京西,则与东路孝陵、景陵日远日疏,不足以展孝思而申爱慕。是以朕万年吉地即建在东陵界内之圣水峪。若嗣皇帝及孙曾辈因朕吉地在东择建,则又与泰陵疏隔,亦非似续相继之义。嗣皇帝万年吉地自应在西陵界内卜择。著各衙门即遵照此旨,在泰陵附近地方敬谨选建。至朕孙缵承统绪时,其吉地又当建在东陵界内。我朝景运庞鸿,庆延瓜瓞,承承继继,各依昭穆次序,迭分东西,一脉相联,不致递推递远。且遵化、易州两处山川深邃,灵秀所钟,其中吉地甚多,亦可不必于他处另为选择,有妨小民田产,实为万世良法。我子孙惟当恪遵朕旨,溯源笃本,衍庆延喜,亿万斯年相承勿替,此则我大清无疆之福也。"

确定后世帝陵,"各依昭穆次序,迭分东西",这就是清代特有的昭穆相建制度。昭穆制度是《周礼》中的宗庙秩序,规定"先王之葬居中,以昭穆为左右"。皇陵以辈分最高的皇帝为中心,后代的皇帝分别建在左右两侧,称为昭穆。熟读儒家经典的乾隆皇帝,并不拘泥于古制,而是将东陵和西陵看作以京城为中心的两翼,东陵为昭,则西陵为穆。他葬在东陵为昭,那么他的儿子嘉庆就葬在西陵为穆。并且遵化和易州境内有很多吉地,规定后代的皇帝都要葬在这两个陵区,不要葬到其他地方。第二年春天,他再次强调,"嗣后万年吉地,当各依昭穆次序,在东陵、西陵界内分建","我子孙务须恪遵前训,永垂法守"。明确规定,为了维系东陵和西陵两大陵区香火的延续和兴旺,此后的皇帝要隔辈埋葬在东西两陵。

为了平衡两个陵区的关系,乾隆皇帝深谋远虑,甚至克服了自身陵寝风水的种种问题,做出了很大的自我牺牲(图3-3)。按照这一规定,乾隆的陵墓建在东陵,所以嘉庆皇帝的万年吉地自应在西陵界内卜选。同时谕令各衙门即遵照此旨,在泰陵附近地

图3-3 乾隆帝晚年朝服像

方为嘉庆皇帝选建陵墓，将自己制定的昭穆分葬制度落到实处。因而，昌陵也是昭穆分葬制度确立后建造的第一座皇帝陵。

遵照太上皇的安排，嘉庆二年（1797年）三月，大臣福长安、缊布率领通晓风水之户部郎中圆明阿，工部员外郎雷维霈，钦天监执壶正张恒台、何元富，原任知县熊启磻，州同职衔熊占鳌，新选高邮州教官陈均奉命为嘉庆皇帝选择万年吉地。最终，选定泰陵西二华里处。风水师们绘图帖说，认为此地"四维同弼，八极统环，诚万国来朝之气象，为万寿无疆之庆"！太上皇和嘉庆皇帝均表示满意，太平峪被确定为嘉庆皇帝的万年吉地。嘉庆四年（1799年）二月十九日，正式开工。

太上皇为儿皇帝选陵址，是中国历史上极为特殊的一例。对于这点，嘉庆皇帝也曾多次提到，"易州太平峪系皇考赐朕之吉地也"。嘉庆八年（1803年）十月十二日，嘉庆帝的孝淑皇后梓宫奉移陵寝，嘉庆皇帝亲临送奠，立成七律一首《孝淑皇后奉移易州太平峪，亲临静安庄酹酒，目送诗以志感》，在诗注中写到："易州太平峪为皇考所赐万年吉地，于嘉庆元年葺治。自孝淑皇后暂安静安庄，今已七年矣！兹择吉奉移永安灵兆，此皆皇考恩泽之所贻也。"明确提到，万年吉地为皇考所赐。

第二节　谨遵祖制的昌陵

抑或是舐犊情深，抑或是权欲使然，太上皇乾隆不仅为儿子嘉庆选好了陵址，甚至着手安排陵寝筹建工作，嘉庆二年五月二十一日，太上皇乾隆任命了总理太平峪万年吉地工程的承修大臣，有户部尚书范宜恒，礼部尚书德明，礼部左侍郎铁保，工部左侍郎成德、赵佑，总管内务府大臣缊布。（图3-4）

著名的权臣和珅也参与了昌陵的筹建工作。嘉庆二年九月十六日，和珅将万年吉地图样恭呈御览，面奉谕旨："准其照样建造。"就陵寝规制而言，昌陵"内式照裕陵，外式照泰陵"，也就是说，地面建筑照雍正皇帝的泰陵建造，其地宫照乾隆裕陵建造。泰陵的建筑规模气势恢宏、布局巧妙，是清代帝陵中的经典作品，

图3-4　昌陵鸟瞰图

而裕陵地宫是现今探明的古代帝陵地宫中装饰最豪华的一座，地宫内刻满了经文、佛像，是一座神秘的地下佛堂，而昌陵则兼具二者之优点，是一座内外兼修的皇帝陵（图 3-5）。

嘉庆昌陵正式开工营建则是在太上皇去世之后了。嘉庆四年二月二十九日，昌陵兴工建造，这时，太上皇乾隆已经去世两个半月了。

图 3-5　乾隆裕陵地宫

但实际上，由于工程架木在嘉庆四年冬天才运到工地，昌陵真正意义上的动工则是在第二年春天，也就是嘉庆五年三月。嘉庆五年闰四月二十二日，工程全面启动后，嘉庆皇帝又任命孝淑睿皇后之兄盛住为西陵总管内务府大臣，同时添派户部尚书布彦达赉办理万年吉地工程。嘉庆五年，又任命兵部尚书汪承霈、原杭州将军范建丰为万年吉地承修大臣。

按昌陵最初的设计，主要殿宇全部使用金丝楠木承造。嘉庆初年，正值苗民和白莲教起义，战火燃遍南方数省。而这些省份正是楠木的主要产地，不便采办。据档案资料记载，昌陵建陵时采办柅木 68 根、头等圆节杉木 355 根、木杉木 55 根、柏木 22 根零 43 块、楠木 46 根零 13 块，共用银 92934 两。泰陵曾用楠木 9616 根，而昌陵只有 46 根，与工程之需相差巨大。为解决燃眉之急，不得不拆用了京城东直门城楼的木料，但缺口依然巨大。于是承修大臣们奏请拆掉京内使用楠木的庙宇建筑，将楠木运到吉地备用。嘉庆皇帝觉得这样做不妥，特地将承修大臣、内兄盛住召到京师，面降谕旨："向来吉地殿宇俱系油饰彩画，木质不露于外，即易以松木未尝不可。"承修大臣们遵照谕旨，决定将万年吉地的隆恩殿、东西配殿、隆恩门、神道碑亭、明楼等中路上的主要建筑全部改为松木。将已存的 55 件楠木、31 件桅杉木留作隆恩殿的暖阁、神龛等项。这些松木采自围场，行文热河副都统德勒克扎布、热河总管姚良协同万年吉地工程处派出的员外郎达琳、主事德音"一体采伐"。松木易楠木，体现了嘉庆皇帝节俭和变通的思想，也是王朝政治动荡的无奈之举。

昌陵自嘉庆四年动工建造，嘉庆八年夏季主体工程基本完工，历时 5 年，工程耗银 230 多万两。

昌陵圣德神功碑楼是清朝皇陵中最后一座功德碑楼，仿泰陵大碑楼建造。由于所需楠木等大件木料未能及时采办并运至工地，昌陵大碑楼自道光元年九月动工，直至道光十年九月才竣工，历时 10 年，共耗白银 244100 两。

昌陵神道与泰陵大碑楼前神道相接。从建筑形制上看，昌陵除不建石牌坊、大红门、更衣殿外，基本建筑规制与泰陵一样，但也有自己的精彩之处。

其一，昌陵隆恩殿殿内的地板一改其他皇陵金砖铺墁的做法，而选用紫花石（又叫豆瓣石、花斑石）墁地，颇显高贵华丽（图3-6）。紫花石又称豆瓣石，是一种珍贵的天然石料，因黄色底面上配以紫色花纹图案而得名。昌陵紫花石每块石板62厘米见方，都经过细致的打磨。紫花石色泽和质地与一般石料相比有它特殊的气质与魅力。它的质地坚硬，图案色彩丰富，色泽鲜艳，近看红、紫、绿、黄，五颜六色相间相衬，华丽而不妖艳，远观多彩的图案像春花竞艳，草木峥嵘，又如竹笋拔地而出，似春蚕生动活泼，若绣球富贵荣华，同白云朵朵簇拥，如豆瓣儒雅秀美，阳光照射下，如宝石五彩纷呈，使隆恩殿更加富丽堂皇。

图3-6　昌陵隆恩殿内的花斑石墁地

这些花斑石来自何处？有一种观点认为，乾隆五十年修缮明十三陵时，曾将明神宗定陵方城及宝城用大件花斑石砌筑的垛口全部拆运，挪作他用。乾隆末年建造紫禁城宁寿宫，其墁地花斑石，大概就是使用的这批旧料。昌陵花斑石，也有可能是使用的剩余石料。

其二，隆恩殿的东暖阁内建有佛楼（图3-7）。佛楼分上下两层，遍布金漆木雕花纹图案，细腻玲珑，堪称佳品。据记载，昌陵隆恩殿内的佛楼共耗银3630两。佛楼建成以后，嘉庆八年五月初八日经郎中李如枚从北京运来佛像等陈设，于五月十二日送至昌陵，安次供设。下层陈设则主要是珍玩物品。

其三，昌陵建筑为雷氏设计，据现存雷氏图纸描绘，昌陵地宫仿明代制度，地宫石结构的殿顶上，也如地上宫殿建筑一样，覆盖着黄色的琉璃瓦。（图3-8）而档案文献则表明，昌陵地宫完全仿照乾隆皇帝的裕陵而建，其规模和雕饰全部按照裕陵地宫图样拷贝而来，是裕陵地宫的复制品。裕陵和昌陵也是目前已知的清代帝陵中仅有的两座雕

图3-7　昌陵隆恩殿内的佛楼

图 3-8　昌陵地宫立样图（国家图书馆藏样式雷图档 237-2，嘉庆四年雷家玺绘）

满经文佛像的地宫。

　　嘉庆的昌陵，虽有创新，但更多的是模仿父祖，像极了嘉庆的一生，一直在模仿，却少有突破。大清盛世至此已成回忆，正如被冠以守成皇帝的称号一样，嘉庆皇帝表面上守住了大清的基业，他的陵寝也借助祖宗的余荫保持了恢宏壮丽的外观和富丽堂皇的地下宫殿，成为一座内外兼修的皇陵。

第三节　工程大案频发

　　嘉庆皇帝的昌陵在外观上保持了宏伟的皇家气度，但如果说楠木改成松木，建筑材料的欠如人意，实属无奈，那么施工期间的工程大案频发，则纯属主观故意，直接导致昌陵工程的千疮百孔。

1. 工程贪腐案

　　嘉庆十三年（1808 年）六月，砖商孙兴邦控告笔帖式双福等人在办理昌陵工程时任意侵冒工程银两。嘉庆对此非常重视，令军机大臣会同刑部堂官对双福、鹤龄等人严加审讯。由此牵出了一桩贪腐大案。震惊了朝野，不仅涉及款项巨大，而且其罪魁元凶竟然是嘉庆皇帝的内兄盛住。

　　盛住是嘉庆帝的原配皇后孝淑皇后之兄。孝淑皇后于嘉庆二年去世，当时因为年老的太上皇尚在，为了避讳，丧仪极为简朴，嘉庆皇帝对此一直心存愧疚。嘉庆四年亲政之后，推恩于皇后兄长盛住。先任命他为内务府总管大臣，又任吏部侍郎，嘉庆四年八月，官至工部尚书。但盛住却是个贪利忘义、品行不端的人。嘉庆五年，他私自将皇宫内库所存珍宝进行变价出售。事发后，他不知悔改，还巧言诡辩，嘉庆皇帝极为恼怒。嘉庆五年闰四月二十二日，将其派往西陵任总管内务府大臣，令其常驻工地，没有特旨不能离开，改过自新，将功赎罪，以观后效。

盛住戴罪前往西陵，依然恶习不改，屡生事端。不仅疏忽皇陵祭奠礼仪，还在风水禁地开塘取石被人告发。嘉庆九年十二月被拔去双眼花翎，革去公爵，锁拿进京受审，拟处死刑。嘉庆皇帝再次对他加恩免死，发往乌鲁木齐，自备路费，效力赎罪。嘉庆十年，盛住去世。

经审问，双福、鹤龄不仅和盛住一起狼狈为奸，贪污工程款项，他们自己还每人贪污了三千两，被立即判处斩刑。在行刑之前，嘉庆帝怒气难平，把两个人从刑部大狱提出来，责罚30大板，同时让盛住的儿孙们环跪一周观看，以此为警示。后来，除了这两个人，先后又有14名官员因此案受到牵连。通过案犯供认和查抄账本，确认盛住在此期间先后侵占采办灰斤和练山石工程银9万余两，数额巨大，出乎嘉庆皇帝意料，认为盛住"可恨之极"，但盛住已死，嘉庆对他的恨无处发泄，说"设使其身尚存"，一定要亲自审问，然后将其立即斩首。嘉庆皇帝还说盛住幸亏修的是他的陵寝，"若系维修前朝陵寝，必当剖棺戮尸，以正刑法"。于是，将他的儿子全部革职、抄家，其子孙和家人全部发往黑龙江效力赎罪。

2. 石像生造假案

一波未平，一波又起。仅隔一年，嘉庆十四年又查实昌陵石像生有作假情况（图3-9）。

嘉庆十四年三月，协办大学士、刑部尚书长麟等大臣奉旨查验昌陵工程期间，风闻昌陵石像生有作假的问题，即西侧武士头上盔缨小柱、西侧石狮项下铃铛、东侧石象左牙梢尖均是粘接的（图3-10）。长麟等人闻听后，立刻赶到昌陵石像生现场，按所说部位详细察看，又用小刀轻轻刮验，在距象牙尖四五寸的地方慢慢显露出一道用白灰粘接的极细的石缝来，其细如发。其他部位也用此法验看，均有粘接的痕

图3-9 昌陵石像生和龙凤门

图3-10 右侧武士，现头上的盔缨小柱早已被破坏

迹，传言不虚。这些石雕像均用长达丈余的巨石精雕细刻而成，在长达数年的工作中，工匠们稍有疏忽，出现残损也在所难免。但皇家陵寝，一切建筑都应该坚固完美，不容迁就含糊，若隐匿不报，有欺君之罪。于是，长麟等人会同西陵总理大臣承鋆、永哲联名具折上奏。得旨："将该工程监督严加议处。原办之监督、商人如式各半赔修。其该年管工及事后未能查出之各大臣，交部分别议处。"

自嘉庆五年四月至嘉庆九年十二月，盛住主持昌陵工程4年，恰是陵寝工程紧锣密鼓施工之际，作为管工大臣，他玩忽职守、贪污款项、偷工减料，昌陵工程的质量可想而知。

3. 竣工不足5年的大修

嘉庆十三年六月，总理西陵事务贝勒永鋆向嘉庆皇帝奏报：昌陵工程因连日阴雨，宫门、明楼等处均有渗漏，东配殿次间脱落油饰一处，并伴有小块碎木。这立刻引起嘉庆皇帝的警觉。工程刚竣工不久，竟有多处渗漏；陵寝木料均为新料，竣工不足5年，竟会有碎木脱落，且均已糟朽？实在令人不解。于是，命皇二子绵宁去往查看地宫工程，命长麟前往查验昌陵工程情形。经过查验，发现昌陵所有的建筑几乎都存在"不如式"的缺陷，而且方城、地宫穿堂券、陵寝门、配殿、宫门、朝房以及神厨库、营房、堆拨等建筑均有不同程度的渗漏。经奏准，嘉庆十四年和嘉庆十五年，对昌陵建筑进行了一次全面维修。其中二柱门、琉璃花门、配殿、宫门等处，均将屋顶揭开，更换部分糟朽木件，重新抹背、盖瓦，共销算工料银35621两5钱。此次维修隆恩殿虽未大修，但依然存在很大隐患，十几年后的道光六年，不得不落架大修。

第四节　谨遵祖训的守成皇帝

嘉庆皇帝名爱新觉罗·永琰（1760—1820年），乾隆皇帝第十五子。乾隆二十五年十月初六日（1760年11月13日）丑时，生于圆明园的"天地一家春"。生母是令贵妃魏佳氏，即后来的孝仪纯皇后。他6岁入学，先由奉宽先生教授背书识字，至13岁时，已经能够背诵"五经"。此后，又由翰林院编修谢墉、侍讲学士朱珪专职教其学作诗、文。乾隆三十八年（1773年），永琰14岁时，被父皇乾隆以"秘建储君"的方式秘定为皇太子（图3-11）。

21岁以后，永琰开始参加一些实践活动，如乾隆四十八年（1783年）八月，他与其他皇子随父皇东巡盛京，拜谒祖陵。次年，永琰随父南巡，至浙江杭州，其间

图3-11　嘉庆皇帝朝服像

祭奠孔子、接见官绅士人，见识了南方的风土民情。乾隆五十四年（1789年）十一月，永琰30岁，被封为嘉亲王。

乾隆六十年九月初三日（1795年10月15日），乾隆帝召集诸皇子、皇孙、王公、大臣于勤政殿，当众开启22年前所写的密旨，共同阅看，公布当年密立的皇太子是皇十五子永琰，并于当日正式册封永琰为皇太子，同时宣布第二年正月禅位，以实现他在位之年不超过其皇祖康熙帝之61年的诺言。

乾隆帝在册立皇太子的同时，将永琰的名字改为颙琰。他还规定，嗣皇帝登基后，太上皇帝于军国大事及用人行政诸政事，对嗣皇帝仍"躬亲指教"，嗣皇帝"敬聆训谕"，这就是所谓的"训政"。

嘉庆元年正月初一日（1796年2月9日），在太和殿举行了盛大的传位典礼，颙琰受禅登基，改元嘉庆。然而，继位之初的嘉庆帝在皇权的掌握上却是有名无实。太上皇乾隆帝仍然居住在以前处理日常政务的养心殿，中央各部院及地方督抚大员关于重要政务的请示，以及官员的任免等，依旧由他指示、裁决。太上皇乾隆帝说自己"每日披览章奏，于察吏勤民之事，随时训示子皇帝"，乃是训练子皇帝处理政务的能力。所以政令的发布是以嘉庆帝的名义，而实际体现的是太上皇的旨意。另外，乾隆朝后期，和珅是颇得乾隆帝宠信的权臣，身任要职，揽权行私。嘉庆继位之初，由于太上皇训政，和珅仍是太上皇的宠臣，趁新皇帝权弱之机更进一步揽权（图3-12）。

图3-12　和珅旧照

嘉庆四年正月初三日（1799年2月7日），乾隆帝病逝于养心殿，嘉庆帝开始亲政。其亲政后所办的第一件大事，便是翦除和珅。就在乾隆帝去世的次日，嘉庆帝便命和珅于宫中日夜守丧，进而剥夺了他军机大臣、九门提督两个要职。初八日（1799年2月12日），嘉庆帝宣布革去和珅的内阁大学士及其党羽福长安的户部尚书职务，将和珅、福长安逮捕下狱，严加看守，并派人查抄和珅家产，以二十大罪状，判处和珅死刑。仅十余天，嘉庆帝以迅雷不及掩耳之势迅速铲除权臣和珅，开启了嘉庆铲除贪腐的施政新声（图3-13）。

嘉庆帝亲政时，湖北、四川、陕西三省白莲教起义方兴未艾。嘉庆帝亲政后，为统一军队指挥，设置经略大臣，号令其他统兵将领。同时，惩治、更换一些畏惧退避、带兵不力的将帅。另外，为了孤立白莲教军，在其活动地区采取民众

图 3-13 嘉庆御书"丕基慎始"，表达了嘉庆皇帝在执政之初对继承祖先基业的慎重之情

编查保甲、设置乡丁、结村自保、坚壁清野等措施，逐渐使白莲教军成为无助无援的游移之众。清廷还采取招抚诱降的手段，对白莲教军进行分化瓦解。至嘉庆九年（1804年），教军终被彻底镇压。清王朝也为镇压白莲教起义付出了巨大代价，军饷耗费总计多达亿两白银，乾隆时期积攒的库藏消耗殆尽，全国人口也减少一亿一千万人，王朝财政由此陷入一蹶不振的困境，清王朝由鼎盛转向衰落。

财政困难，入不敷出。财政拮据，一直是困扰嘉庆朝的重大难题。在镇压白莲教的大笔军费开支之后，治河费用也是一笔较大款项。治河，主要是治理京畿地区经常泛滥的永定河和黄河、运河等与漕运有关的河道水系。为了解决财政困难，嘉庆帝也确实颇费了一番心思，主要措施是清理地方积欠，严令地方官分期补足，但收效甚微。

吏治腐败，积重难返。吏治之败坏，到嘉庆朝已发展到非常严重的地步，贪风炽盛、贿赂公行、政务废弛、玩忽职守是当时官场的普遍现象。政务的拖沓以地方上的刑事案件最为严重，嘉庆十二年（1807年），直隶、江西、福建等省清查出的积压未结案件，少者数百件，多者一二千件。至嘉庆二十三年（1818年），山东省积案竟多达六千多件。嘉庆二十四年（1819年），兵部大印遗失半年之久，该部官员竟然没有发觉。

兵备废弛，武力衰弱。八旗子弟，承平日久，渐趋腐化，以致在嘉庆初年镇压白莲教时，不得不依赖临时招募的地方乡勇。八旗绿营兵在军营中恶习成风，军纪严重败坏。嘉庆十八年（1813年）的天理教军竟然把攻击的目标直指北京城，而且轻易地攻进皇宫（图3-14）。还有刺客陈德父子潜入皇宫，直接逼近皇帝轿舆行刺，被称为"自古以来未有之奇变"。

西方觊觎，外患堪忧。嘉庆当政时期，西方国家主要是英国力图扩大对华贸易，以获取巨

图 3-14 天理教起义军首领林清画像

额利润。乾隆后期，英国就已向中国大量输入鸦片。嘉庆元年（1796年），清政府开始禁止鸦片进口，从此，鸦片成为非法商品。自嘉庆五年（1800年）以后，嘉庆帝又多次发布禁令严查鸦片进口，并制定对买食者惩治的条例。嘉庆帝的这些努力收到了一些成效，鸦片输入量比乾隆后期有所减少。英国为扩大对华贸易，在嘉庆二十一年（1816年）派阿美士德使团来华，因拜见皇帝礼仪之争被遣回。此次中英接触，英方不仅未达目的，而且大失颜面，为其以后变换方式，最终采取武力手段埋下了伏笔。

嘉庆帝在位的25年，为了挽救大清王朝的颓势，谨遵祖训、勤政爱民，可谓是用心良苦。他是个勤政的皇帝，可以说是宵衣旰食；他还是个节俭的皇帝，无声色犬马之娱，而且黜奢崇俭，严禁地方官向他进呈贡物，违者以抗旨论处。他也很想有一番作为，因而在亲政后，就积极征求臣下建言。大臣们的建议，有的切中时弊，有些被他采纳，如整顿关税、盐务积弊，罢免举用私人的官员，以及惩处贪官、取消文字狱等。

嘉庆帝又是个墨守成规的皇帝，"动遵成宪，事鲜创举"。如漕运问题，为了顺利运输漕粮，每年花费巨额款项治理河道。嘉庆十五年（1810年），试行海运本已提上议事日程，但因两江总督铁保提出海运不可行的种种理由，嘉庆帝便不敢冒此风险，且告诫臣下"利不百不变法"。对于官场的腐败，嘉庆帝认为官场陋规乃是"积习相沿，由来已久，只可将来次第整顿，不能概行革除"。对于军队腐化、战斗力削弱，嘉庆帝也拿不出什么好办法。木兰秋狝，是其祖上家法，除了以它作为维持与蒙古王公联系的一种形式，还认为这种做法可以使八旗兵将练武习劳，但八旗兵的日趋腐化已是不可否认的事实。可是嘉庆帝对此却恪遵不替，嘉庆二十五年（1820年）秋天，仍然带领着满族王公大臣及八旗兵将们开赴承德围场行猎，围猎尚未开始，便病逝于承德避暑山庄烟波致爽殿，享年61岁。

嘉庆皇帝是清朝历史上存在感最低的皇帝，历史上关于他的笔墨少之又少。但是，嘉庆帝这一生却命运多舛，刚即位便面对农民起义，后有紫禁城被攻破，又遇刺客行刺，而他驾崩之时，恰逢雷电交加，竟被传说是雷击而死。嘉庆去世后，因事发突然，避暑山庄没有可以装殓的棺木，幸好北京存有乾隆年间的一具备用棺椁，迅速运往承德，以致驾崩6天后才得以入殓，而后运回北京发丧。

其棺椁于道光元年（1821年）三月十一日奉移昌陵，二十三日葬入昌陵地宫。庙号仁宗，谥号"睿"，全称"仁宗受天兴运敷化绥猷崇文经武光裕孝恭勤俭端敏英哲睿皇帝"。

第五节
仅做了十三个月皇后的孝淑睿皇后

孝淑睿皇后，喜塔腊氏，满洲正白旗人，原任总管内务府大臣、副都统和尔经额之女，生于乾隆二十五年（1760年）八月二十四日辰时，15岁与颙琰成婚，为嫡福晋，先后生育有二女一子，一子即二阿哥旻宁，即道光皇帝。

嘉庆元年（1796年）正月初三日被册立为皇后。正月十三日，奉太上皇帝之命，赏其兄盛住一等承恩侯。二月二十八日追封其父、原任副都统和尔经额为三等承恩公，母亲王佳氏为公妻一品夫人。嘉庆二年二月初七日未时去世，享年38岁，仅做了13个月皇后。因太上皇年事已高，皇后丧礼大为减杀。在她去世当日太上皇即发布敕谕：皇帝辍朝五日，穿素服七天，遇有奠醊再行摘缨，待目送梓宫奉移静安庄殡宫后改穿常服；王公大臣及军民人等俱素服七日，不摘缨，但剃发；派怡亲王永琅、皇后的哥哥总管内务府大臣盛住、礼部左侍郎铁保、工部左侍郎成德为总理丧仪王大臣。随即，皇后梓宫被移送至紫禁城外的吉安所停放（按例应停放乾清宫）。

皇后去世后，嘉庆皇帝即从圆明园赶至吉安所为其奠酒，连续5日。二月二十三日，亲至吉安所目送皇后梓宫奉移静安庄殡宫。仁宗曾言，"皇后册立甫及一年，母仪未久。且昕夕承欢，取诸吉祥"，道明了丧礼大为缩减的根本所在。嘉庆四年（1799年），颙琰亲政后，因皇后的丧礼过于简陋，深感愧疚，于是推恩于皇后的家人，晋封其兄一等承恩侯盛住为三等承恩公，追封其曾祖父、祖父为三等公，曾祖母、祖母为公妻一品夫人，祭一次，建碑修坟。

嘉庆八年（1803年）十月十二日，孝淑皇后梓宫由静安庄奉移昌陵隆恩殿，嘉庆皇帝亲临送奠，立成七律一首《孝淑皇后奉移易州太平峪，亲临静安庄醊酒，目送诗以志感》："永别芳型已七年，太平择地卜新阡。考恩垂泽沐深厚，后德流徽感淑贤。洒泪徒倾三爵酒，伤心早废二南篇。临风追悼增哀思，廿载相依百世牵。"二十二日，孝淑皇后葬入昌陵地宫。

第六节　昌西陵的回音壁与回音石

在中国古代陵寝建筑中，仅有一座陵寝建有回音壁与回音石，这就是清西陵的昌西陵。昌西陵因位于昌陵西侧而得名，埋葬着嘉庆皇帝的孝和睿皇后钮祜禄氏。

钮祜禄氏薨于道光二十九年（1849年）十二月，按照制度，在先帝安葬后，新皇帝就要开始着手为尚在人间的皇太后建陵了。但昌西陵并不是在皇太后生前建造的，也不是由她的儿皇帝道光建造的，而是在她死后由她的孙子咸丰皇帝建造的。

道光一朝天灾人祸，战事不断，而且道光帝忙于一次又一次地为自己建陵，没有顾及为皇太后建陵。皇太后去世后，道光抓紧办理皇太后山陵大事，没想到时隔一月，未及兴工，道光竟也撒手西去。皇太后的陵寝只好由她的孙皇帝咸丰来建。昌西陵的陵址本来选定在昌陵妃园寝以南，但后来发现自地皮以下即有砂石，深至九尺，渐有泉水。咸丰吸取宝华峪渗水的教训，毅然将此陵址废掉，另选昌陵西侧三华里土脉高厚的望仙山为吉地，于咸丰元年（1851年）二月开工建造，咸丰二年八月完工。由于受慕陵规制减缩的影响和咸丰初年财力困顿的限制，昌西陵的建筑规制极为简约（图3-15）。

昌西陵作为一座皇后陵，其修建仅历时两年，耗银仅44万两，占地只有25.5亩，小巧简约。陵寝坐北偏东，主要建筑有三孔石桥、神厨库、东西朝房、东西班房、隆恩门、东西配殿、隆恩殿、琉璃门、石祭台、宝顶等共27座建筑，各主体建筑还显著缩减了应有规模。其隆恩门、东西配殿、隆恩殿由面阔五间改为三间；隆恩殿则由重檐歇山式顶改为单檐歇山顶，尺寸也比泰东陵缩小许多，由广八丈减为广五丈、纵五丈减为纵四丈，殿前月台撤去了周围石栏杆及丹陛石；琉璃花门由旧制三座改为仅保留正中一座，门额嵌汉白玉石，刻满、汉、蒙三种文字的"昌西陵"，左右两侧改为随墙角门；石五供后未建方城明楼，仅建一方形月台，有踏跺三处，无栏杆；月台正中建圆式宝顶，围合以宝城，下施青白石须弥座，城顶宇墙未起雉堞，而以黄琉璃瓦结顶，宝顶宝城尺寸也明显减小，其高度除慕东陵外，不及其他后陵的三分之一。可以说昌西陵既没有泰东陵的宏大，更没有慈禧陵的奢华，是一座简约朴

图3-15　昌西陵鸟瞰

素的皇后陵。但昌西陵在细节处又增添了许多新内容，有它独特的建筑魅力。

首先是丰富了清代陵寝彩画内容。清代陵寝隆恩殿的藻井彩画多为三朵莲花衬以十八金点的水浪花纹，而昌西陵隆恩殿的天花彩绘则不同，为金凤图案。在蓝色天空的背景下，一只金色的凤凰引颈凌空，展翅翱翔。彩绘色泽明快，做工精细，栩栩如生。金凤为金箔贴就，在阳光折射下，熠熠生辉，富丽堂皇，为清代彩画中不可多得的精品（图3-16）。

其次是隆恩殿后与三座门间有御带河一条，河上建有三座跨桥，中间一座有素面栏板，左右两座各为无栏平板桥，为清代七座后陵建筑中独有。

最独特的当属其神奇的回音壁与回音石（图3-17）。宝顶前神道正中第七块石板是回音石，站在上面发出声响，地下可将声响扩大数十倍传回出来，好似空谷回音。环绕宝城的罗锅墙是回音壁，如人于东侧细语发声，立于两侧的人以耳贴墙，虽相距74米，仍可清晰地听到东侧人说话的的声音，如同打电话般传来，令人赞叹叫绝。

图 3-16　昌西陵天花彩绘

图 3-17　回音石与回音壁

第七节　执掌中宫时间最长的皇后

嘉庆皇帝一生册立过两位皇后。嘉庆元年（1796年）正月，嘉庆帝登基伊始，即册立自己的原配夫人、道光帝旻宁的生母——喜塔腊氏为皇后。但喜塔腊氏只做了13个月的皇后，竟于第二年二月薨逝。在嘉庆帝执政的30年间，真正统率中宫的却是嘉庆帝册封的第二位皇后，她就是昌西陵的主人——孝和睿皇后钮祜禄氏（图3-18）。

孝和睿皇后出身于显赫的钮祜禄氏家族。钮祜禄氏家族是清代的名望大族，清初曾涌现出多位开国元勋。由于钮祜禄氏家族的显赫地位，其族女眷被选入皇宫地位也很尊贵。清代先后有过6位钮祜禄氏皇后，孝和睿皇后就是其中一位。

图3-18　孝和睿皇后朝服像

钮祜禄氏生于乾隆四十一年（1776年）十月十日，比嘉庆帝小16岁。在嘉庆帝为嘉亲王时，乾隆就将钮祜禄氏指配给他，为侧福晋，并先后为嘉亲王生育了第七女和第三子绵恺、第四子绵忻。嘉庆元年（1796年），21岁被册封为贵妃，是当时册封的唯一一位贵妃，其地位仅次于皇后。

嘉庆二年（1797年）二月，孝淑皇后去世，中宫位虚，但"皇帝中宫不可久旷，晨昏侍养不可乏人"，所以孝淑皇后百日之后，太上皇乾隆即下旨："今贵妃钮祜禄氏系朕从前选择赐皇帝为侧福晋，观其人品亦端谨庄重，且能率下"，意将其册立为皇后，"但皇后薨逝甫经百日，虽不便举行继立皇后典礼，自应先行册封皇帝之皇贵妃。"于是奉太上皇之命，于嘉庆二年（1797年）五月册封钮祜禄氏为皇贵妃，继位中宫，待27个月后孝满再举行册立皇后典礼。此时的钮祜禄氏虽名为皇贵妃，却行使皇后职权，管理后宫，辅佐皇帝，对太上皇尽孝养之责。

嘉庆四年（1799年）六月，本应如期举行册立皇后典礼，不幸太上皇乾隆于当年正月崩逝，册后典礼不得不再次延后。但因太上皇生前有旨，所以谨遵太上皇生前敕旨，令钮祜禄氏正位中宫为皇后，封其父恭阿拉为一等侯，所有应行典礼于三年（以9个月代一年，即27个月）孝期满后的嘉庆六年（1801年）四月举行。

钮祜禄氏自嘉庆六年四月被册立为皇后,至嘉庆二十五年嘉庆帝驾崩,做了19年3个月的皇后,如果从嘉庆二年五月代行皇后职责算起,她的皇后生涯则长达23年,是清朝27位皇后中皇后生涯最长的一位(图3-19)。

嘉庆二十五年(1820年)七月二十五日,嘉庆帝驾崩于避暑山庄,道光皇帝即位,尊之为皇太后。上徽号曰恭慈,称为恭慈皇太后,居寿康宫。

据道光年间的史料记载,"上诣皇太后宫问安""奉太后出行"等语,随处可见。这一点,除乾隆皇帝外,其他皇帝都无法比及,可见道光皇帝对皇太后的感情,

图3-19 孝和睿皇后半身像

虽不是亲生,却胜似亲生。不仅晨昏问安,多次奉太后出游,而且先后6次为皇太后上徽号,至道光二十五年(1845年)十月,皇太后七旬万寿节时,其徽号已累加至"恭慈康豫安成庄惠寿僖崇祺皇太后"。究其原因,除道光帝秉性谦冲、恪守孝道外,更由于孝和睿皇后是位以国家为重、深明大义的女性,对道光皇帝继承皇位有推举之恩。

嘉庆皇帝于承德避暑山庄驾崩时,由于事出仓促,嘉庆帝甚至没来得及宣示传位诏书。皇帝驾崩,随行的二阿哥绵宁即刻派人急驰回京,向留在京内的皇太后钮祜禄氏报丧,并派人查看正大光明匾额后的立储御书,但并未找到。这时皇太后的意见举足轻重。在这储位空悬的危急时刻,钮祜禄氏并没有推举自己的亲生儿子,而是推举二阿哥绵宁继承皇位,懿旨曰:"大行皇帝龙驭上宾。皇次子智亲王仁孝聪睿、英武端醇、见随行在,自当上膺付托,抚驭黎元。但恐仓卒之中,大行皇帝未及明谕,而皇次子秉性谦冲,予所深知,为降谕旨,传谕留京大臣,驰寄皇次子即正尊位。"且令绵宁不必谦让,立即继承皇位。就在这道懿旨快马加鞭送往承德的途中,嘉庆帝的传位诏书也找到了,内容不谋而合,这使道光皇帝继位登基变得更加平稳。

道光二十九年(1849年)十二月十一日,皇太后去世,享年74岁。道光皇帝悲痛万分,道光仅比皇太后小6岁,也已是身老多病,但他忍着悲伤,在严寒的天气里,执意要在临时搭建的芦殿亲自守灵,感染了风寒,终致一病不起,于第二年正月十四日驾崩,与皇太后去世仅隔33天。

钮祜禄氏去世后,被尊为孝和睿皇后,其谥号全称是:孝和恭慈康豫安成钦顺仁正应天熙圣睿皇后。道光三十年三月,孝和睿皇后梓宫奉移昌陵隆恩殿西间暂安,于咸丰三年(1853年)二月二十四日奉移昌西陵,二十六日葬入地宫。

第八节　昌陵妃园寝与嘉庆的嫔妃们

昌陵妃园寝位于昌陵西一华里处，建于嘉庆四年至嘉庆八年（1799年至1803年），与昌陵同时建造（图3-20）。

昌陵妃园寝是清西陵境内营建的第二座妃园寝，坐北朝南，占地面积28.8亩。园寝最前面有一条马槽沟，正中建一孔石拱桥一座，往北依次建有东厢房、西厢房、东班房、西班房、宫门、东焚帛炉、享殿、园寝门两座，享殿后为一高泊岸，泊岸边沿成砌宇墙，正中设石礓磋。后院有宝顶17座，分成前后四排，前面第一排宝顶2座，第二排5座，第三排8座，第四排2座。据清宫档案记载，昌陵妃园寝前两排地宫均为石券，第三排为砖券，最后一排是砖池。

昌陵妃园寝在建造过程中曾发生两次工程事故。一次是嘉庆十七年三月，在园寝内添修石券工程中筑夯地宫地面灰土时，由于震动过大造成塌方，导致6人死亡。第二次是道光四年九月，同样是在添建一座石券工程时，由于打夯震动造成塌方，砸伤多人。

嘉庆八年（1803年）孝淑皇后的梓宫奉安昌陵地宫时，恕妃、简嫔、逊嫔的金棺与孝淑皇后的梓宫一同奉移西陵，这三位妃嫔首葬在昌陵妃园寝内。葬于第一排的有和裕皇贵妃、恭顺皇贵妃；第二排的有：恕妃、华妃、庄妃、信妃；葬在前数第三排的有：恩嫔、荣嫔、简嫔、逊嫔、淳嫔、安嫔；葬在最后一排的是玉贵人和云贵人。据记载，嘉庆的14位妃嫔自1803年至1861年先后葬入昌陵妃园寝，但园寝内建有17座宝顶。据法国人1900年对西陵的调查报告显示有3座空墓，而当时距嘉庆去世已80年之久。难道昌妃园寝内只葬有14人？还有待更多的史料佐证。

图3-20　昌陵妃园寝鸟瞰与宝顶序列

和裕皇贵妃

和裕皇贵妃，刘佳氏，拜唐阿刘福明之女，正月二十一日生辰。刘佳氏于乾隆年间入侍颙琰潜邸，成为颙琰的早期侍妾之一。乾隆四十四年（1779 年）十二月二十九日巳时，刘佳氏为颙琰生下了第一个皇子。乾隆四十六年（1781 年）十二月十七日巳时，刘佳氏又为颙琰生下了皇三女庄敬和硕公主。颙琰一生有 9 位皇女，其中 7 位早殇，只有两位长大成人出嫁，而皇三女庄敬和硕公主 31 岁卒，是最长寿的。颙琰即位后第四天，即嘉庆元年正月初四日册封刘佳氏为諴妃。她当时的地位仅次于中宫皇后喜塔腊氏、贵妃钮祜禄氏，居于第三位。嘉庆十三年（1808 年）四月二十一日，颙琰以喜得皇长孙（道光皇帝长子奕纬），翌日又是五旬万寿大庆，晋封了一批妃嫔，晋封諴妃刘佳氏为諴贵妃。嘉庆皇帝崩后不到一个月，道光皇帝以諴贵妃"侍奉皇考最久，年龄亦尊"，尊封为諴禧皇贵妃。

道光十三年（1833 年）十二月，諴禧皇贵妃身体不适，卧病在床。十八日病势转重，当晚去世。道光十四年二月，諴禧皇贵妃被追谥为和裕皇贵妃。道光十五年（1835 年）九月十八日酉时，和裕皇贵妃金棺葬入昌陵妃园寝地宫。和裕皇贵妃的宝顶位于头排居中。

恭顺皇贵妃

恭顺皇贵妃，钮祜禄氏，主事善庆之女，生于乾隆五十二年（1787 年）四月十二日，比嘉庆小 27 岁。嘉庆六年入宫，初赐号如贵人。嘉庆九年（1804 年）十二月十八日颁谕，晋封如贵人为如嫔。嘉庆十五年（1810 年）九月二十日奉旨："如嫔著晋升为如妃。"第二年正月二十五日巳时生皇九女慧愍固伦公主，嘉庆十九年二月二十七日丑时生皇五子绵愉，绵愉长寿，直至同治朝才去世，历经四朝。

嘉庆皇帝驾崩后，道光皇帝于嘉庆二十五年（1820 年）八月二十三日，以如妃"诞育惠郡王"尊封为如贵妃。道光二十六年（1846 年）三月初三日，尊封如皇贵妃。道光三十年（1850 年）正月二十二日，咸丰皇帝登基后，尊封为如皇贵太妃。咸丰十年（1860 年）闰三月初三日未刻，如皇贵太妃病逝于圆明园，享年 74 岁，咸丰十年（1860 年）五月二十二日卯时，在吉安所行赠谥礼，谥为恭顺皇贵妃。

恭顺皇贵妃的葬位早在道光年间、封皇贵妃之前就已确定。自道光二十六年三月晋封为皇贵妃以后，随着身份地位不断的变化，其葬位也挪至第一排和裕皇贵妃宝顶东侧，并为其重新建造了地宫、宝顶。恭顺皇贵妃金棺于咸丰十一年（1861 年）二月二十七日葬入妃园寝头排东侧地宫。

华妃

华妃，侯氏，亦作侯佳氏，上驷院卿讨柱之女，嘉庆皇帝即位前入侍潜邸；乾隆五十四年（1789 年）六月十二日未时生皇六女。嘉庆元年（1796 年）正月初四日册立皇后这一天，侯氏被册封为莹嫔；嘉庆六年（1801年）正月初八日，嘉庆皇帝颁发谕旨，晋封莹嫔为华妃。三年后，嘉庆九年（1804年）六月二十八日华妃薨逝，嘉庆十年（1805年）二月初七日葬入昌陵妃园寝二排东二地宫。

恕妃

恕妃，完颜氏，轻车都尉哈丰阿之女。乾隆五十一年（1786年）与颙琰成婚，为侧福晋，几年后去世。嘉庆二年（1797年）四月二十二日谕内阁："从前朕之侧福晋完颜氏、格格关氏、沈氏，或系皇父指赏，或生有公主，今俱早已溘逝，著加恩将侧福晋完颜氏追封恕妃，格格关氏追封简嫔，格格沈氏追封逊嫔，交内务府大臣等，按其追封品级，照例办理，暂停于静安庄之傍所，俟万年吉地完竣，再随同皇后梓宫送往。"嘉庆三年（1798年）六月十八日辰时在静安庄殡宫举行了恕妃、简嫔、逊嫔的追封礼。嘉庆八年（1803年）昌陵妃园寝完工，这年的十月十二日寅时，恕妃金棺、简嫔金棺、逊嫔金棺以及逊嫔生的皇五女慧安和硕公主的金棺随同孝淑睿皇后梓宫奉移西陵，十月十七日到达西陵，几天后分别葬入妃园寝和公主园寝。恕妃宝顶位于二排居中。

庄妃

庄妃，王佳氏，举人伊里布之女，六月十五日生辰，原是嘉庆潜邸的一名侍妾。颙琰即位后，封她为春常在，嘉庆三年三月晋封为春贵人，嘉庆六年（1801年）正月初八日晋封为吉嫔，嘉庆十三年（1808年）四月二十一日晋封吉嫔为庄妃。

嘉庆十六年（1811年）二月十五日卯时庄妃病逝，闰三月十九日庄妃金棺入葬昌陵妃园寝二排西二地宫。嘉庆的皇后钮祜禄氏曾亲自到西陵参加了庄妃的葬礼。

信妃

信妃，刘佳氏，将军本志之女。嘉庆十三年（1808年）四月二十一日，嘉庆皇帝以喜得皇长孙，第二年又是五旬万寿，晋封信贵人为信嫔，在此后的12年中，刘佳氏再也没得到晋封。嘉庆皇帝驾崩后不到一个月，道光皇帝于嘉庆二十五年八月二十三日颁谕，晋封信嫔为信妃。信妃于道光二年（1822年）十月十三日病逝，道光三年（1823年）二月二十六日信妃金棺葬入昌陵妃园寝二排最西侧地宫。

简嫔

简嫔，关氏，亦作关佳氏，拜堂阿德成之女，颙琰即位前的潜邸格格，是颙琰较早期的侍妾之一，乾隆四十五年（1780年）四月十一日丑时生皇长女，在颙琰即位前去世，卒年不详。嘉庆二年（1797年）四月二十二日关氏被追封为简嫔，嘉庆八年（1803年）十月十七日金棺奉移至西陵，葬入昌陵妃园寝三排西四地宫。

逊嫔

逊嫔，沈氏，亦作沈佳氏，内务府大臣职衔永和之女，颙琰即位前的潜邸格格；

乾隆五十一年（1786年）十一月十一日巳时生皇五女慧安和硕公主，不久去世。嘉庆二年（1797年）四月二十二日，沈氏被追封为逊嫔，嘉庆八年（1803年）十月十七日，金棺奉移至西陵，葬入昌陵妃园寝三排东四地宫。

荣嫔

荣嫔，梁氏，员外郎光保之女，颙琰即位前的潜邸侍妾。嘉庆元年（1796年）封为荣常在；嘉庆皇帝崩逝前一直是荣贵人。道光皇帝于嘉庆二十五年八月二十三日颁谕，晋升荣贵人为荣嫔。道光六年（1826年）五月初十日辰时荣嫔辞世，道光七年（1827年）二月二十八日巳时，荣嫔葬入昌陵妃园寝三排东三地宫。

淳嫔

淳嫔，董氏，亦作董佳氏，委署库长时泰之女，五月二十四日生辰。清宫档案《女子、嬷嬷、妈妈里口分肉银档》中，嘉庆二年十一月首次出现淳贵人之名。嘉庆六年（1801年）正月初八日，淳贵人晋升为淳嫔，在以后的18年中，董氏始终在嫔位。嘉庆二十四年（1819年）十月十三日巳时淳嫔去世，十一月二十六日葬入昌陵妃园寝三排西三地宫。

安嫔

安嫔，苏完尼瓜尔佳氏，公安英之女，乾隆五十年（1785年）正月二十一日申时生，比嘉庆皇帝小25岁。根据清宫档案记载，嘉庆三年三月首次出现安常在，终嘉庆一朝未获晋升。嘉庆皇帝崩逝，道光皇帝晋尊安常在为安嫔，道光十七年（1837年）六月二十七日丑时辞世，终年53岁，十一月二十七日巳时葬入昌陵妃园寝三排西二地宫。

恩嫔

恩嫔，乌雅氏，左副都御史万明之女，九月二十四日生辰。在清宫档案中，嘉庆十二年下半年出现恩贵人，终嘉庆一朝未获晋封。嘉庆皇帝驾崩后，于嘉庆二十五年（1820年）十二月，道光皇帝册封恩贵人乌雅氏为恩嫔。道光二十六年（1846年）十二月初十日恩嫔辞世，道光二十九年（1849年）九月二十五日巳时葬入昌陵妃园寝三排东二地宫。

玉贵人

嘉庆二年（1797年）十一月玉贵人在清宫档案中首次出现。嘉庆十九年（1814年）十月初七日卒，嘉庆二十年（1815年）二月二十九日寅时入葬昌陵妃园寝四排东侧地宫。

芸贵人

芸贵人在清宫档案《后妃年总》中于嘉庆九年四月首次出现。嘉庆十年（1805年）七月十九日芸贵人去世，十二月十一日入葬昌陵妃园寝四排西侧地宫。

第四章
慕陵与道光皇帝

慕陵位于清西陵的最西端,建于道光十一年(1831年)至道光十五年(1835年),埋葬着道光皇帝和他的三位皇后——孝穆、孝慎、孝全皇后。道光时期清朝国力急剧衰退,是中国由封建社会走向半殖民地半封建社会的转折点。节俭皇帝道光在营建陵墓时,曾三令五申缩减陵墓建筑规模,因而慕陵裁撤了多项大型建筑物,总体规模小巧简约,建筑风格朴素淡雅,与清代其他帝陵迥然不同,尤其以金丝楠木雕龙殿闻名,是清朝关内九座帝陵中风格最独特的一座(图4-1)。

图4-1 慕陵全景

第一节 三选陵址与两次建陵

嘉庆元年,太上皇乾隆曾规定后代的皇帝要父子分葬于东西两陵境内,这种昭穆相建的制度成为后代皇帝的埋葬法则。遵循这一制度,乾隆的陵墓建在了东陵,嘉庆帝则葬在了西陵,道光帝也应在东陵境内建陵,为何却建在了西陵呢?这就要从道光陵寝的"三选二建"说起。

1821年,道光登基伊始,即着手办理自己的万年吉地事宜。对于自己的吉地,道光早已心有所属,但既非西陵,也非东陵,而是京郊西南的王佐村,因为他的原配夫人孝穆皇后萨达克氏已于嘉庆十六年(1811年)安葬于此。道光元年春,就曾派大学士戴均元和尚书英和带领堪舆之人去王佐村,实地相度万年吉地改扩建工程,但终因王佐村风水地形不合礼法而作罢。

此后,道光帝遵照祖训,派人在东陵境内选择万年吉地,于当年九月择定"局势宽广、龙脉起伏秀美、河形弯曲环绕"的绕斗峪（后改名宝华峪）为吉壤，并于同年十月开工建造。这是道光皇帝二选陵址，第一次建陵（图4-2）。

历时7年，山陵大工告竣。谁料仅隔一年便发现地宫渗水，道光帝听闻勃然大怒，对监修陵工的大臣们进行了严厉的斥责。经过近一年的详慎调查，发现主要是点穴位置不当、石母石滴水和监修督工大臣玩忽职守、偷工减料所致，结果凡与陵工相关的官员分别受到了发配、抄家、罚俸、摘掉顶戴花翎的处罚。其中英和与戴均元是宝华峪陵寝的主要负责人，被革职抄家，交刑部治罪，子孙均被革职。后戴均元因年逾八旬，开恩免死，逐回老家（图4-3）。英和因太后讲情免死，发往黑龙江充当苦差。

道光帝仍心有不安，对那些关于维修地宫的奏折完全置之不理，断然下令将宝华峪工程全部拆除，派人在西陵另选吉地。身负重任的选址大臣们吸取宝华峪工程的教训，选中了龙泉峪这块高平之地（图4-4）。

这里，四周山峦葱翠，环拱有情（图4-5）。周围河道与山势相应，蜿蜒曲折。东西两条河水于穴前汇合向东，环绕盘旋，最终向西流入大河。山脉水法条理详明，实属形胜之地。龙泉峪明堂宽广，地势西北高东南低，负阴抱阳，藏风聚气，尤能尽收东南生方旺气，正所谓"内气萌生"，堪称天造地设之吉穴。道光十一年（1831年）二月二十二日，道光帝借展谒西陵之机，亲自视察龙泉峪吉地，非常满意，称赞此处"眺冈峦之环拱，察川淑之濚回，规模俱惬意于素志"，于是决定将龙泉峪定为自己的万年吉地，择吉于当年十一月初八日动土兴工。这是道光皇帝第三次选址，第二次建陵。

图4-2 东陵宝华峪陵址

图4-3 戴均元画像

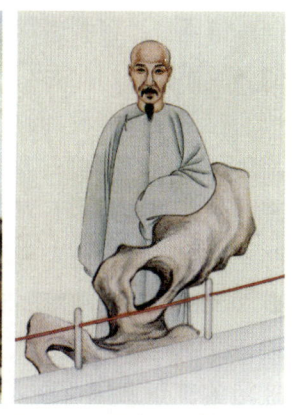

图4-4 选择龙泉峪吉地的风水师端木国瑚

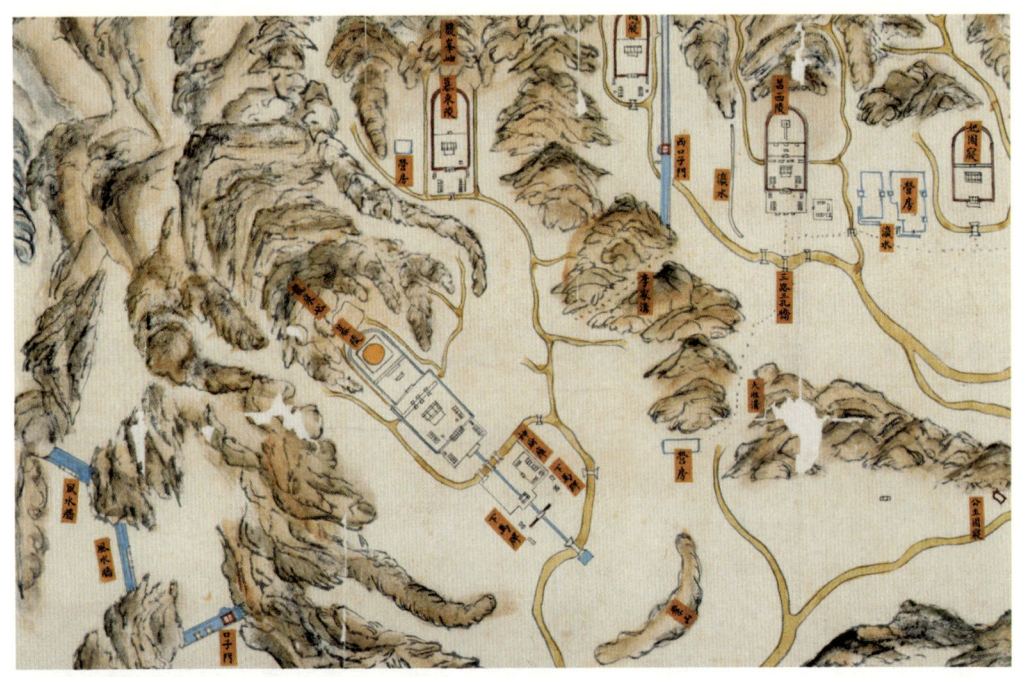

图 4-5　慕陵、慕东陵、昌西陵地势图局部（日本东京大学东洋文化研究所藏）

一向崇尚节俭和标榜守成的道光帝在选址和建陵上出尽了风头，三选一拆二建，不仅耗资巨大，而且违背了父子分葬的祖制。道光帝为何不惜巨资，冒着违背祖制的名声而执意如此呢？

在慕陵隆恩殿月台的东南角，有一尊四棱石幢，顶覆石雕瓦垄楼顶，下为石须弥座，幢身刻有道光帝的两首御制诗文，其中南面的一首诗文中明白地道出了道光迁陵的真正原因（图 4-6、图 4-7）。

图 4-6　慕陵隆恩殿前石幢

图 4-7　慕陵石幢南面御制诗拓片

碑身南面有诗曰：

母谓重劳宜改卜，龙泉想是待于吾。
人情可叹流虚伪，天命难堪懔典谟。
郁郁山川通王气，哀哀考妣近陵区。
因时损益无非教，驭世污隆漫道迂。
岂敢上沿诸制度，或能后有一规模。
心犹自谦增渐惧，慎俭平生其庶乎。

碑身东面有诗曰：

吉卜龙泉工始成，永安二后合佳城。
山川惬意时光遇，新故堪伤岁月更。
世事看花悲既往，人情寄梦叹平生。
东望珠阜瞻依近，罔极恩慈恋慕萦。

这两首诗作于道光十五年，慕陵建成后安葬孝穆、孝慎两位皇后于地宫，道光皇帝亲临送奠，见到龙泉峪陵寝工程坚固，非常高兴，当即提升监工大臣穆彰阿为太子太保，赏紫缰，并作诗文表明心意。石幢上还刻有诗注，进一步说明卜选龙泉峪为吉地的原因。文曰："予因宝华峪办理不善，规制又拂朕意，不能不改图吉壤，特命禧恩等遍行相度，再历春秋，始得兹地，予亲临阅定，诹吉鸠工。朕亲临审视，眺冈峦之环拱，察川溆之潆回，规模俱惬意于素志。皇考仁宗睿皇帝、皇妣孝淑睿皇后安奉昌陵，山川王气，毓瑞钟详。兹龙泉峪在昌陵之西，相去八里许。五云在望，一脉相承，子臣依恋之忱，庶符夙愿也。"细读之下，不难发现，原来道光帝是为了能够子随父葬。

第二节　慕陵陵名的由来

按照制度，帝陵的陵名一般由后继的皇帝确定，匾额碑铭也由后继皇帝书写，但慕陵的名称却是由道光皇帝自己默定的。

道光二十八年（1848年）三月十二日，道光展谒西陵时来到龙泉峪陵寝，升坐隆恩殿，将18岁的皇四子奕詝（即咸丰帝）和17岁的皇六子奕訢召到御座前，命他俩恭读早已写好的一道亲笔朱谕："敬瞻东北，永慕无穷，云山密迩，呜呼，其慕与慕也。"读罢，命将这份朱谕珍藏于隆恩殿的东暖阁内。

22个月后的道光三十年正月，道光皇帝驾崩，咸丰皇帝继位，在为父亲的陵墓命名时，突然想到当年存放在陵寝隆恩殿的父皇朱谕，道光三十年二月初四日，下令西陵的泰宁镇总兵德春将这道朱谕"即日派委妥员恭赍送京"。咸丰帝收到这道朱谕之后，反复恭读，思虑再三，当读到"其慕与慕也"，蓦然间心领神会，猛然悟出了父皇的良苦用心和其中隐含的深意，原来父皇已经"默定陵名"为"慕陵"。

于是他提笔谕内阁曰："仰见皇考，感念松楸，孝思不匮，用垂遗训，昭示来兹。所有龙泉峪山陵，应敬称慕陵。朕当和泪濡墨，敬谨书写，命武英殿选工镌刻。"这样，他写下了先皇的遗旨"慕陵"，命石匠刻在了隆恩殿后面的石牌坊上（图4-8、图4-9）。

这样，慕陵的名称就正式定下来了。

图 4-8　慕陵石牌坊

图 4-9　石牌坊背面枋心道光朱谕

第三节　外简内奢的慕陵

早在派员于东陵择选万年吉地之初，道光帝就曾下谕旨："惟择坤灵钟毓，干脉延长之处，以定福基。其四至之广狭不必过拘。如果地臻全美，即较从前规制稍有俭约，朕心亦以为宜。"这道谕旨阐明了自己追求自然环境的完美，而建筑规模秉持简约的原则，同时也决定了慕陵独特的建筑风格，简约而不简单，成为一座外简内奢的皇陵。

1. 裁减建筑数量，创造了一种小巧玲珑的新模式

对于宝华峪工程，在大臣奏请吉地工程方案时，道光帝曾下谕宣称"落矮大殿举架，收小石像生，裁减二柱门和地宫金券内的经文、佛像"，施行了将地宫顶由

黄琉璃瓦顶改为蓑衣顶等一系列裁撤缩减措施。

营建龙泉峪工程时，道光帝又一次对陵寝规制进行了大幅度的裁撤和创新。

其一，裁撤了圣德神功碑楼、华表、石像生、方城、明楼、二柱门等建筑。

清朝陵寝制度，帝陵建有三通碑：圣德神功碑、神道碑、明楼碑。但是慕陵只建有一通神道碑。

清朝的功德碑为后世皇帝所立。建成于道光十五年（1835年）的慕陵，在五孔桥南有足够的空间营建功德碑楼。道光二十年（1840年）爆发了第一次鸦片战争，清政府与英国签订了中国历史上第一个丧权辱国的不平等条约——中英《南京条约》，割地赔款，使道光自感愧对祖先，于是在道光三十年（1850年）的临终御书中特地指出："各陵五孔桥南，均有圣德神功碑清汉二通，覆以碑楼，制度恢宏，规模壮丽。在我列祖列宗之功德，自应若是尊崇，昭兹来许。在朕则曷敢上拟鸿规，妄称显号，而亦实无称述之处，徒增后人之讥评，朕不敢也。"文中，道光以自谦的口吻说，列祖列宗功德尊崇，自应建立功德碑，而自己实在没有可称道的政绩，建立功德碑只是让后人讥讽（图4-10）。

咸丰帝即位后，遵照父皇遗嘱，没有建造慕陵圣德神功碑楼，将追慕祭奠的文字镌刻于神道碑碑阴。碑阳为道光皇帝徽谥号"宣宗效天符运立中体正至文圣武智勇仁慈俭勤孝敏成皇帝"，碑阴则为咸丰帝撰写的碑文，介绍了慕陵名称的由来，以及道光有关营建慕陵的遗谕。慕陵神道碑是清代唯一碑阴刻有文字的神道碑（图4-11）。

其二，地宫内不雕刻经文、佛像，地宫顶改用蓑衣顶。地宫由四道石门改为二道石门。吸取宝华峪地宫浸水的教训，在地宫内增设龙须沟以排出地宫内的积水。

其三，隆恩殿由面阔五间改为面阔、进深各三间，平面略近方形。殿顶由重

图4-10　慕陵龙凤门与神道碑亭

图4-11　神道碑亭券脸石雕刻

檐改为单檐，月台上不设铜鹤、铜鹿，而陈设石幢和日晷；大殿周围不设石栏杆，以20根木楹撑托梁架，辟成回廊。东西配殿均为面阔三间，檐端用单翘单昂斗拱。

其四，陵寝门由三座琉璃花门改为三间四柱石牌坊，将陵寝名镌刻在牌坊中门之上。

其五，隆恩门前三路三孔桥改为一路拱桥、两路平桥。

其六，慕陵神道不与泰陵主神路相接。

慕陵工程于道光十五年（1835年）完工，历时6载，由宠极一时的大臣穆彰阿负责修建。建筑风格一改前代孝、景、泰、裕、昌五陵的恢宏壮丽，趋向淡雅精致，其规模缩小后，仅有建筑27座，占地45.6亩，由南至北依次为五孔石拱桥、龙凤门、谥号碑亭、神厨库、三孔石拱桥、东西朝房、东西班房、隆恩门、隆恩殿、东西配殿、石牌坊、石五供、宝顶等，形成了一种小巧玲珑的新模式。

2. 提高工艺标准，简约而不简单

道光皇帝的慕陵虽然在建筑数量上进行了大规模的裁减，但在建筑用料上却奢侈异常，毫不吝惜。

经过改制，慕陵的三座殿宇规模有所缩减，隆恩殿由重檐改为单檐，配殿由面阔五间改为三间，但所用木料却全部采用价值昂贵的金丝楠木。隆恩殿大殿外用20根木楹撑托梁架而辟成回廊，这些木楹全部用金丝楠木原木所制，每根木楹的直径达56厘米，高达5.25米。大殿内4根明柱，也一改其他陵墓的包厢式做法，而用原木，其直径竟达67厘米，高达8.95米，其余12根墙柱亦为直径达62厘米、高达7.5米的楠木原木。两座配殿也耗用直径43厘米、高5.46米的金柱4根，直径37厘米、高3.75米的檐柱和山柱24根。60根巨大的楠木原柱，加上梁枋、斗拱、门窗、隔扇和东西配殿的木结构，粗略估计，慕陵约用金丝楠木达1500立方米（图4-12）。

图4-12 慕陵隆恩殿

如此巨量的金丝楠木的使用，使慕陵的三座楠木殿成为清代帝陵中的极品，不仅价值极其昂贵，而且工艺要求极高，材料和人工耗费之巨大难以想象。

慕陵的隆恩殿及配殿的木构表面不施油漆彩画，而是用数以千计的金丝楠木雕龙装饰，然后再在金丝楠木的原色上以蜡涂烫。（图4-13、图4-14）楠木雕龙主要集中

图 4-13　慕陵隆恩殿内景　　　　　　　　　　　图 4-14　慕陵隆恩殿雕龙天花局部

在隆恩殿，殿内的隔扇、门心、雀替和殿内外八百余块天花板心，均饰以精美的楠木雕龙。每一块天花板即是一件木雕艺术的杰作，雕刻工匠们以高浮雕加镂空的手法，刻成在云雾中翻转舞动的龙身和向下俯视的龙头，龙头突出平面达半尺多高，一个个张口鼓腮地伸向空中，和着楠木的芬芳，好似"万龙聚会，龙口吐香"。此外，在隆恩殿的门窗、隔扇和雀替上还以浅浮雕、高浮雕和透雕相结合的方式雕刻着许许多多的行龙和蟠龙。这些雕龙图案精美、刻艺高超、栩栩如生，称得上是绝世文物珍品。据统计，仅隆恩殿内天花就有楠木雕龙 600 条，再加上走廊天花、雀替、门扇上的龙，整个隆恩殿共计有龙 1096 条，蔚为壮观。在隆恩门的雀替上及东西配殿雀替、门窗和走廊天花上也雕满了龙。慕陵共有楠木雕龙 1316 条，堪称龙的世界、龙的海洋。三座楠木雕龙殿耗资固然巨大，但也给后人留下了难得的木雕艺术珍品。

慕陵所有围墙不涂红挂灰，改变传统的上身糙砌灰砖、刷红浆、下肩干摆的做法，而是采用磨砖对缝、干摆灌浆工艺到顶。干摆墙是清代古建墙垣中最高等级的一种。所有的砖块都要经过细致的打磨，做到砖面如砥、砖缝如线。每块砖都要磨成一边厚、一边薄的楔子形状，然后把砖块干着摆放，其中薄的一边在内，摆好后，在砖的中间浇灌灰浆，这样的墙面从外面看不到灰浆的痕迹，而且光滑平整、整洁美观。通常只有建筑的下肩才会采用干摆墙的形式，而围墙通常是用糙砌的方法，为了美观，表面都要刷红色的涂料。因为慕陵的墙体都是干摆墙，根本不用再刷涂料，但其用料和用工却是糙砌墙的几倍甚至更多。

慕陵是清代规模最小的皇帝陵，摒弃了气势恢宏、雕梁画栋的皇家气派，形成了注重材质本色的古朴淡雅风格，形成了一种小巧玲珑的新模式，形式上保持了节俭之意。但是，据记载，整个慕陵工程耗银达 240 余万两，再加之两建一拆的经历，所耗银两远远超过清代其他帝陵，堪称低调奢华的典范（图 4-15）。

图 4-15　慕陵宝顶及干摆墙

3. 道光改革陵制的初衷与纠结。

以恪守祖训自诩的道光皇帝为何要打破祖宗规矩，建造一座与前代风格截然不同的陵寝呢？早在东陵宝华峪建造陵寝时，道光就曾下谕表达了自己对陵墓规制进行变革的想法。道光二年七月十四日，就宝华峪陵寝的建设，他专门下了一道谕旨："我朝自开创以来，敦尚纯朴……登极后选建万年吉地，总以地臻全美为重，不在宫殿壮丽以侈观瞻。朕于嘉庆二十三年随侍皇考仁宗睿皇帝巡幸盛京，恭谒祖陵，瞻仰桥山规制，实可为万世法守。"

原来道光认为关外的祖陵规制简朴，体现了本朝崇尚淳朴的风尚，后世应该效仿。可以说从那时起，道光心里就埋下了改革陵制的种子。而且他希望后世子孙也都要缩减陵寝规模，如果"后世子孙仰体此意，有减无增，永守纯朴家风，从此累次递减，相传勿替，实为我皇清万世无疆之福也"。而道光皇帝慕陵隆恩殿采用单檐并外辟回廊的做法跟关外的皇陵非常相近。

但在慕陵隆恩殿月台石幢的御制诗中，道光又说："岂敢上沿诸制度，或能后有一规模。"意思是他并没有完全沿袭关内外诸祖陵的规制，是要开辟一种新模式，成为后世子孙效仿的蓝本。后来的事实表明，他的理想只有很小一部分得到了实现。继慕陵之后建的定陵、惠陵和崇陵，仍是基本上采用了孝、景、泰、裕、昌诸陵规制。此后陵墓地宫内全部建有排水龙须沟，拆除了功德碑楼。

而道光的纠结与矛盾心理，在方城明楼的建设中体现得淋漓尽致。

道光十一年（1831年）慕陵兴工之初，道光帝即下谕旨："酌改宝城规制。方城明楼……具著撤去。"遵照这一指示，慕陵没有建方城、明楼。但道光的遗嘱中却提到，朕"万年后，著于明楼碑上镌刻'大清某某皇帝'清汉之文，碑阴即可镌刻陵名"。清朝陵制，题写陵名的匾额悬挂在明楼的前檐上，"某某皇帝之陵"字样镌刻在明楼内的朱砂碑上，既然慕陵未建方城、明楼、朱砂碑，又怎么镌刻文字呢？

咸丰帝即位以后，对皇父的这道遗谕深感不解，无奈也只能谨遵遗谕，派大臣到东陵、西陵调查各陵规制，结合慕陵的具体情况，拟定了改建宝城，添建方城、明楼的方案（图4-16），但终因地势不敷使用，加之鸦片战争失败后国家财力匮乏，加上地宫内的三位皇后入葬已久、不易惊扰等原因，没有实施。

图4-16　慕陵拟添修方城明楼立样

第四节　历史转折时期的节俭皇帝

道光皇帝即位时，清王朝已经全面走向衰落，国内矛盾重重、经济衰退，国外列强环伺，国门岌岌可危。他登基后，力倡节俭，推行改革，试图振兴，但积重难返。1840年，鸦片战争的战败成为中国历史的转折点。他的努力终究还是没能遏止中国走向半殖民地半封建社会的脚步（图4-17）。

道光皇帝，生于乾隆四十七年（1782年）八月初十，原名绵宁，登基后改为旻宁。嘉庆二十五年（1820年），39岁时继承皇位，道光三十年（1850年）驾崩，终年69岁，庙号宣宗。

乾隆五十六年（1791年），10岁的绵宁随祖父乾隆参加木兰秋狝，引弓获鹿，乾隆非常高兴，当即赏绵宁花翎、黄马褂，欣喜之余还赋诗记盛。绵宁和他的祖父乾隆一样，都受到其祖父的特别欣赏，

图4-17　道光皇帝朝服像

图 4-18　道光皇帝喜溢秋庭图

早早就被寄托了继承王朝的厚望。嘉庆十八年（1813 年）九月，林清率领的天理教起义军攻入紫禁城，史称"禁门之变"。当时绵宁正在上书房读书，听到警报，立即取鸟枪迎敌，不仅击退了两名爬上墙头的起义军，而且有条不紊地指挥战斗，机智果断，胆魄过人，备受嘉庆褒奖，甚至达到了"笔不能宣"的地步，被封为智亲王。

公元 1821 年，旻宁荣登大宝，改元道光。登基后，道光实行了一系列的内政改革（图 4-18）。

1. 罢黜奢华，崇尚朴实

道光帝是历史上有名的节俭皇帝。继位之初就正式宣告："任何人不许崇尚浮华之风，以辜负朕务本求实之美意。"节俭是道光治国方略的重要内容。从道光元年开始，连年下诏，暂停、永停或削减各地岁贡物品，福建荔枝贡、直隶活鹿贡、吉林珍珠贡等先后停止，至道光末年，"各省贡赋，裁汰过半"。道光三年，清朝每年一度的木兰秋狝典礼也被废除（图 4-19）。

道光帝以帝王之尊，极尽节俭之道。他首先从自身衣、食、住、行各方面做起，力求节俭。例如裁减仪仗，道光二年（1822 年）十月，道光前往西陵谒陵，大力裁减随行规模，仅车就减少 218 辆，接近半数。他节衣缩食，大量减缩膳食品种，甚至穿带补丁的破衣，特别是鸦片战争后，道光每日只点四盘菜肴。对一位封建帝王来讲，这种做法难能可贵，但对大清王朝的中衰之势却起不到任何拯救作用。

图 4-19　"恭俭惟德"玺及印文

2. 治理财政，改革盐漕

漕运是为保证官吏俸饷、宫廷消费、军粮等项的需要，将从农民手中征收的粮食进行长途运输的一种方式，分陆运、河运、海运三种形式。清代沿袭明制，几乎全部采取河运，主要利用大运河。道光初年，黄河水患严重，大运河水道泥沙淤积，运道受阻，直接威胁朝廷的供给，采取新的漕运方式已成必然。朝中大臣对此进行了长时间的争议，各陈利弊。道光力排众议，改河运为海运，于道光六年试行，获得成功，后来因故中断，至道光二十八年（1848年）又复通海运，至清末成为惯例。海运不仅节约了资金，而且及时解决了漕运困难（图4-20）。

盐政是清政府收入的主要来源之一。道光朝，盐政败坏，官私费用繁多，大小官吏中饱私囊，造成盐价昂贵，官盐滞销，私盐畅行，盐科收入明显减少，亏空严重，盐政败坏到极点。道光十年（1830年），道光帝采纳大臣陶澍的建议，改革盐政，试行票盐法，实行减浮费、删繁文、慎出纳、裁商总等一系列盐政改革措施，降低官盐成本，打破了盐商对盐业的垄断，两淮盐政得以"弊肃风清"，私盐断绝，官盐畅销，有效地增加了财政收入。

图4-20　道光"情殷鉴古图"

3. 整顿吏治，裁撤冗员

他先后制定了一系列加强官吏廉政的政策制度，如严禁幕友滥邀议叙，严禁狱卒凌虐监犯等。道光十一年（1831年），道光又下谕裁减冗员，谕令地方差役依议递减，概行禁革州县白役等，取得了一定的成效。这些措施虽对遏制腐败起到了一定的积极作用，但吏治颓废没有得到根本治理。由于道光才智平庸，性情优柔寡断，易受人蒙蔽，忠奸不分，任用非人。道光在位30年，庸臣曹振镛与穆彰阿先后当国理政，虽有阮元、陶澍、松筠、林则徐等忠心辅弼之臣，曾受用一时，有所作为，甚至有王鼎尸谏，但最终不能挽救国运衰退。道光二十三年竟发生国库惊天盗案，国库1100万两白银，被盗走了925万两，几乎被盗空。官场之混沌可见一斑。

4. 平定回疆，重现雄威

平定张格尔叛乱是道光一朝值得书写的一页。嘉庆二十五年（1820年）八月三十日，道光登基仅三天，回疆就有警报传来，七日后，边疆再传战报，新疆分裂分子张格尔（新疆大和卓之孙，乾隆年间大小和卓叛乱被平定以后，其后人逃至浩罕汗国）与布鲁特人首领苏兰奇联合叛乱入侵。叛乱很快被平息，但张格尔逃走。

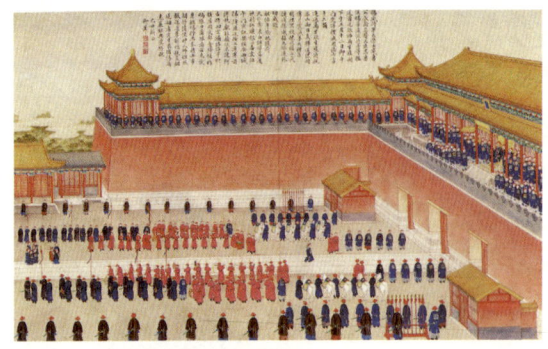

图 4-21 平定回疆午门献俘礼

道光四年,张格尔再度入侵,经过一番激战,叛军战败,张格尔再次逃窜。道光六年(1826年)六月,张格尔纠集煽动数十万人再次叛乱。经过精心部署和谋划,清军与叛军九战九捷,至第二年十二月俘获张格尔。道光八年(1828年)五月十二日,张格尔被押解进京,于午门行受俘典礼(图4-21),这是清入关后第五次受俘礼(康熙征准噶尔获胜一次、雍正平青海获胜一次、乾隆平伊犁、平两金川各一次)。

5. 力禁鸦片与鸦片战争

18世纪70年代,英国为了抵消中英贸易的入超现象,开始把大量鸦片输入中国。清朝虽屡次颁布禁烟法令,但鸦片屡禁不止,至道光十八年,进口鸦片已从道光元年的五千多箱增至四万多箱。白银外流,吸食日众,如不采取制止措施,将造成国家财源枯竭和军队瓦解。

道光十八年(1838年),道光接受鸿胪寺卿黄爵滋提出的"吸食鸦片论死"的禁烟新法,在全国推行。道光十八年(1838年)十一月,林则徐被任命为钦差大臣,赴广州禁烟。林则徐的广州禁烟,雷厉风行,成绩斐然,尤其是虎门销烟更是大长了中华民族的志气,震慑了外商的嚣张气焰(图4-22)。

禁烟的成功沉重打击了英国殖民者的在华利益,道光二十年(1840年)五月二十二日,英国远征舰队抵达广东珠江口外,封锁海口,第一次鸦片战争爆发。随着战事扩大,英军以惊人的速度攻城略地,八月抵达天津大沽口外,使道光"天朝神威"的美梦彻底破碎,令琦善转告英军,允许通商和惩办林则徐等人,十月林则徐、邓廷桢被革职。道光二十一年(1841年)一月,英军突然进犯虎门,道光闻讯正式发布通谕,对英宣战,虽经守军英勇抵抗,但虎门失陷。五月,英军进攻广州,奕山和奕经竟竖起

图 4-22 林则徐看剑引杯图

白旗求和,签订《广州和约》,向英军支付赎城费600万银元。道光二十二年(1842年),英军继续北犯,攻陷了吴淞、镇江,直犯南京,道光只好同意议和,派耆英、伊里布在南京议和,八月签订了中国近代史上第一个不平等条约《南京条约》,割地赔款。

道光一朝,大清王朝颓势已成,无可逆转,而西方文明日渐进步,势力增长,列强漂洋过海,纷至国门,虎视眈眈。在复杂的历史背景和严峻的历史形势下,道光虽锐意改革,振衰除弊,但成效甚微,以致"内而遗太平天国之乱,外以开鸦片未有之奇辱",内乱外患,使中国逐渐陷入半殖民地半封建社会的泥沼。

道光在位时曾先后16次谒西陵、7次谒东陵。道光三十年(1850年)正月十一日,在太平天国起义的前夜,道光帝驾崩于圆明园慎德堂,咸丰二年(1852年),葬入清西陵慕陵地宫,庙谥号全称"宣宗效天符运立中体正至文圣武智勇仁慈俭勤孝敏成皇帝"。

第五节 被三次安葬的孝穆成皇后

在道光的四位皇后中,孝穆成皇后是他的原配。孝穆成皇后生活的时代为乾隆、嘉庆朝,没有做过一天后宫主位,尤其特别的是,她去世后曾被埋葬过三次,这不仅在清代仅有,在中国历史上也极为少见(图4-23)。

孝穆成皇后,钮祜禄氏,銮仪卫使布彦达赉的女儿。嘉庆元年(1796年)十一月,由嘉庆皇帝指婚与皇二子绵宁。当时绵宁年仅15岁,是嘉庆的嫡长子,又因为10岁中鹿的光环,受太上皇乾隆和父皇嘉庆的宠爱正浓。钮祜禄氏与绵宁成婚后,并未按惯例分府出宫,而是居住在大内东边南三所的撷芳殿。因为撷芳殿曾是嘉庆的潜邸(皇子时代居住之所),让绵宁居于此有"神器托付"之隐意。嘉庆四年,遵照秘密建储制度,嘉庆将绵宁密立为皇太子。钮祜禄氏陪伴着绵宁度过了13年这种既隐示中外又秘而不宣的皇储生活,但未及生育儿女,钮祜禄氏竟于嘉庆十三年正月撒手人寰。

钮祜禄氏去世后,嘉庆对这位早逝的准皇储夫人格外施恩。首先抬高丧葬规格,将金棺座罩由例用红色改用金黄色,赏用仪仗;其次,派大学士托津等带

图4-23 孝穆成皇后朝服像

领精通堪舆人员在京城附近择选吉地，于嘉庆十五年在京郊西南王佐村依亲王规制营建园寝。钮祜禄氏的棺椁先停放在静安庄的殡宫，嘉庆十六年（1811年）十一月十日奉移王佐村安葬，这是孝穆成皇后的第一次入葬。

嘉庆二十五年（1820年）九月十二日，道光即位后不足两个月，就下旨追封已经过世的钮祜禄氏为孝穆成皇后，还要将王佐村孝穆陵墓加以改扩建，作为自己的万年寿宫，这样不仅可以和孝穆合葬，而且可免去孝穆迁葬之扰。后因王佐村地形不宜，加之大臣们的一致反对，道光不得不放弃了在王佐村建陵的计划。

道光七年秋，道光的万年寿宫——宝华峪陵寝竣工，孝穆成皇后的棺椁从王佐村挖出来，经过47次的重新油饰，由金黄色改为浑金色，而后奉移至宝华峪，于道光七年九月十二日葬入宝华峪陵寝的地宫。这是孝穆成皇后的第二次入葬。

道光八年，宝华峪陵寝竟出现地宫浸水，使早已去世20年的孝穆成皇后遭受水灾，棺椁被水浸泡了两寸有余，孝穆的梓宫只能又一次从地宫中移出，暂时安置在大殿内。

道光十五年，西陵龙泉峪工程告竣，孝穆成皇后再次迁葬。同年九月初三日，孝穆成皇后梓宫由东陵奉移至龙泉峪，道光亲临奠酒。十二月十一日，孝穆梓宫入葬龙泉峪陵寝地宫，又举行了第三次葬礼。

至光绪元年（1875年），其谥号全称为"孝穆温厚庄肃端诚恪惠宽钦孚天裕圣成皇后"。

第六节　同安地宫的孝慎成皇后

孝慎成皇后，佟佳氏，世袭三等承恩公舒明阿之女，是道光皇帝的第二位皇后。

图4-24　孝慎成皇后画像

嘉庆十三年，皇二子绵宁的嫡福晋钮祜禄氏病故后，经嘉庆皇帝指婚，将佟佳氏赐予绵宁为继福晋。道光二年（1822年）十一月，待嘉庆27个月丧期一过，道光便举行了册立佟佳氏为皇后的典礼（图4-24）。

道光十三年（1833年）四月，皇后不幸染病，皇太后闻听后，曾先后两次前往探望。至二十九日，皇后终因病入膏肓，医治无效，过世于圆明园"天地一家春"。道光痛失皇后，悲痛异常，在皇后去世当天颁布的一道谕旨中表达了他的怀念之情，谕旨中说，皇后"侍朕二十六年，柔嘉维训，孝敬无违，此宫中府中所共知者。今抱沉疴，竟成长逝，失此内佐，痛何可言"。

孝慎的梓宫先停放于圆明园中的长春园正殿澹怀堂，后又移至景山观德殿，九月二日奉移至田村殡宫暂安。在此期间，道光常到皇后灵前奠酒、追忆。皇太后也曾到灵前奠酒、凭吊。道光十五年（1835年）十二月十一日，孝慎皇后梓宫同孝穆皇后梓宫一起葬入西陵龙泉峪陵寝地宫内。至光绪元年（1875年），其谥号全称为：孝慎敏肃哲顺和懿诚惠敦恪熙天诒圣成皇后。

第七节 道光最宠爱的孝全成皇后

孝全成皇后，钮祜禄氏，是清代六位钮祜禄氏皇后之一、道光皇帝册封的第三位皇后，也是最受道光皇帝宠爱的一位（图4-25）。

钮祜禄氏生于嘉庆十三年（1808年），初隶旗籍已不可考，被封为皇后之后，其母家被抬入镶黄旗。其父颐龄为世袭二等男，曾任乾清门二等侍卫。据《清代野史》记载，颐龄曾于南方苏州等地为官，钮祜禄氏自小随父官居南方，天生丽质，颇具南方女子的清丽俊秀，聪慧可爱。道光二年（1822年），14岁的钮祜禄氏以秀女的身份入宫，在众多北方佳丽中尤显美丽脱俗，所以自入宫伊始就备受宠爱，在短短的12年间就从一名秀女迅速晋级为统摄六宫的皇后。

清代后妃等级森严，以秀女身份进宫，一般多被封以常在、答应、贵人等较低的封号，而后根据侍宠情况逐年晋级为嫔、妃、贵妃、皇贵妃，直至皇后。

图4-25 孝全成皇后朝服像

但钮祜禄氏入宫第二年，就被封为全妃。此次同时晋封的妃嫔有三位，其中和嫔晋为和妃，和嫔是道光为皇子时的侧福晋，已侍候旻宁16年，为旻宁生有一子；另一位是祥贵人晋为祥嫔，与钮祜禄氏同时进宫，当时已经身怀有孕。而钮祜禄氏既非府邸旧人，也未生育一男半女，进宫仅一年有余就被赐封为妃，应是备受皇帝宠爱。入宫第三年八月，钮祜禄氏因身怀有孕，被封为全贵妃。至此，进宫不足三年的钮祜禄氏，已经成为仅次于皇太后、皇后的后宫主位（图4-26）。

图 4-26　孝全成皇后便装像

道光十三年（1833年）四月，孝慎皇后去世，道光旋即于八月下谕："奉皇太后懿旨，晋封全贵妃钮祜禄氏为皇贵妃，摄六宫事。"钮祜禄氏成为兼摄皇后之职的皇贵妃。第二年十月，道光皇帝竟一反清帝旧规，尚在孝慎皇后27个月孝期内，就为钮祜禄氏举行了册立皇后的典礼，此时她年仅26岁，这在清代后妃中是极为少见的。因此，在许多野史演义中对钮祜禄氏颇多渲染。

《清朝野史大观》中收录了一首记述孝全皇后的清宫词这样写道："蕙质兰心并世无，垂髫曾记住姑苏。谱成六合同春字，绝胜璇玑织锦图。"大意是讲孝全皇后幼年时曾随父官居苏州，聪明灵慧堪称一时之冠，学会了许多民间技艺。在宫中曾仿照世俗的乞巧板，斫木片若干方，排成"六合同春"四字，作为宫中新年的玩具，据说，一直到咸丰年间，民间还有人在仿制。

道光二十年（1840年）正月初六，孝全皇后患病。道光即刻陪同皇太后前往看望，命御医百般调护。十一日丑刻（凌晨1至3点），年仅33岁的钮祜禄氏去世。

不过关于孝全皇后的英年早逝，还有一种比较离奇的说法。野史记载，孝全皇后为了保证自己的儿子奕詝能继承皇位，宴请皇子们，席间有一条放有毒药的鱼，并叮嘱奕詝不要吃鱼。事情败露后，皇太后逼其自尽而亡。不过道光朝后宫混乱却是不争的事实。他的妃子们频繁受到降级处分，就连孝全皇后也曾受到严厉的约束。道光十九年六月二十四日，道光曾"谕军机大臣等，传谕乾清宫内殿圆明园总管太监等知之：嗣后无论官私大小事务，有应启知皇后者，除本宫四阿哥四公主事务外，其余俱著先行奏闻。皇后遇有交派事件，亦著具奏，候旨施行。"如不遵者，交内务府大臣从重治罪，决不宽贷。除了皇后自己亲生的四阿哥、四公主的事情以外，几乎是剥夺了她的一切权利。此后仅过了半年就去世了。这也从一个侧面证明，道光朝宫斗比较严重，也许皇后和皇太后之间会存在很深的矛盾。甚至还有一种说法，道光在位29年间，一直未给皇太后建造陵墓，跟后宫矛盾也有一定的关系。

皇后去世后，道光非常悲伤，当日即两次亲临视奠，"遂尔长逝，痛何可言！"伤痛之情，难于言表。皇后去世后，梓宫先于长春园正殿澹怀堂停放，道光每天必亲临皇后灵前奠酒，直至正月二十三日奉移至景山观德殿暂安，13天内无一中断，并下旨亲赐谥号："念自入宫伊始，即肇锡以嘉名，迄乎正位以来，淘克夫乎实行，奉慈帷而成顺孝，秉淑德而成醇全，惟孝全二字之徽称，赅皇后一生之懿范，应即谥为孝全皇后。"皇帝亲赐谥号"全"，是清代仅有的特例。

孝全的梓宫在景山暂安9个月后奉移西陵，道光二十年十月初九日葬入地宫。道光皇帝亲临奉安大典，奠酒致祭。至光绪年间，其谥号全称是：孝全慈敬宽仁端悫安惠诚敏符天笃圣成皇后。

第八节　一反常规的慕东陵

为晚于皇帝去世的皇后单独建造皇后陵是清代陵寝的独特体例，发展到道光朝，已相当成熟，有多处前例可循。但慕东陵却一反常规，不仅埋葬着道光帝的孝静成皇后，还埋葬着他的16位妃嫔，是一座兼具妃园寝功能、规制特别的皇后陵。究其原因，这处后陵是由妃园寝改建而成的。慕东陵位于慕陵东北一华里的双峰岫，建于道光十一年（1831年）至道光十五年（1835年），与慕陵同期建成，是道光时期的妃园寝，后又经过两次改建而成为皇后陵。（图4-27）

慕东陵由妃园寝改建为皇后陵，主要是因为墓主人孝静皇后身份的变化。孝静皇后在道光皇帝临终前的封号为静皇贵妃。咸丰五年（1855年）七月，她病重期间，咸丰念及自己生母早亡，由静贵妃抚养长大，为报答抚育之恩，尊之为皇太后，9天后去世。太后去世理当另建山陵，但咸丰帝并未遵制而行，而是就皇太后的葬地问题专门下旨："至将来大行皇太后奉安，即拟以慕陵妃园寝作为山陵。惟宝城之后，必须筑墙一道，以崇礼制；至围墙亦须有路可通。"仍将皇太后葬于妃园寝内，只是在太后宝城之后加筑一道围墙，形成独立的院落，与各妃嫔相隔。

为将妃园寝改建为皇后陵，咸丰帝派出大臣基溥、庆祺会同前往相度改建事宜。此后，咸丰帝似乎担心此举不为人所解，在皇太后梓宫奉移时，再次下谕称："朕仰大行皇太后，慈恩覆庇，礼极尊崇，山陵大事，亟应敬诹吉壤；惟念慕陵妃园寝，为皇考钦定位次，即为大行皇太后灵爽所凭，自应恪守成规，籍安慈驭。仅将慕陵妃园寝，恭定为慕东陵。"声明不为皇太后单独建陵是因为其葬位是父皇道光钦定，不便更改。

虽然现在道光帝没有一处单独的妃园寝保

图4-27　慕东陵鸟瞰

存下来，但道光皇帝曾建过两处妃园寝。第一处建于清东陵宝华峪，称宝华峪妃园寝。建于道光元年（1821年）至道光七年（1827年），并于同年九月葬入平贵人墓。后宝华峪陵寝因渗水被废，宝华峪妃园寝也随之废弃并拆除。道光十一年（1831年），西陵龙泉峪被确定为道光皇帝的万年吉地，风水师戴泽同、大臣禧恩等同时相度了"砂水环抱，堂局宽展"的双峰岫，作为妃园寝吉地呈报道光帝。经奏准后，与龙泉峪工程同期建造了道光帝的第二处妃园寝——双峰岫妃园寝。在园寝竣工的道光十五年（1835年）九月，将已葬入东陵宝华峪妃园寝的平贵人和已葬入京师田村的睦答应的棺椁迁葬此园寝内，当时亦称双峰岫为"妃衙门"。

据记载，双峰岫妃园寝与昌陵妃园寝的建筑布局基本相似，是慕东陵的原型。此后，双峰岫妃园寝又围绕孝静皇后的宝顶地宫进行了两次改建。

第一次改建在咸丰元年（1851年），规模较小。道光皇帝在位时，曾为静皇贵妃钦定位次于双峰岫妃园寝前排中座宝顶。后道光皇帝又有意对静皇贵妃特加恩惠，于道光二十九年（1849年）十月十六日降谕扩建，称："妃园寝前层中座石券宝顶，著照龙泉峪（即慕陵）宝城式样改修宝城一座。"并定于第二年春天开工。然未及来年春到，道光帝竟于正月驾崩。皇宫里忙着操持皇太后和皇帝两宗大事，无暇顾及此工程。至咸丰元年（1851年）二月二十日，咸丰帝谨遵先皇旨意，才动工扩建前排中座宝城宝顶，至九月初八日工程完成，历时8个月（图4-28、图4-29）。

咸丰五年（1855年）七月孝静皇后去世后，慕陵妃园寝被升格为皇后陵，第二次改建工程开始。此次改建规模较大，历时一年有余。根据慕东陵现存建筑情况和档案记载，其主要改建项目包括以下内容：

所有建筑及墙垣均改用黄色琉璃瓦覆顶；增建神厨库一座、井亭一座、东西配殿各一座、下马碑一对、西焚帛炉一座，宫门外马槽沟上增建五孔平桥一座；隆恩殿月台增设铜鼎二，铜鹿、铜鹤各一；改建隆恩殿两侧卡墙，移至隆恩殿后，增建中座琉璃花门，两侧建随墙角

图4-28　慕东陵石五供及皇后宝城

图4-29　慕东陵石五供局部雕刻

门。筑围墙于孝静皇后宝城环绕,将孝静皇后宝城与其他妃嫔相隔,形成大院中的独立小院,小院与中座琉璃花门相通,院内建石五供,大院与两侧随墙角门相通,大院内其他妃嫔的葬位不变,环卫在小院围墙之外,形成众妃嫔环拱孝静之势。

慕东陵隆恩殿内的彩画图案也极为特殊,天花采用宝相花图案,隔架科采用荷花形状,在清陵中是仅有的特例(图4-30)。

图 4-30　慕东陵隆恩殿天花及隔架科

第九节　慕东陵的皇后和嫔妃们

慕东陵自道光十五年(1835年)建成后,历经道光、咸丰、同治、光绪四朝,至光绪二十三年(1897年)豫嫔入葬,72年间,先后葬入道光后妃17名。(图4-31)其中有一位皇后、一位皇贵妃,她们的位次和名号分别是:孝静皇后前排居中,以墙相隔,墙外东侧并列为庄顺皇贵妃。其余妃嫔15位,分三行排列,分别是:恬嫔、和妃、常妃、祥妃、顺嫔、定贵人、平贵人、李贵人、彤贵妃、成贵妃、睦答应、恒嫔、佳贵妃、豫嫔、那贵人。

图 4-31　慕东陵宝顶序列

在慕东陵的墓主人中,既有孝静成皇后,还有光绪的祖母、宣统的曾祖母庄顺皇贵妃,死后的哀荣堪比皇后。而道光其余15位妃嫔,虽命运不同,却各有故事,与其他朝代相比,有几个特别之处,非常引人注目。一是生育子女的人数少,只有三位:彤贵妃、和妃、祥妃;二是长寿,有四位妃嫔经历了嘉庆、道光、咸丰、同治、光绪五朝，分别是彤贵妃、佳贵妃、成贵妃、豫嫔，年龄最大的82岁；三是有12位曾受到降级处分，分别是彤贵妃、佳贵妃、成贵妃、祥妃、豫嫔、珍妃、顺嫔、恬嫔、恒嫔、李贵人、那贵人、睦答应，这在清代后宫中非常罕见，也从侧面反映了道光朝后宫秩序的混乱。

孝静成皇后

孝静成皇后，博尔济吉特氏，蒙古族人，原隶旗籍已不可考，咸丰五年（1855年）被封为皇太后，其母家随之抬入正黄旗。其祖父兴德曾任浙江乌镇同知，其父花良阿、曾祖昆山、兄弟恩龄都曾官任刑部员外郎。道光三十年（1850年）七月，她已经去世的父亲被咸丰追封为二等子，后又追封为三等公。

先帝妃嫔被嗣皇帝封为皇太后的，有两种情况，一是嗣皇帝的生母，二是先帝的皇后，但孝静都不是。咸丰皇帝奕詝的生母孝全皇后早亡，奕詝自10岁开始便由孝静抚养，为感念抚养之恩，咸丰在孝静临终前封其为皇太后，所以孝静是因为照顾嗣皇帝有功而被封为皇太后，也是有清一代唯一一位以养子荣的皇太后（图4-32）。

道光五年（1825年），14岁的博尔济吉特氏入宫，初封静贵人。入宫不久即身怀有孕，道光六年十月，年仅15岁即为道光生育皇二子奕纲，45岁的道光年届半百方得第二子，格外兴奋，皇子刚过满月即下旨册封静贵人为静嫔。第二年，静嫔再次晋升为静妃。在此后的几年间，又连续为道光生育三位子女，即道光九年（1829年）生皇三子奕继，道光十年生皇六女寿恩固伦公主，道光十二年生皇六子奕䜣。至此，21岁的博尔济吉特氏已为道光生育三位皇子、一位皇女，占此时道光已有子女的三分之一，这除了博尔济吉特氏自身良好的身体素质外，也充分证明了道光对她的宠爱。时隔两年后，道光十四年（1834年），博尔济吉特氏又被封为静贵妃。

道光二十年（1840年）四月，孝全皇后去世后，博尔济吉特氏被册封为静皇贵妃。此后她并未按常例晋升为皇后，虽无皇后之名，却有皇后之实，并负责抚养年仅10岁的皇四子奕詝。

咸丰即位后，感念博尔济吉特氏的养护之恩，在道光去世后仅七天，就下旨册封她为康慈皇贵太妃，对这位养母视同生母，孝敬有加，每日至康慈皇贵太妃宫问安，陪侍康慈进膳，还先后两次陪康慈皇贵太妃巡幸她亲生儿子奕䜣的府第。每每游园、谒陵等活动，咸丰都亲奉皇贵太妃而行，正像史书上所讲的"问安侍膳隆礼尤备，屡奉銮舆游幸"。咸丰之所以对博尔济吉特氏优礼有加，

图4-32　孝静成皇后画像

除了显示自己的感恩外，主要是出于一种政治上的考虑。

博尔济吉特氏的亲生儿子奕訢曾是咸丰帝奕詝继承皇位的有力竞争者，道光虽最终选定奕詝，又担心奕訢受排挤，在传位诏书上除标明皇四子奕詝继承皇位外，还同时注明"皇六子奕訢封为亲王"，道光的用意显而易见。所以咸丰为安慰父皇的在天之灵，也为封堵天下人的口舌，显示自己以仁孝治天下的圣君本色，不仅将奕訢封为亲王，出任军机大臣，委以重任，而且对奕訢的生母晨昏问安，侍膳游玩，礼极崇隆。实际上，咸丰内心对奕訢母子并非真心喜爱，而且和奕訢之间存在着很深的矛盾。

图 4-33　恭亲王奕訢旧照

这一矛盾终于在是否将博尔济吉特氏尊号为"皇太后"上爆发出来（图 4-33）。

咸丰五年（1855 年）七月，博尔济吉特氏病重期间，奕訢多次请皇帝尊其为太后，而且博尔济吉特氏又似有不尊太后不瞑目之意，在这种情势下，咸丰不得已加封博尔济吉特氏为皇太后。但在谕旨中却冠冕堂皇地说："朕维礼曰缘，于义首重慈闱之尊养，孝本乎诚，宜崇母范之鸿称。康慈皇贵太妃侍奉皇考二十余年，徽柔素著；抚育朕躬十五载，恩卹优加。虽懿德伪谦，而孝忱难罄。今谨上尊号为康慈皇太后。"说明尊博尔济吉特氏为皇太后是出于自己的孝敬。就这样，这位因抚养嗣皇帝有功的前朝皇妃，被破例加封为"皇太后"。

博尔济吉特氏终于圆了自己的皇后梦，得到封号七天后，心满意足地闭上了双眼，终年 44 岁。博尔济吉特氏的丧事由奕訢负责，其棺椁于咸丰五年十月奉移西陵，咸丰七年（1857 年）四月二十日葬入慕东陵前排正中地宫内。

博尔济吉特氏去世后，咸丰为发泄心中怨气，将一连串的打击指向奕訢母子。先是以奕訢办理皇太后丧仪"多有疏略之处"为由，罢奕訢一切官职，令回上书房读书。同时大幅减少博尔济吉特氏丧礼规格：不为皇太后单独建陵，而是将妃园寝加以改造升格为皇后陵，皇太后仍和诸妃嫔埋葬在一起；咸丰皇帝不亲自参加皇太后的葬礼；初上谥号字数减少，由 12 字减少为 8 字"孝静康慈弼天抚圣皇后"，而且不系宣宗谥号，宣宗谥号为"成"，称成皇帝，其皇后应为××成皇后，如"孝全成皇后"，但孝静不能称"孝静成皇后"，只能称"孝静皇后"，孝静神牌不升祔太庙，只供奉于奉先殿和陵寝。实质上，孝静只是一位没有正规名分、尚未被祖先认可的皇后。

1861 年，咸丰去世，同治即位，由于辛酉政变的发生，奕訢成为慈禧重要的政治伙伴，奕訢政治地位提高，慈禧对奕訢的母亲也大加封赏，不仅增加谥号字数，而且加系宣宗谥号，神牌升祔太庙，从此后，孝静皇后被称为"孝静成皇后"。至宣统元年，其谥号全称为：孝静康慈懿昭端惠庄仁和慎弼天抚圣成皇后。

光绪祖母——庄顺皇贵妃

在清代，庄顺皇贵妃是一位极其特殊的妃嫔，她虽没有生育过皇帝，但她的后代中竟出了两位大清皇帝，她是光绪的祖母、宣统的曾祖母。

图 4-34　庄顺皇贵妃宝顶

庄顺皇贵妃，乌雅氏，笔帖式灵寿之女，生于道光二年（1822年）十月。进宫后初封秀常在，道光十九年（1839年）七月，奉谕"奉为琳贵人，位次在成贵人之次。"第二年进为琳嫔，并于这年九月生下皇七子奕譞，是时，道光59岁，年届花甲，喜得皇子，欣喜之余，于当年十一月为刚过满月不久的乌雅氏再加封号为琳妃。此后，乌雅氏又接连生育了三位子女，道光二十年生皇九女寿庄固伦公主，二十四年生皇八子奕詥，二十五年生皇九子奕譓（图4-34）。

乌雅氏先后生育了三位皇子、一位皇女，其生育数量与孝静皇后并列第一。由此也可以看出，乌雅氏是道光晚年最宠爱的妃嫔。道光二十六年（1846年），乌雅氏被册封为琳贵妃，居后宫第二位。

咸丰即位后，尊琳贵妃为琳贵太妃。1861年10月，同治即位后，下谕："琳贵太妃诞育醇郡王、钟郡王、孚郡王、寿禧和硕公主，谨尊封为琳皇贵太妃"。同治五年（1866年）十一月，45岁的乌雅氏去世，谥庄顺皇贵妃，丧礼极为隆重。皇帝辍朝五日，大内以下、宗室以上暨王公文武官员穿素服一日，同治帝还亲临金棺前奠酒。同治六年三月初三日，庄顺皇贵妃乌雅氏金棺奉移慕东陵，于同年十月十五日葬入地宫。她的埋葬位置居于前排东侧，与孝静同为第一排，其宝顶规模明显大于其他妃嫔，与孝静成皇后宝顶大小相近。

庄顺皇贵妃乌雅氏去世8年后，同治十三年（1874年），同治帝驾崩，醇亲王奕譞之子、庄顺皇贵妃之嫡孙载湉入承大统，嗣咸丰继同治为帝，即光绪皇帝，成为庄顺皇贵妃后代中的第一位皇帝。光绪十二年十二月，在慈禧太后决定第二年带光绪皇帝谒西陵后，慈禧太后就下懿旨提升庄顺祭祀规格，"嗣后庄顺皇贵妃忌辰，并清明、中元、冬至，著宗人府照改遣例请派致祭。如遇皇帝恭谒西陵礼成后，并亲诣行礼"。光绪十三年（1887年）三月十一日，光绪帝到西陵谒陵，特地到庄顺皇贵妃墓前行一跪三拜礼，奠酒三爵。并仿皇后例，增设忌辰大祭。清代，除了帝后外,享受忌辰大祭和遣官致祭的,只有庄顺和她的儿子奕譞,以及乾隆的端慧皇太子。慈禧还下令为其增设独立的护陵机构内务府、八旗、礼部,建造护陵营房。光绪十六年(1890年),光绪因本年是自己的二旬(20岁)万寿,追封祖母庄顺皇贵妃母家三代一品官职,庄顺之父灵寿的继子笔帖式廷惠著加恩赏给骑都尉,并世袭罔替。光绪三十四年(1908年),光绪去世后,又以光绪弟弟载沣的儿子、庄顺皇贵妃的曾孙溥仪入承大统为皇帝,即宣统皇帝,成为乌雅氏后代中的第二位皇帝。两代天子的出现使乌雅氏家族成为清代末年较为显赫的家族,庄顺皇贵妃也成为清代妃嫔中身份极为特殊的一位。

彤贵妃, 舒穆鲁氏,郎中玉彰的女儿,生于嘉庆二十二年(1817年),比道光小35岁,初入宫封彤贵人。道光十一年(1831年)正月晋嫔,同年九月又降为贵人,次年十一月再封彤嫔。道光十四年,晋彤妃,十六年册封为彤贵妃,舒穆鲁氏20岁已位居后宫第三位。当然这也是深受皇帝喜爱的必然。自道光二十年至道光二十四年间,彤贵妃连续生育三位皇女,即皇七女、皇八女、皇十女。然而就在宠眷正隆之时,意外却发生了。道光二十四年(1844年)九月初十日,在皇十女将满六个月之际,道光突然降旨,将彤贵妃降为贵人。看来舒穆鲁氏这次犯下了十分严重的错误,受到了连降三级的处分,而且至道光去世,再也没有得到晋升。舒穆鲁氏究竟是因何受到如此严重的处分,至今没有见到相关的记载(图4-35)。

图4-35 彤妃画像

按惯例,新帝登基要加封先帝妃嫔,舒穆鲁氏也重新开始了她的晋级之路。道光三十年正月二十一日,咸丰继位,她被晋为彤嫔;咸丰十一年(1861年)十月,同治帝继位后封为彤妃;光绪即位后,奉两宫皇太后之命,封为彤贵妃。此时舒穆鲁氏已经58岁了,仅月余后,于光绪元年(1875年)正月去世,历经嘉、道、咸、同、光五朝;光绪三年(1877年)九月初八日巳时,葬入慕东陵。

佳贵妃, 郭佳氏,正黄旗,生于嘉庆二十一年(1816年),比道光小34岁。入宫年月不可考,初为贵人。道光十六年(1836年)十二月,封为佳嫔。道光二十年(1840年)二月二十三日,道光帝突下谕旨,将佳嫔降为佳贵人。郭佳氏此后开始了和彤贵妃相同的命运,在道光一朝再未得到晋升。咸丰即位后,被封为佳嫔,同治即位,封为佳妃,光绪即位后,奉两宫太后懿旨,晋封为佳贵妃。光绪十六年(1890年)四月佳贵妃病逝于紫禁城内的寿安宫,一生经历嘉、道、咸、同、光五朝,终年75岁;

光绪十九年（1893年）四月十八日卯时葬入慕东陵地宫。

成贵妃，钮祜禄氏，生于嘉庆十八年（1813年），比道光帝小13岁。道光八年（1828年）二月进宫，年16岁，初封成贵人，不久降为余常在；道光十六年（1836年）十月，再升为成贵人；道光二十六年（1846年）十二月，册封成贵人为成嫔；道光二十九年六月十五日，再次降为成贵人；咸丰即位，再封为成嫔，同治即位册封为成妃，光绪继位册封为成贵妃。光绪十四年（1888年）三月三十日申时，成贵妃去世。她是第四位经历嘉、道、咸、同、光五朝的道光妃嫔，终年76岁；一年后，于光绪十五年九月二十四日寅时葬入地宫。

图4-36　和妃画像

和妃（图4-36），那拉氏，卿衔成文之女，是道光帝皇子时代的侍妾之一，也是第一个为道光帝生育子女的妃嫔。嘉庆时入侍绵宁为宫女子（地位最低的侍妾），嘉庆十三年（1808年）生皇长子奕纬。因奕纬是嘉庆长孙，嘉庆帝册封那拉氏为绵宁的侧福晋；道光即位后，嘉庆二十五年九月初五日，封为和嫔，道光三年封为和妃；道光十六年（1836年）四月初四日去世。道光十七年二月初六日入葬慕东陵。

祥妃，钮祜禄氏，郎中久福之女。生于嘉庆十三年（1808年）正月十三日，比道光小26岁，初入宫封祥贵人，道光三年（1823年）进祥嫔。第二年，因身怀有孕被封为祥妃，道光五年（1825年）正月生皇二女。道光九年祥妃生皇五女，两年后又生下皇五子奕誴。至此，祥妃先后生育二女一子，为道光帝频添子嗣功不可没，按常理祥妃的地位应该是比较巩固的。但不知何故，道光十七年祥妃突然被降为贵人。咸丰即位后她被封为祥嫔。咸丰十年（1860年），祥嫔随咸丰皇帝逃往热河避难，第二年正月初六日病逝于避暑山庄，终年54岁。同治即位后，追封她为祥妃。同治二年（1863年）九月初四日，祥妃葬入地宫。

惊吓致死的常妃，赫舍里氏，生于嘉庆十三年（1808年），比道光小26岁，道光时为常贵人，咸丰即位晋封为常嫔。咸丰十年（1860年）八月，53岁的常嫔死于圆明园。常嫔生前虽地位不高，但比较稳定，但她的死境却非常凄惨。咸丰十年，英法联军进逼北京，咸丰逃往热河，常嫔未能随行，仍然住在圆明园的绮春园。八月三十二日，联军进入圆明园，守园官兵誓死抵抗，但终因寡不敌众，未能抵挡住联军的入侵。当晚，英法侵略军进入圆明园，侵略军气焰嚣张，四处乱窜，烧杀抢掠，无恶不作，园内的官兵、妃嫔、宫女等全部乱作一团。面对此景，常嫔竟被惊吓而死，这在历史上恐怕绝无仅有。常嫔死后未能及时入殓，至十余日后的九月初五日，圆明园的差役从外面买来棺木，但未及盛殓常嫔，拉运棺木的车马就被侵略军抢走，办事人也全被吓跑。从这天起，侵略军开始对圆明园进行疯狂的抢掠和焚烧，常嫔的遗体一直拖到九月二十三日丑时（凌晨1时至3时）才殓入棺内，此时常嫔去世已经整整一个月。在尚未消退的夜色掩护下，常嫔的棺木由32个杠夫急忙抬往田村，于田村殡宫西所院内挖一土坑，放入棺木，用土掩埋，地面不留任何痕迹。5个月后，咸丰十一年二月，局势渐趋平静，常嫔金棺才被从墓坑中起出奉移西陵，停放在慕东陵东配殿内进行油饰。同治帝继位后封她为常妃。同治二年（1863年）九月初二日卯时，常妃葬入地宫。

恬嫔，富察氏，侍道光潜邸为侧福晋，道光即位后被封为恬嫔，道光二十五年（1845年）七月十九日去世，同年十月金棺奉移西陵，十月初七日葬入地宫。

顺嫔，姓氏不详，生于嘉庆十四年（1809年），比道光帝小27岁。入宫初为顺常在，后封为顺贵人，道光九年又降为顺常在，咸丰即位后封为顺贵人，同治即位后晋为顺嫔，同治七年（1868年）三月十九日去世，终年60岁。四月初七日，其金棺奉移田村殡宫，并在此停放4年，同治十一年（1872年）四月方奉移西陵，先停放于慕东陵西配殿北次间，第二年二月二十五日葬入地宫。

恒嫔，蔡佳氏，道光十四年（1834年）入宫，初封宜贵人，后降宜常在，道光十八年（1838年）再降为蔡答应。咸丰即位时她被晋封为蔡常在，同治即位时晋封为蔡贵人，同治十三年（1874年）十一月奉两宫皇太后懿旨封为恒嫔。光绪二年（1876年）闰五月初六日，恒嫔去世，第二年九月初八日葬入慕东陵。

豫嫔，尚佳氏，生于嘉庆二十一年（1816年），比道光小34岁。入宫后封常在，道光二十年（1840年）降为答应，咸丰即位时封为尚常在，同治即位封为尚贵人，同治十三年（1874年）十一月奉两宫皇太后懿旨册封为豫嫔。光绪二十三年（1897年）八月二十七日，豫嫔去世，终年82岁，她是道光帝最长寿的妃嫔，经历嘉庆、道光、咸丰、同治、光绪五朝，是道光后妃中离世最晚的一位。豫嫔去世后，同年九月二十三日葬入慕东陵，是慕东陵最后一位入葬者。

平贵人，赵氏，侍道光潜邸为格格，道光即位后，封为平贵人。道光三年（1823年）去世，彩棺暂安于静安庄殡宫。道光七年（1827年）九月，平贵人彩棺随同孝穆棺椁奉移东陵宝华峪，九月二十四日葬入宝华峪妃园寝。道光十五年（1835年）七月，平贵人安葬8年后，其彩棺又从地宫中迁出，重新油饰，九月初八日葬入慕东陵（当时称妃园寝）。平贵人是道光去世最早的妃嫔，也是唯一一位被埋过两次的道光妃嫔。

那贵人，那氏，生于道光五年（1825年），比道光小43岁。入宫后封为禄常在，道光二十年（1840年）晋为贵人，二十一年降为常在，二十五年再降为那答应。咸丰即位她被晋封为那常在，同治帝晋为那贵人，同治四年（1865年）七月去世，终年41岁，同治六年（1867年）三月葬入慕东陵。

李贵人，李氏，生于道光七年（1827年），比道光帝小45岁，是道光年龄最小的妃嫔。道光二十年（1840年）入宫，封意常在，同年十二月降为李答应。咸丰即位后她被晋封为李常在，同治帝封为李贵人，同治十一年（1872年）二月十八日病逝，终年46岁，同治十二年二月二十五日葬入地宫。

定贵人，孙氏，侍道光潜邸为格格，道光即位封为定贵人，道光二十二年（1842年）十二月十四日去世，道光二十五年（1845年）十一月初七日申时入葬。

睦答应，赫舍里氏，满洲正黄旗，初封睦贵人，道光十年（1830年）下旨封为睦嫔，未及册封礼举行，道光十一年（1831年）九月被降为贵人，不久降为答应。睦答应确切离世日期已不可考，道光十五年九月初八日葬入妃园寝，即今慕东陵。

第五章
崇陵与光绪皇帝

崇陵是清朝入关后的第九位皇帝光绪的陵墓,埋葬着光绪皇帝和皇后叶赫那拉氏。崇陵营建于1909年至1915年,跨越了清末民初两个时代,是清西陵境内建造的最后一座皇帝陵,也是清朝乃至中国古代社会最后一座帝王陵,是清王朝灭亡的历史见证。1938年,崇陵地宫被盗掘,1980年清理后对外开放(图5-1)。

图5-1　崇陵鸟瞰

第一节　五朝相度的吉地

崇陵所在地为西陵金龙峪,原称魏家沟,同治时改名九龙峪,光绪时又改名金龙峪。几次更名是因为此地曾经历清朝五代相度吉地,却又曾四度落选。

早在乾隆初期,在相度端慧皇太子园寝福地时,此地就被风水官们看中。乾隆四年(1739年)四月初九日,钦天监向皇帝奏道:"端慧皇太子园寝应于魏家沟地方营造。"乾隆皇帝批道:"此事不必太忙,可交与纳亲、海望,俟万年吉地看定之后,再于附近处所选择。"后来乾隆皇帝的万年吉地确定在东陵境内的胜水峪,所以端慧皇太子园寝也建在了东陵西南的朱华山。

道光皇帝继位后,先在东陵宝华峪为自己修建陵墓,后因地宫浸水而拆除。道光十年,派穆彰阿带领堪舆家戴泽同到西陵一带卜择吉壤,他们曾前往魏家沟详细相度,后来因选中了龙泉峪,才放弃魏家沟。

咸丰皇帝即位后,便派大臣前往东陵、西陵卜择吉地,魏家沟又一次进入风水师们的视野。咸丰二年(1852年)二月二十七日,咸丰皇帝利用谒西陵之机,曾亲自到魏家沟阅视那里的地势。后来著名的堪舆家陆应穀选中了东陵的平安峪,咸丰皇帝更加钟意于平安峪,魏家沟再度落选。

同治皇帝崩后,光绪元年正月,醇亲王奕譞奉慈安、慈禧两宫皇太后懿旨,前赴西陵为同治帝相度陵址。他们踏勘了魏家沟，见那里"气局严整"，实为上吉佳壤。同治皇帝的万年吉地也是同时在东、西陵两地卜择的。经过多次筛选，反复比较，最后就剩下了东陵的双山峪和西陵的九龙峪（魏家沟）。相度大臣们将此两处备选吉地同时上奏，请两宫皇太后裁定。光绪元年（1875年）二月二十一日，两宫皇太后在养心殿西暖阁召见恭亲王奕訢、醇亲王奕譞、内阁学士翁同龢（图5-2）等人，议定同治皇帝的陵址。翁同龢在他的日记中是这样记述这次召见的："……与恭邸等入，见于西暖阁。皇太后流涕不止。诸臣慰问毕，询两边地势。两邸（指恭亲王奕訢、醇亲王奕譞）奏对，语极多。恭邸语意，偏重东边，且谓：'以理，则九龙峪固佳；以情，则臣下不敢言。'圣意遂决定双山峪。"慈禧太后决定将自己的儿子埋葬在自己身旁，于是在东陵的

图5-2　翁同龢旧照

双山峪为同治皇帝建陵，九龙峪再次落选。

光绪三十四年十月二十五日，光绪皇帝去世后的第四天，隆裕太后派溥伦、陈璧驰往东西陵为光绪皇帝选择陵址。溥伦、陈璧带领风水官在东陵、西陵经过两个月的勘察，踏看了许多地方，反复筛选，最后选出了四处风水最佳的备选吉地，即东陵境内的兴隆台、长龙岭，西陵境内的丁家沟和金龙峪（原九龙峪）。

尽管这四处的风水都不错，但相对而言，风水师们最推崇的还是金龙峪。溥伦、陈璧根据风水官们的论证，经过详慎选择，认为金龙峪"左列旗枪，右张华盖。水环流而清晏，砂朝拱以伏从"，谷地平坦，群山环抱，负阴朝阳，确实在备选吉地中风水最佳，因此具折上奏，推荐金龙峪为万年吉地，并将风水说帖一并恭呈御览。光绪三十四年（1908年）十二月十四日，宣统皇帝发布上谕：金龙峪谨定为崇陵，即行择吉兴工（图5-3）。

曾经五朝堪选的金龙峪，终于成为光绪皇帝的万年吉地。

图5-3　金龙峪地势图（故宫博物院图书馆藏样式雷图档，光绪元年雷思起 绘）

第二节
光绪亲选陵址的见证——"金龙峪金星宝盖志桩"

2024年3月底,西陵发现了一件重要的标志性文物——"金龙峪金星宝盖志桩",这是清西陵文物史上的一次重大发现。金龙峪即今崇陵所在。

1. 志桩发现经过

2024年3月26日,易县清西陵文管处保卫科科长武鹏在与易县文保所所长李连柱沟通工作时得到一个消息,易县梁格庄镇南百泉村村民张月忠向他们反映和西陵相关的一件文物的事。于是武鹏立即与张月忠见面并详细了解相关情况。

张月忠从事古建维修工作,有一定的文物保护意识。一次在北京的一个展览中看到一张照片(即1909年载洵与金龙峪金星宝盖志桩的合影,图5-4),照片里有一个石桩,上面写着"金星宝盖"四个字,他立即想到曾经在自己家院子里放置几十年的一个石桩就是这个样子,也刻有"金星宝盖"四个字。这件石桩是他爱好收藏的父亲走村串户搜集来的。父亲去世后,大约6年前,他因翻盖住房,觉得碍事,就用三轮车拉至村中垃圾坑丢弃。此时他意识到,他丢掉的石桩应该是一件珍贵的文物,于是马上向文物部门进行了报告。

武鹏立即将此情况向单位领导进行了汇报,此事得到了清西陵保护区管委会副主任杜阳同志的高度重视,他立刻派武鹏会同张月忠前去寻找,并将此事向梁格庄镇政府和南百泉村委会进行了通报。

3月27日上午,清西陵文管处副主任许海建、武鹏和相关工作人员及镇村相关领导一同来到现场,按照张月忠的回忆地点,用挖掘机在大坑中央开始挖掘,挖了大概有20分钟也不见踪影。这时,附近一位老人过来说,垃圾坑中间的杂物都是他填埋的,应

图5-4 宣统朝崇陵工程照片《金龙峪金星宝盖图》,旁立者为钦派承办崇陵工程的光绪皇帝的胞弟载洵

图 5-5　金星宝盖志桩正面　　图 5-6　金星宝盖志桩背面

该在大坑的边缘地带找。于是挖掘人员在垃圾坑的边缘处开始挖掘，没想到仅仅用了几分钟，就挖到了金星宝盖志桩（图5-5、图5-6）。

石桩是一件六棱石柱，青白石质，高0.6米，棱宽均0.11米，底有榫，平顶。桩身正面阴刻"金星宝盖"四字，背面阴刻"光绪十三年三月十四日志"11个字。经查阅清史档案确认，此石桩便是金龙峪金星宝盖志桩，它是光绪十三年三月十四日于金龙峪择定陵址的实物证明，也是目前清代皇陵选址志桩中唯一被发现的一个，对于清史和清代陵寝研究都具有极其重要的价值。

2. 清代陵寝选址的珍贵物证

"金龙峪金星宝盖志桩"，名字很神秘，它跟陵寝选址和风水密切相关。清代，风水师们在寻到了一处完美的山水形胜之地后，便要点穴，即确定地宫的核心——金井的位置，以判明土层地质情况，看是否符合陵寝建筑的要求。据天津大学王其亨教授研究："点穴后，先破土挖出一个磨盘大小的圆坑，初步探查穴处土质，然后在圆坑上覆盖以斜形的木箱，以后就永远不让这个坑再见日月星三光。在穴中前方一定距离内竖立志桩，穴中和志桩均慎加保护，直至动工。"在光绪崇陵陵址金龙峪所立的志桩就是此件"金龙峪金星宝盖志桩"。

穴中位置就是金井的位置，在陵寝中具有显著而重要的地位。陵寝动工后，要破土开挖地宫的基槽，即大槽，此时志桩不再保留，点穴所挖地质探井也逐渐消失，只在穴中正下方保留原土土墩，称为金井吉土，金井吉土的上皮就是地宫的地平面。等皇帝入葬前，要有王公大臣将陵寝兴工动土时初掘的金井吉土捧入地宫，置于金井中。1980年光绪崇陵地宫金井中就出土了一包用黄绫布包裹的原山吉土。金井不仅是陵寝建造的核心，古人认为它还有"沟通阴阳，交流生气"的作用，因而备受皇室成员重视，多藏金玉宝器。皇帝入葬后，金井正好位于皇帝棺椁下方的棺床正中央。正是因为穴中如此重要，在穴中前方要竖立保护标志，即志桩（图5-7）。

3. 光绪生前选择陵址的实物例证

图 5-7　崇陵地宫宝床正面。中间覆盖以斜形木箱的地方为陵寝穴中所在，即金井的位置

这件志桩的发现，以无可辩驳的实物证明：光绪十三年三月十四日曾于金龙峪择定陵址。

历史上很长一段时间内，人们都普遍认为崇陵是光绪去世后才择定的。这是因为所有清代官方文献上对光绪生前择定陵址一事都没有记载。而在《宣统政纪》中却记载，光绪去世后，隆裕太后下旨"大行皇帝尚未择有陵寝，著派溥伦、陈壁带领堪舆人员，驰往东西陵敬谨察看地势。"明确表示光绪帝生前没有选择万年吉地。

最早对此质疑的是文化部研究院的于进化先生，他在中国第一历史档案馆发现了一份《金龙峪图》，图中画有金星宝盖，在宝盖旁清楚地写有"石柱系光绪十三年三月十四日立"字样。在他 1981 年出版的《清东陵与西陵》一书中首次提出"崇陵之选择与确定，当在光绪生前而不是死后"。后来天津大学建筑系王其亨教授又对此进行了更加深入的研究，在 1989 年发表了《光绪生前于金龙峪择定万年吉地的史实》一文。

王其亨教授从光绪十三年（1887 年）三月初七日至十七日随从慈禧太后和光绪皇帝展谒西陵的大臣孙鼎烈、潘祖荫和翁同龢等私人著述上发现了端倪。在孙鼎烈的《永宁山扈从纪程》、潘祖荫的《西陵日记》和翁同龢的《翁文恭公日记》中都有关于光绪十三年选择陵址过程的记录，尤其以翁同龢在日记中记载的最为详细。

光绪十三年三月十二日，光绪皇帝赴慕陵行清明大祭礼。礼毕后，光绪皇帝先到九龙峪相度吉地，随后又陪同慈禧太后再次到九龙峪查看。翁同龢同时还记述了光绪皇帝赴九龙峪时发生的一桩意外："是日，上到九龙峪，过一桥，桥栏为风所折，幸马未大惊。"第二天，即三月十三日，遵照慈禧太后的懿旨，翁同龢与醇亲王、看风水官英年及其他官员再赴九龙峪相地。慈禧太后在实地查看时，还亲自立石定穴，但翁同龢和风水官等都认为慈禧所立穴位于风水不适宜，但又不能直接违逆顶撞太后，最后翁同龢想出了一个办法，妥善地解决了这个问题。他令画工"以四面山图""注明节数"，就是画出此地的风水形势图，"画图于昨日立石处，签'过脉处'三字"，明白指出此处是风水中的过脉处，不适合立穴。日记中还记载了相地后的有关事宜：

醇亲王撰拟奏折，英年拟写说帖，"极言此地之佳"，然后将奏折、图说呈上御览等。慈禧太后也是聪明绝顶之人，见到呈览的画图，即明白了大臣们的意思，不再坚持自己所定穴位。

同时，王其亨教授在北京图书馆众多的清代样式雷图稿中发现了一幅光绪十九年绘制的《金龙峪金星宝盖图》，图中记有："西陵魏家沟，同治改九龙峪，光绪改金龙峪。"意思是说，金龙峪，原名西陵魏家沟，同治年间改名九龙峪，光绪年间又改称金龙峪，对光绪生前择定陵址的史实进行了进一步的佐证。

法国军人欧仁·凤撒吉利非，1900 年在清西陵调查时，光绪帝仍健在，金龙峪处于备选的准陵址状态，但他 1906 年出版的调查报告《西陵》中已直接使用"光绪帝陵"的称呼。"光绪陵位于阿哥陵以北 1800 米处，石柱底部为一座砖砌 1.5 米见方的平台，其上基座 75 厘米见方，正中竖立一根 75 厘米高的大理石六棱柱，顶部放置一颗石球。柱体正面雕刻陵名'金星宝盖'，背面镌写竖立时间'光绪十三年三月十四日誌'。"根据照片和前述资料显示，西陵目前找到的金龙峪金星宝盖志桩并不完整，只有柱身，缺少顶部圆雕石球帽和底部大理石基座。从实物来看，柱身底部的榫正是用来和底座连接的（图 5-8）。

图 5-8　光绪陵金星宝盖图　〔法〕欧仁·凤撒吉利非《西陵》

金龙峪金星宝盖志桩的发现，为前辈学人对光绪生前择定陵址的判断提供了更加有力的物证。

既然光绪十三年慈禧、光绪帝对九龙峪进行了反复踏勘，立了志桩，又改名金龙峪，后来还绘制了《金龙峪金星宝盖图》，但是为什么没有载入官方文件呢？而是在光绪死后，又以"大行皇帝尚未择有陵寝"为由，派出大臣重新相度呢？

清代陵寝史专家徐广源先生认为："光绪十三年那次并没有完全确定金龙峪为陵址，虽然立了'金星宝盖'，只是作为备选陵址。因为以前其他皇帝选陵址都要选出多个备选吉地，许多备选吉地都点了陵穴的。"他认为，金龙峪只是一块备选吉地，并没有以官方文件的形式确立下来，所以才有了光绪去世后的再次选择陵址。这也是一家之言。

但更多的人认为是由于政治方面的原因。一方面，当时的清王朝面临严重的内忧外患，如 1885 年中法战争败局、1895 年中日甲午战争失败后的割地赔款等，致使山陵大工一直未能认真准备与实施。另一方面，光绪皇帝亲政后，与慈禧太后政见相左，想极力摆脱慈禧太后的控制，感情日渐疏离，尤其是戊戌变法后，更是势同水火，光绪皇帝被囚禁，慈禧太后甚至密谋废黜光绪帝位。光绪皇帝宝座都坐不稳了，与帝位相匹配的万年吉地事宜自然也就搁置一旁了。也正是因此，光绪生前选择陵址一事没有官方记载也就不足为奇了。

4. 崇陵开工后志桩的去向

那么"金龙峪金星宝盖志桩"在崇陵工程开工后应如何安置呢？据档案记载，1909年3月，崇陵工程开工之际，负责崇陵工程的贝勒载洵等就在金星宝盖志桩前留影，为金龙峪金星宝盖志桩留下了珍贵的影像资料，也成为现在寻找到这件重要文物的关键线索。载洵等同时奏明，"臣等督促堪舆工匠人等，谨将金龙峪金星宝盖志桩交西陵承办事务衙门敬谨收存"。西陵承办事务衙门所在地为西陵凤凰台村，距离南百泉不足5公里，因而能被张月忠的父亲收集到，也极为正常。

崇陵开工后，"金龙峪金星宝盖志桩"移交至西陵承办事务衙门存放，至今已过去100多年，其间沧海桑田，志桩遗落在民间杳无踪迹。一个偶然的契机，使这件文物百年后终于得归其所，重回公众视野。它不仅是光绪帝生前曾勘定陵址于此的实物见证，也是光绪朝慈禧太后专权的生动写照，更是研究清代陵寝难得的珍贵实物资料。

第三节　停工易主

宣统元年闰二月十七日（1909年4月7日）崇陵工程兴工，宣统三年十二月二十五日（1912年2月12日），宣统皇帝宣布退位，崇陵工程不得不暂时停工。根据与民国政府签订的《皇帝辞位优待条款》第五款规定："德宗崇陵未完工程，如制妥修，其奉安典礼，仍如旧制，所有实用经费，均由中华民国支出。"崇陵工程易主，成为民国政府的工程（图5-9）。

民国政府虽然有承诺在先，但对崇陵工程却一直拖延应付，而光绪皇帝已经去世三年之久尚不能入土为安，隆裕皇太后曾下懿旨过问崇陵及妃园寝工程事宜。1912年3月至6月间，清室一再和民国政府交涉，民国政府则以多种理由推诿，先是让列出工程进展明细，后又要详尽的财政预算明细。那么崇陵工程在移交民国政府前，清朝政府已经完成的工程到底有多少呢？据档案记载，大致情况如下：

崇陵工程共分四段施工，一齐推进。第一段为地宫、宝顶、宝城、方城、明楼等。

第二段为陵寝门、隆恩殿。第三段为配殿至三路三孔桥。第四段为神道碑亭至五孔桥。

移交民国政府前已经完成的工程情况如下：

第一段：宝床五张及右门框成安已齐，金券方位青白平水石已安至第六层，金券穿堂券分位现安第二层青白平水石，并下金锭砌新样砖背后灌浆，方城埋深现安第六层并下银锭灌浆，明楼承做大木缠箍，西进深墙外马槽沟刨槽起土（图5-10）。

第二段：隆恩殿现安青白石圭角下熟铁锔，院内海墁背底平立墁新样砖灌浆，琉璃花门台基安第六层豆渣石料，月台安第六层平水石料，西北来水河现筑打第二、三步灰土，东北来水河现筑打第一、二步灰土（图5-11）。

第三段：隆恩门现安青白石下枋，东西配殿并成做大木并斗科、安青白石押面，院内海墁平立新样砖灌浆，三路三孔桥现安第二层装板石下银锭，东西两便桥安第二层装板石灌浆。

第四段：碑亭錾打龙蝠碑身、水盘、柱顶大件石料，牌楼门錾打石柱子、门槛、蹲龙并管脚柱顶等件石料，神厨库现錾打衬平大夯锅灰土，省牲亭现安青白石荷叶

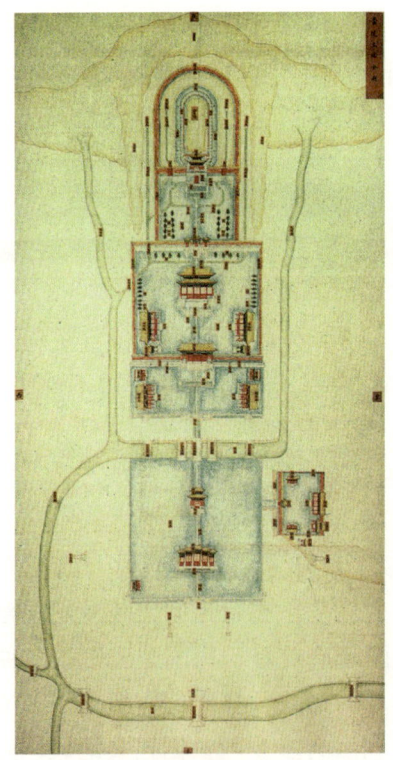 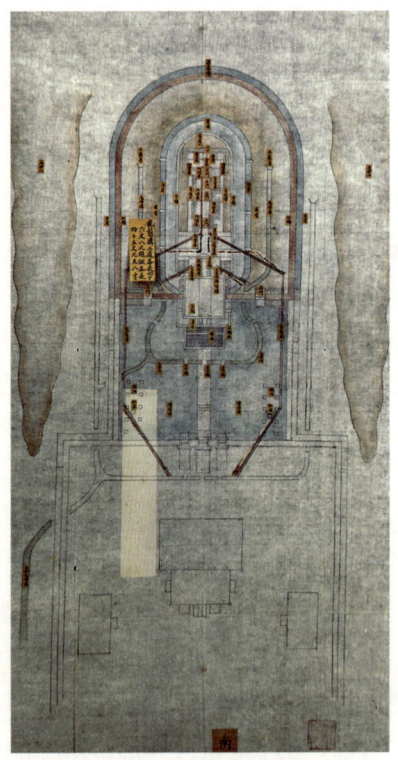

图 5-9　崇陵地盘全图（故宫博物院图书馆藏样式雷图档，宣统元年雷献祥　绘）

图 5-10　崇陵头段地宫等分修图

沟垫□灌浆，五孔券桥以东刨挖河桶（图5-12）。

妃园寝：两宝顶砖券并隧道，背后錾打大夯锅灰土已齐，现灰砌新样城砖，宫门海墁西一半灰砌新样城砖背底，内务府营房平垫地基錾打灰土锅(图5-13)。

此时，除个别桥座外，全段最为紧要且艰难的地下基础与地面台明工程已近尾声，只有台明以上工程尚未开展。此外，采买架木、购办楠木、烧造金砖、铸运铜件等大量建材也早已购置妥当。

民国政府经过百般推诿，直到1913年（民国二年）才由国务总理赵秉钧作为工程督修呈请民国临时大总统袁世凯，委派凌福彭作为代表驻工，并成立崇陵工程处，继续施工。

崇陵工程于1913年3至4月第二次开工，工程分为首要、次要、要工三类，逐一赶修。其中首要的地宫工程于当年10月底完成，光绪帝后和珍妃随即于12月13日奉安地宫，其他地面工程于1915年1月12日竣工，13—19日交由逊清皇室内务府和西陵承办事务衙门接管。（图5-14）。

图5-11 崇陵建造施工全图侧面

图5-12 崇陵建造施工全图正面

图5-13 崇陵妃园寝施工旧照

图5-14 崇陵竣工旧照

自 1909 年 4 月至 1915 年 1 月，历经 7 个寒暑，中国最后一项皇室工程即中国历史上最后一座皇帝陵——崇陵，终于完工。崇陵工程，是清皇室与民国政府两个时代的合作工程，是中国历史由帝制时代向宪制时代迈进的历史见证。

第四节　罢工风潮

崇陵是光绪去世后才营建的，属于应急工程，最重要的是赶工期，以期尽快让皇帝入土为安。天津大学陈书砚博士在东京大学东洋文化研究所所藏档案中发现，就在工程最紧要的 1911 年夏天，却连续发生工人罢工事件。

清朝末期，工程的工官制度发生了重大变化。陵寝工程同时由多家木厂（即包工队、建筑公司）分别承包，甚至有时一座建筑由二家木厂承包。崇陵工程就是这样。据 1913 年担任驻守西陵禁卫军连长的杜如松回忆，承修崇陵的厂家有兴隆木厂、斌兴木厂、广丰木厂、德源木厂、广和木厂、二合公柜、三合公柜等 20 余家。由于朝廷资金不能按时到位，承建崇陵工程的木厂不能按时得到工程款项，于是拖欠、压低工人工钱和待遇之事常有发生，厂商和工人之间的矛盾积累越来越严重，最终酿成了几千人的大罢工。这也是清代皇室工程中罕见的案例。

罢工先由石匠引发。宣统三年（1911 年）六月八日，崇陵工地石匠罢工，广丰木厂工头张正恳请赵偑统领出兵捉拿工匠。追至山内，赵偑诱 6 名为首者入营商议，经过协商，只要工匠上工，即可令厂商满足工匠提出的加薪条件，保证饭食，核发工钱。双方达成协议后，先放出二名工匠通报全工，另外四名则扣为人质。然而事态的发展却出人意外，傍晚时分，就在官员们正在商议此事之时，突然营门口聚集了上千名工人来索要人质，协商解决宣告失败。无奈之下，只好将人质押送审判厅。但事情并未就此平息，反而由单纯的罢工演变成官府、厂商和工人之间的剧烈冲突，先后爆发了三次几千人抢夺饭食事件。

时隔半月，即宣统三年六月二十二日清晨，各工种小工全体罢工，并一度聚集三千余人，在厂商往崇陵工地的必经之路永福寺附近伺机抢饭。因消息走漏，工程监督通报工地驻军迅速前往，但由于工人人数众多，不能强行弹压，只能好言相劝护送解散。但工人却骗过护军，藏于山后，待送饭的饭挑路过永福寺山门前，蜂拥而上。这些工人抢夺饭食，却并不食用，而是将饭食全部打翻在地，其目的是通过干扰正常作息，逼迫木、瓦、夯夫等工匠随同罢工，使工程全面停工，从而威胁官、商两方答应工人们提出的要求。

当晚八时，工人以放炮为号，再次聚集千余人涌向广丰厂商索要饭食。这时虽然已过饭点,为了避免工人吃不到饭会转向梁格庄街市滋扰抢夺商铺,造成更大的混乱,广丰厂商只好再次备饭。然而抢夺饭食行动并未因此停止。

第二天,即宣统三年六月二十三日黎明时分,工人仍然以炮声为号,聚集大量人众至送饭路上,再行抢夺饭食,场面十分混乱。而此时,又逢工次储备不足,当日断粮,导致瓦木各工种全部罢工。

隔天,六月二十五日,第三次爆发抢夺饭食事件。下午四点,有数千工匠向广丰厂商抢夺两车馒头。恰在此时,又有数千游民闻风投机而来,推波助澜,事态已趋失控。

面对不断恶化的局势,经请示崇陵工程的最高负责人载洵,一面督饬厂商从速解决纠纷,派兵守护行宫、崇陵工地和各厂商大门;一面安抚工匠,并设法捉拿顶风作案的首犯。

经过调查,罢工的起因是崇陵工程承包厂商拖欠工人工资,导致工人为要求核发和上调工资而举行罢工。经过一番紧锣密鼓的协商,七月初五日,各厂商迫于官方的压力,按商谈的价格与工人结算。七月初九日,各厂石匠徒弟最先复工。

七月十三日,又爆发了土工聚众滋事事件,护军迅速拿获为首6人,并于第二天突击传集土工认同既定所涨工价。直至七月十七日,崇陵工次各工全部复工。

在一个多月时间内,数千人规模的罢工即达6次,最频繁的两日内达到3次,强度之大、爆发之剧烈,都是清代皇家工程中仅有的,从一个侧面反映了社会大变革时代皇权的渐趋式微。

第五节　接轨近代科技的崇陵

光绪皇帝的崇陵在建筑规模上不如泰陵、昌陵那样宏伟,也不如慕陵那样精致,但它基本上保持了皇陵的体面,满足了陵寝礼制的所有要求,而且在效仿祖制的同时,由于近代科学技术的应用又有许多创新(图5-15)。

作为社会大变革时代的产物,在西学东渐思潮的影响下,崇陵工程在传统营建方法的基础上,将大量近代科学技术和材料应用到施工过程中,使其具备了历史上其他皇室工程所不具备的新特点,具有强烈的时代气息。

为了增强排水效能,每座宫殿基部外都有2米宽的散水,明楼前和三座门前分别挖砌了御带河,地宫内凿有14个水眼与龙须沟相通(图5-16)。崇陵明楼及大殿木构架采用桜楠木,俗称铜藻铁藻,因其质地坚硬,有"铜梁铁柱"的美誉。梁架之间增加了蝴蝶形隔架科,既能托顶,又增加了观赏性。隆恩殿内四根明柱,底部

图 5-15　崇陵牌楼门

图 5-16　崇陵地宫龙须沟出水口

有海水江涯图案，上部为一条金龙盘绕向上（图 5-17）。陵寝院墙内还栽种 108 株银松，陵寝门内两侧栽种 18 棵罗汉松。崇陵较其他帝陵别有一番风韵。

崇陵施工过程也是一波多折。开工后的第二年，工程就遇到了前所未有的困难，几乎难以继续。在地基开槽时，发现全段工程地质条件极其恶劣。地基下方砂石山体较多，凿打颇为费力，不易打桩；有的地方则有地下暗流，无法回避。下桩、灌浆、夯筑等工序是较为传统的建筑基础施工工艺，基础工程又是工程的关键所在，在全段工程遇到难题后，承修大臣载洵一筹莫展，只好如实上奏。但以隆裕太后和摄政王载沣为首的朝廷对此也束手无策，无可奈何地批道："即著承修大臣妥筹善法，以期巩固而昭敬慎。"

经过承修大臣们的反复讨论，决定采用增加打桩数量、调整灰浆的做法，并大胆使用最新型的建筑材料水泥，以增加基础防渗性能。崇陵工程所使用的水泥为"唐山厂新制之灰"，据推测极有可能是光绪十五年成立于唐山的民族企业"唐山细绵土厂"所生产的马牌新型水泥。

图 5-17　崇陵隆恩殿内景

崇陵工程的建材运输方式和前代也完全不同，不单纯依靠人力、畜力，而是采用火车、铁轨运输。1903 年，新易铁路建成通车，并直达西陵梁格庄行宫。崇陵的建材也多由火车运往梁格庄火车站。但从火车站转运到工地仍需人工畜力拉运大车，由于工程施工紧张，需工人数众多，在易县附近很难再雇佣到大量的人力畜力从事运输工作。崇陵工地地势低洼，仅仅为运料所需垫土铺路的土方量就非常巨大。而砖、瓦、灰、石、木等材料，不仅所需人力巨大，又担心损坏。

基于以上三个原因，宣统元年八月，承修崇陵工程的各家厂商呈请自费修筑梁格庄火车站至崇陵工地的铁轨，并说明如果改为铺设铁轨运送工料，则崇陵和崇陵妃园寝皆可使用，极为便利，如果选址得当，在原有道路旁设置，还不影响日常通行和车脚运料。16家厂商自行出资建设，共同使用，而兴隆厂自称"所需材料甲于各厂……于运料之际免与各厂争先后"，所以计划单独铺设铁轨。因为仅有两公里的距离，开行车头耗费颇大，又涉及日常维护，并不经济，新铺设的运料铁轨不用火车头作为动力，仍用人工拉运。在得到批准后，宣统元年九月底，铁轨到工并开始铺设，这在中国皇陵建设中尚属首次。铺设铁轨运输物料，所带来的便利与人畜拉运远不可同日而语，大大提高了运输效率（图5-18）。

图5-18　停靠在梁格庄站台上的小火车

除了水泥和铁轨，在崇陵工程施工过程中，还大量使用电报作为上下沟通的方式，大大缩短了文件往返时间，为及时妥善解决施工中的各种问题，尤其是为快速平息罢工风潮争取了时间。同时，摄影技术也在施工过程中得到全程应用，崇陵工程从勘察测绘到施工、竣工，全程采用当时先进的摄影技术进行记录，为今天研究古代建筑留下了大量珍贵的资料。

第六节　崇陵被盗和清理经过

1938年秋冬之际，抗战烽火已燃遍大江南北，清西陵的守卫也早已名存实亡，由皇室后裔和日本人组成的警备大队名义上是护陵，实际上一直驻扎在易县城内，很少到陵区来，各陵也只有一名看守人员。这一年，一股不明身份的武装人员盗掘了崇陵地宫。至今，地宫内仍保留有当年盗墓的痕迹（图5-19）。

盗墓者对崇陵地宫的结构非常熟悉，他们从哑巴院影壁墙前撬开墁地方砖和条石，凿开墁地砖下面的油灰浇筑的城砖，挖掘出一条深洞，一直来到地宫封门墙前

图 5-19　崇陵地宫内的盗洞遗迹

面。由于封门墙是用巨大的条石采用卯榫对接的方法垒砌而成，极不易打开。但是，他们并没有像孙殿英盗掘东陵那样使用炸药强行爆破，而是沿封门墙外面一直向下挖，直达封门墙地基下面的土层，而后向北越过墙基，再向上翻挖，拐了一个 U 形，从而绕过封门墙，进入地宫内的隧道券。而后，用工具将四道石门的顶门石拨开，进入停放光绪帝后棺椁的金券。盗墓者用斧头将光绪棺椁正面打开了一个直径约三尺的洞，把光绪的尸骨拖到棺外，将棺内随葬品盗走；又将隆裕皇后的棺椁盖子从上面整体掀开，盗走了随葬物品。盗墓者还打碎了册宝箱，盗走了珍贵的册宝和香宝。

1980 年 4 月 15 日，在确定泰陵地宫停止挖掘回填后，国家文物局副局长孙逸仙建议："如果有被盗的陵，你们可以试探地挖掘一下，如果真的被盗了，给国家文物局写一个请示，经过国家文物局专家现场查看后，就可以正式挖掘了！"根据他的建议，4 月 17 日，河北省和保定地区联合发掘队决定对崇陵的盗洞进行试掘。崇陵盗洞位于哑巴院的影壁墙南面，东西 1.46 米、南北 0.99 米，有明显回填遗迹。工作人员首先将盗洞内的碎砖清理出来，发现盗洞内存约 50 厘米深的积水，将积水掏净后，能感觉到地宫内的凉气顺着盗洞一阵阵袭来。

盗洞很小，仅容一人观看。经过研究，决定由河北省文化局文物处处长孙德海先进去查看，继孙德海先生之后又有几个人从盗洞进去。进入地宫的人们发现：地宫里有漂亮的汉白玉石雕，四道石门的东扇门均被打开，墓室内被盗墓者翻得乱七八糟，地面上有一层泥浆样的东西，有许多长长的冰凌吊在地宫顶部，也有很多长在地上。

这一行人查看完盗洞现场后，立即向国家文物局进行汇报。盗洞进行回填，等待批示。

1980 年 5 月 5 日上午，国家文物局派人来视察了崇陵地宫，确认被盗过。5 月 6 日，国家文物局批准清理崇陵地宫：

国 家 文 物 事 业 管 理 局
关于清理崇陵地宫问题的复函

（80）文物字第 117 号

河北省文化局：

你局呈报《关于清理崇陵地宫的请示报告》收到。经研究，同意你们对崇陵地宫进行清理。清理工作一定要严格按照科学办事，不能马虎。要详细做好文字、画图、照相等各种记录，并随时将工作情况和结果告我局。

国家文物局办公室
一九八〇年五月六日

6月15日，崇陵地宫保护性清理工作正式开始。这次清理工作由保定地区和易县组成的联合工作队负责，主要成员有付启、陈宝蓉、夏清海、张金茹、赵辉、伊术敏等。付启担任清理工作总指挥，夏清海负责拍照，张金茹负责文字记录。西陵派出所一位姓高的民警和西陵文保所王国福负责安全保卫。西陵文保所负责后勤保障工作。驻地部队派出一个连的战士负责具体施工。驻地部队的军医周长锁负责医疗救护工作。根据档案记载和对当时参与者的调查采访，崇陵地宫的清理过程如下。

挖开墓道

因为盗洞是从影壁墙前面的哑巴院挖开的，所以清理工作首先从盗洞开始。为了安全起见，施工前先用水泥浇筑好一根长5米、厚60厘米的过梁安放在影壁墙下。然后开始清理影壁墙前面盗洞周围的地面，主要是将墓道全部挖开。整个墓道用青灰砖砌填，每层砖下铺有3～6厘米的白灰。墓道呈斜坡状，由南向北，越来越深，是一条用长方形青灰砖陡摆的礓磜。修筑这样的礓磜就是为了帝后入葬时方便用龙𰞃车运送棺椁。墓道开始深10厘米，最深处2.9米，共长10.25米，宽3.8米。墓道的北端就是地宫的封门墙。打开封门墙就可以进入地宫了（图5-20）。

打开封门墙

封门墙是用巨大的条石垒砌而成的，每层条石之间都用卯榫对接的方式进行紧密的咬合，根本没有办法从外面取走任意一块条石。如果处理不好，很可能会造成整个墙面的瞬间倒塌，甚至会造成人员伤亡。工作人员经过反复的研究和试验，想尽了办法都没能在封门墙外撬动它的一块石头。

持续了一天以后，工作组最后决定从盗洞钻进去，在里面用钢钎撬最顶部的一

图5-20　1980年崇陵地宫发掘工作照

块石头。经过用钢钎反复用力撬动,这块石头终于被错开了一条缝,然后用绳子套住封门石,十几名施工战士齐声喊着口号,用了近10分钟的时间,第一块封门石被拉了下来,很快12层40余块封门石被一一搬动下来。这时发现相邻两层封门石的中间分别有凹槽或凸棱,二层紧扣,每层都有拉力,最上面一层则用铁锔子和券顶石紧扣。面对如此坚固的石墙,盗墓者当然无能为力。

进入地宫

打开封门墙后,进入地宫。6月的北方已进入了盛夏,可地宫内白霜倒挂,寒气袭人,墙壁上挂满了水珠。

地宫全长64.05米,内有隧道一条、四道石门、九道券,分别是隧道券、闪当券、罩门券、门洞券、明堂券、门洞券、穿堂券、门洞券、金券。

四道石门每扇门高3米、宽1.5米,都用整块石料雕成。每道门的上面都有巨大的铜管扇,以支撑上面的压力。整个门外沿厚、内沿薄,重心在门轴一边,石门启闭轻便。每扇门上都雕有兽头铺首一个,正中雕有菩萨立像一尊。每道石门的东扇门均被打开,错开约几十厘米的缝隙,能容一个人侧身而过。西扇门还关着,顶门石顶在西扇门上。

四道石门的菩萨分别是:第一道石门东文殊菩萨、西大势至菩萨;第二道石门东观音菩萨、西地藏王菩萨;第三道石门东虚空藏菩萨、西除盖障菩萨;第四道石门东慈氏菩萨、西普贤菩萨。令人感到不解的是,只有第二道石门的菩萨雕像为长胡须的男像。

穿过第四道石门就是地宫的主室——金券。金券是9个券中最大的一个,高9米、长12.32米、进深7.22米,金券内有5块青玉石铺成的宝床一座,长12.25米、宽3.83米。光绪帝棺椁置于宝床正中,隆裕皇后棺椁在光绪帝的东侧并排停放(图5-21)。

墓室内被盗墓者翻得七零八落,光绪帝的棺椁南端挡板被凿开一个洞,脚趾骨落在石床上。隆裕皇后的棺椁破坏更严重,外椁和内棺的顶板全部被掀开,翻搭在光绪的棺椁上。宝床前左右尚有两座石制的安放册宝箱的须弥石座。16块绘有五彩山水云龙的龙山石本应是在棺椁四周的夹棺石,东倒西歪地散落在棺床下,棺板的碎木屑及册宝箱被扔在地上,一片狼藉。光绪棺椁北侧石床上,还放有

图5-21　1980年地宫清理工作照

一个雕有龙头的汉白玉石雕。

清理棺椁

首先清理的是光绪皇帝的棺椁。光绪皇帝的棺椁为楠木制作，外漆素金黄色，四壁用梵文书写着四大天王的咒语。棺椁长 2.51 米、宽 1.57 米、高 1.7 米。椁盖的北端有葫芦形的木板，这是满族特有的葫芦材。

清理棺椁内时，人们发现光绪皇帝的尸体只剩骨架，贴身穿的衣服已烂得不成样子，无法辨认，只有一件龙袍还看得比较清楚。棺内没有发现任何铺盖物，随身佩戴的装饰物全部被盗空，尸骨下面垫一层 6 厘米厚的檀香木料，檀香木料下面还有 4 厘米厚的青灰色粉面。

棺内四周围有五色织金梵文陀罗尼经缎 5 层和各色金龙彩缎 8 层，共 13 层。每一层用带帽的铁钉固定在棺壁上。后经过仔细辨认，从里往外分别是：

第一层，红地蓝条。

第二层，蓝色，上有金丝织的梵文，织有"杭州织造臣广英"字样（图 5-22）。

第三层，黄色，上面有金丝织的梵文，织有"杭州织造臣舒麟"字样。

第四层，黄色，水云龙纹图案，上织有"杭州织造臣容廷"字样。

第五层，黄色，上面有金丝织成的梵文。

第六层，蓝色，上面有金丝织成的梵文。

第七层，大红色，红底蓝条，上织有"杭州织造臣盛桂"字样。

第八层，黄色，上面有金丝织成的梵文。

第九层，黄色，织有"杭州织造臣广英"字样。

第十层，红色，红底蓝条。

第十一层，黄色，上面有流云万字花纹。

第十二层，紫红、红黄四层在一起。

第十三层，大红色。

由于缺少清理地宫的工作经验，工作组请来了当时负责医疗救护的军医周长锁帮忙，进行光绪棺椁内的清理工作。据周长锁回忆，当时光绪的棺椁南面被凿开一个大洞，盗墓者把光绪的尸体拉出来，尸体头冲北，后来尸体腐烂，他的足骨就掉在石床上。先将这个足骨收起，然后进到棺椁里面。因为太黑，就拉了一个 200 度的

图 5-22　光绪棺内出土的蓝色陀罗尼经缎

灯泡照明。可以看到，光绪的遗体被弄翻，趴在棺内，只剩下骨骼了，身体的骨架还是相连的，头骨歪在一边。通过清理，发现光绪的骨骼并没有外伤痕迹，证明光绪去世并非被人砍伤等原因致死。

光绪的棺内相对比较干燥，部分衣物和围锦保存得相当完整。清理的时候还同时发现了两件文物，光绪的左手握有一件翡翠套环和一块雕花的白玉石，还有一块玉牌（图 5-23、图 5-24）。

然后清理的是皇后的棺椁。皇后的棺椁大小规格与皇帝棺椁相同，内棺朱红漆饰，棺外四周写金黄色藏文经咒。在棺顶盖上面雕有一只凤凰挺立山岩，展翅欲飞，身边云朵团团，脚下海水江崖，山上山花烂漫。凤凰头顶上雕有九尊合手瞑目、盘坐莲花上的佛像。整个画面布局紧凑、造型生动，从设计到雕刻技艺都很高超，是一幅雕刻艺术珍品。据资料记载，光绪棺顶盖上雕有金龙。

隆裕皇后的棺椁被盗墓者揭开，棺内潮湿，衣服及铺盖物都已烂成泥状，随葬品被盗一空。据负责清理皇后棺椁的夏清海先生回忆："棺内有一层约几厘米的泥浆，清理棺椁时，工作人员不得不穿着雨鞋进入棺内。隆裕棺内衣服、皮肉以及香料灰土都腐烂成泥。只好用大平铲铲出来，然后过筛子，寻找文物。隆裕右腰下有一个椭圆形的荷包，周围镶有米珠，拿出来后，用夹子打开荷包，加之着风，荷包很快烂掉。荷包内有朝珠一挂，后经专家鉴定是一挂东珠朝珠。过筛子的时候发现了钻石戒指，还有白玉石一块、许多散落的珠子等。"

隆裕棺内四壁仅余三层织金梵文陀罗尼经缎：

第一层，红紫色，上面有金丝织成的梵文。

第二层，红色略发紫，上面有金丝织成的梵文。

第三层，黑色，上面有金丝织成的梵文。

在帝后棺椁清理过程中，分别将帝后遗骨和随葬品装入木箱，清理结束后，将装有帝后遗骨的木箱分别放入棺内，然后封闭两具棺椁，清理工作暂告一段落。

清理金井

据记载，金井是清代陵寝的风水之穴，是地宫和陵寝建筑的核心。皇帝入葬前

图 5-23　光绪地宫内出土的雕花白玉石

图 5-24　光绪棺内出土的翡翠套环

要在金井内放置宝物，以求镇墓息壤。金井的位置就在皇帝棺椁的正中下方。

真的有金井吗？工作人员决定将光绪的棺椁架起，一探究竟。在将光绪皇帝的棺椁用千斤顶架起后，发现真有金井一眼，深43厘米，直径14.2厘米，呈圆形。因地宫潮湿，随葬品已经遭受腐蚀，共清理出若干件文物：

金壳怀表1块、银壳怀表3块、珐琅怀表1块、子母铁球1对、青玉手球1对、沉香手串1串、翡翠手串1串、雕刻玉八宝1串、玉石别子5个、白玉人1个、光绪皇帝牙齿1颗、原山吉土1包，还有散落的翡翠、玉石、珊瑚、碧玺、宝石、金丝、珍珠等小件若干。

清理完文物后，将光绪棺椁北侧放置的龙头石雕拿来，和金井合对，正好龙头石雕是盖金井用的。原来这个石雕在皇帝入葬前，是盖在金井上面的，应该称作金井龙头盖（图5-25、图5-26）。

至此，地宫清理工作全部完成，1980年8月1日崇陵地宫正式对外开放。

图5-25 金井内出土的珐琅壳怀表

图5-26 崇陵地宫出土的石雕金井龙头盖

第七节 大志难抒的囚徒天子

光绪皇帝，名爱新觉罗·载湉（1871—1908年），清朝入关后的第九帝。在位34年，卒年38岁（图5-27）。

同治十年六月二十八日子时，载湉诞生于醇亲王府，是道光皇帝第七子醇亲王奕譞的次子，他的生母是奕譞的嫡福晋，也是慈禧太后的胞妹（图5-28）。同治十三年十二月初五日酉刻，同治皇帝去世。经过一番讨论，载湉被确立为嗣皇帝。奕譞意外惊悚之余，竟伏地痛哭。年仅三岁半的载湉被过继为咸丰皇帝的儿子，第二天凌晨被接入宫，成为光绪皇帝，从此失去了父母的疼爱和快乐的童年。他的一生都被慈禧所掌控，感情生活不幸，政治上有志难抒，甚至被囚禁，他的死因更成为历史疑案。

图5-27 光绪皇帝朝服像

图 5-28 光绪的亲生父母醇亲王奕譞和福晋叶赫那拉婉贞

1. 幼龄登基

光绪元年正月二十日（1875年2月25日），四岁的载湉在太和殿举行了登基大典。由于皇帝年幼，由两宫皇太后垂帘听政。光绪二年四月二十一日，光绪皇帝开始在毓庆宫读书，师从翁同龢、夏同善，并师从张德彝（图5-29）学习英文。翁同龢学识渊博、思想开明，是晚清一位杰出的思想家、政治家，对光绪的一生产生了积极的影响。

清代，幼龄登基的皇帝，如顺治、康熙都是14岁亲政，但直到光绪17岁时，慈禧才于光绪十三年（1887年）正月十五日宣布由皇帝亲政，但仍然由太后训政。为了归政后更有效地控制光绪帝，慈禧太后把自己的侄女——都统桂祥的女儿叶赫那拉氏给光绪帝做皇后。光绪十五年正月二十七日举行大婚典礼。二月三日，慈禧太后归政。但是，"亲政"后遇到大事光绪仍要向慈禧太后请示，光绪帝对朝政并没有多少决定权（图5-30）。

图 5-29 光绪的英文老师张德彝

图 5-30 光绪皇帝读书像

2. 变法图强

光绪二十年（1894年），中日甲午战争爆发，光绪帝极力主战，七月一日宣布对日宣战。他多次下令加兵筹饷，停止慈禧太后挪用海军军费修建颐和园的工程。但由于以慈禧太后（图5-31）为首的"后党"反对开战，加之清军武备废弛，指挥失当，节节败退。

九月下旬，日军突破鸭绿江防线，十月二十五日，日军攻占旅顺，并提出苛刻的停战和谈条件。第二年正月十八日，日军攻陷刘公岛，北洋海军全军覆没，甲午战败。三月二十三日，中日签订《马关条约》，赔偿日本军费白银二亿两、割让台湾及澎湖列岛等。

《马关条约》签订后，朝野震动极大，民族危机加剧。光绪二十一年四月二十二日，康有为、梁启超联合18省举人"公车上书"，提出拒和、迁都、练兵、变法等要求。第二年，俄国攫取东北路权，占领旅大，英国租威海卫，法国取广州湾，德国占胶州湾，举国震惊。在列强瓜分中国的危机中，康有为再次上书，要求变法（图5-32）。

图5-31　慈禧太后

图5-32　康有为旧照

面对列强瓜分的民族危机，光绪皇帝不甘沉沦，吹响了改革的号角，要变法图强，拯救中国于水火。他让庆亲王奕劻转告慈禧，"太后若不给我事权，我愿退让此位，不甘做亡国之君"，表达了自己若不变法宁可放弃帝位的决心。光绪二十四年（1898年）四月二十三日，在取得慈禧太后同意后，光绪帝颁布"明定国事诏"，正式宣布变法维新，这是中国历史上第一次资产阶级改良运动，在政治、经济、军事、文教诸方面实行变法，旨在挽救中国。他允许康有为专折奏事，并任命他在总理衙门章京上行走，以让他们便于上奏，提出变法方案。在短短的103天里，光绪帝颁布了100多条新政上谕，企图形成自上而下的全国改良性运动，但遇到大多数地方顽固势力的阻挠和破坏，两江总督刘坤一、两广总督谭钟麟根本不理睬谕令筹办之事，电旨催问，也置若罔闻。

慈禧太后起初表示同意变法，但她害怕变法会侵害她的权力，于是想方设法控制变法。她发出懿旨，迫使光绪帝革去变法中坚人物翁同龢协办大学士、户部尚书职务，同时任命后党重要人物荣禄为直隶总督，掌握兵权，又规定新任职的二品以上文武官员须向她谢恩。

后来光绪帝革去了一批守旧官员，又任命了一批维新派重要人物处理新政事宜，这一行为触怒了慈禧。

慈禧计划让光绪帝奉她去天津阅兵，以乘机胁迫光绪帝让位。光绪预感到不妙，七月三十日，密诏杨锐，告以危局，命与林旭、刘光弟、谭嗣同等速议对策。鉴于光绪帝处境危险，谭嗣同于八月三日夜访在天津训练新军的袁世凯，要求他举兵杀荣禄、围颐和园以救光绪帝。袁世凯表面上慨然应允（图5-33）。

八月四日凌晨，慈禧突然从颐和园返回紫禁城，闯入光绪寝宫，传旨称光绪患病，不能理朝，恢复太后"训政"；八月六日，正式宣布慈禧训政。八月十三日，维新派人物谭嗣同、康广仁、林旭、杨深秀、杨锐、刘光第在菜市口被处死，史称"戊戌六君子"。戊戌变法历时103天，以失败告终。变法虽然失败了，但它刺破了禁锢中国千年的封建铁幕，播下了改革图强的思想种子（图5-34）。

图5-33　袁世凯戎装像

3. 被囚瀛台

戊戌变法失败后，光绪二十四年八月，光绪帝被慈禧太后囚禁于中南海一个四面环水的小岛——瀛台。这一时期，光绪帝的身体健康状况日益恶化，抑郁、遗泄、头疼、发热、脊骨痛、无胃口、腰部有病、肺部不好，似有痨病。慈禧一度想废掉光绪，但由于受到列强的强烈反对，废帝企图失败。光绪二十五年，慈禧太后又立端郡王载漪之子溥儁为"大阿哥"，以期取代光绪。

图5-34　京师大学堂匾额（京师大学堂为今北京大学前身，戊戌变法唯一的遗产）

溥儁的祖父惇亲王奕誴是道光的第五子，咸丰的亲弟弟，慈禧的小叔子。溥儁的父亲载漪娶慈禧娘家的亲侄女为妻，慈禧颇喜载漪，封他为总理衙门大臣，掌神机营，握军事外交大权，所以尽管溥儁"愚呆且鄙"，仍然被慈禧立为储君（图5-35）。

光绪二十六年（1900年）八国联军进攻中国时，

图5-35　大阿哥溥儁旧照

光绪帝曾参加是否向八国联军宣战的御前会议。他主和,慈禧太后决定宣战,终告失败。八国联军打进北京,慈禧太后于九月四日挟光绪帝逃往西安,第二年返回北京,仍居瀛台。迫于列强的压力,光绪二十七年十月二十日,溥儁被撤去大阿哥称号。光绪帝的皇位保住了,但形同木偶,臣工奏对,不发一言。有时慈禧太后示意要他表态,也不过一两句罢了。

光绪三十四年十月二十一日,光绪帝驾崩,终年38岁。光绪去世后,梓宫先停放在景山观德殿。由于他的陵墓尚未建造,宣统元年(1909年)三月,其梓宫先奉移到清西陵的行宫暂安;1913年12月13日,葬入清西陵崇陵,庙号德宗,谥"同天崇运大中至正经文纬武仁孝睿智端俭宽勤景皇帝",简称景皇帝。孝定景皇后梓宫也一同葬入地宫。

第八节　光绪死因之谜破解经过

2008年11月2日上午9点30分,国家清史编纂委员会在北京京西宾馆联合召开"光绪死因"研究成果报告会,百余位史学专家济济一堂,大家都在期盼着一个震动人心的消息。很快,大会主持人宣布:从2003年开始的光绪死因研究,终于在光绪去世100年之际,有了新的结论:光绪确系砒霜中毒死亡。百年疑案,终真相大白。消息一经公布,立即在社会上引起极大的反响,几乎占据了第二天所有媒体的头版头条(图5-36)。

图5-36　2008年11月2日清史纂修重大课题"清光绪皇帝死因"研究成果新闻发布会会场

1. 清宫疑案之光绪死因

光绪三十四年十月二十一日十八点三十三分(公历1908年11月14日傍晚),被慈禧太后囚禁于瀛台的光绪帝去世。然而令人倍感蹊跷的是,就在光绪去世后的第二天下午,即二十二日十四点四十五分,他的母后兼政敌——慈禧太后也继之病死。母子二人年龄相差近一倍,在不到20小时之内相继离世,而他们二人生前的关系又是如此对立和微妙,这在中国历史上很少见。二人相继谢世,顿成当时中外要闻,各种评论和猜测随之而起,成为清宫疑案。

一种是毒害说。据当年接近宫廷的人回忆，光绪帝本身病症不至于死亡，疑为慈禧、袁世凯、李莲英等所谋杀。提供证言的有长期陪侍光绪的起居注官恽毓鼎，有给光绪帝治病的医生，有内务府大臣增崇的儿子，有光绪帝继承人宣统，有陪侍慈禧的女官德龄，还有早就预言光绪之死的晚清高官伍廷芳。

一种是病亡说。20世纪80年代以后，随着对清宫档案大规模整理工作的展开，许多历史学家、档案学家、医学专家收集和研究光绪的脉案和药方（图5-37、图5-38），探索其一生的身体健康情况，得出与上述截然相反的结论。认为光绪一生身体虚弱，百病丛生，久治不愈，加之感情、政治上的不断打击，身心俱损，失于调养，导致肺结核、肝脏、心脏及风湿等长期慢性消耗性病症。尤其光绪三十四年后病情加重，是肺功能慢性衰竭合并急性感染造成死亡，应属正常死亡，并非慈禧等所谋杀。

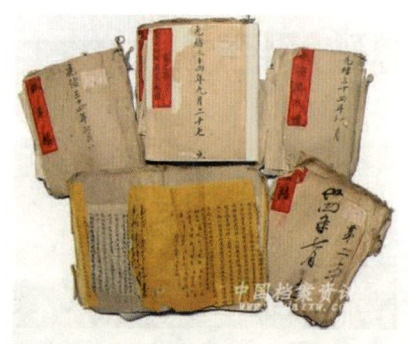

图5-37　光绪脉案

2. 一次偶然引出的重大课题

自20世纪80年代以后，光绪是正常死亡的观点已经逐渐被认可。一个偶然的机会，中央电视台纪录片《光绪之死》编导钟里满来到西陵查询1980年清理崇陵地宫后光绪头发和遗骨的化验单但未找到。于是决定对光绪头发再次进行化验。

1980年6月，文物部门对崇陵地宫进行保护性清理时，为了探究光绪的死因，工作人员留取了光绪的发辫、几块骨头、葬衣以及隆裕皇后的发辫等遗物，想对它们进行检测，试图揭示光绪的死因，但由于当时的技术水平有限，并未化验出有毒物质。这些遗物自1980年从地宫出土，一直保存在清西陵的文物库房内。由于库房内的环境相对较好，至今没有发生虫蛀现象。这些遗物所包含的信息除了自然损耗外，没有受到任何外来因素的干扰和破坏，因而成为揭开谜案最珍贵的实物资料。

2003年7月，为了用科学的方法进一步证明光绪皇帝是正常死亡的观点，经与北京市公安局法医检验鉴定中心专家初步研讨之后，征得河北省文物局和保定市文物管理部门的同意，

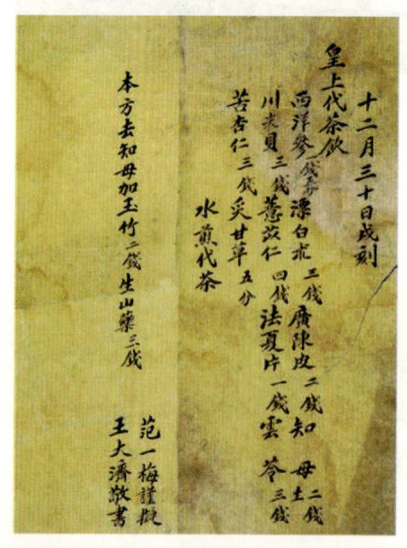

图5-38　光绪脉案内页

清西陵提供了一缕 26 厘米长的光绪头发（图 5-39），送至中国原子能研究院反应堆研究设计所 29 室进行测试。但谁也没预料到，其检测结果大大出乎所有人的意料：光绪两缕头发的中段含有高浓度的毒物——砷，高达正常人的 2400 多倍（图 5-40）。光绪头发中的高含量砷是从何而来的呢？光绪难道真的是被人害死的吗？为了解决这个问题，并由此解开光绪死因之谜，中央电视台清史纪录片摄制组、清西陵文物管理处、中国原子能研究院反应堆工程研究设计所 29 室、北京市公安局法医检验鉴定中心的有关专家共同组成了"清光绪皇帝死因"专题研究课题组，同时，这一研究被国家清史编纂委员会纳入"国家清史纂修工程重大学术问题研究专项课题"。笔者有幸作为课题组的主要成员，参与了该课题的全过程。

3. 长达 5 年的专题研究

为了进一步验证化验结果，2003 年 9 月，钟里满先生带着中国原子能研究院的中子活化分析专家王珂和北京法医鉴定中心的潘冠民教授亲自到清西陵取样。这次取了长 65 厘米的第二缕头发，同时取走一些隆裕的头发。经过检验，发现第二缕头发依然含有较高浓度的砷，其分布规律和第一缕相同，高峰值出现在头发中段。而隆裕头发中的砷含量为 9.20 微克/克，是光绪头发上高砷值的 1/261。就在此时，在北京南苑出土了一具清末草料官的干尸，研究人员又提取了他的头发进行测试，发现他的头发的含砷值为 18.2 微克/克，是光绪头发上的高含量砷的 1/132。这些和光绪生活在同一个时代的人，其头发中砷含量都远远低于光绪头发中砷含量值。光绪头发上的高浓度砷是从何而来呢？

现存文献记载，光绪在宫中和瀛台被囚禁期间曾服用过中药，其中的雄黄、雌黄、朱砂等会导致砷、汞等毒物使用过量，在理论上讲，这种原因也可能引起光绪慢性中毒，直至病变死亡。为了验证光绪是否慢性中毒，研究者又化验了现代慢性砷中毒患者的头发，发现光绪的发砷值是慢性中毒患者发砷值的 66 倍，而且分布曲线完

图 5-39　光绪头发取样照片

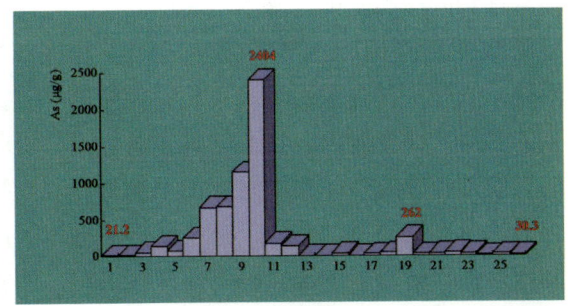

图 5-40　第一次化验头发砷含量分布图

全不同。慢性中毒者头发发根的含毒量会高于头发中部和发梢,而光绪的发砷含量是发根和发梢低,而头发中段却高得惊人,其分布曲线呈抛物线状。这也证明了光绪并不是死于长期服用中药的慢性中毒,也就是说光绪头发上的砷不是新陈代谢的结果,而是另有来源。

那么这些砷是否来源于周围环境呢?于是,课题组又到清西陵选取了墓室内外的土壤、河水,以及清西陵所藏光绪棺内灰土香料、围锦等环境样品进行了检测和微量分析。检测结果显示,这些环境样品含砷量远远低于头发的含砷量。其发砷含量是棺内围幔碎屑最高值的83倍,是棺外环境样品最高值的97倍。由此可以认定,光绪头发上的高浓度砷物质并非来自环境的沾染,而是来源于腐败的尸体。至此,课题研究得出了一个基本结论:光绪可能是中毒死亡的。

2007年4月,在取得初步研究结论的基础上,由国家清史编纂委员会牵头,在北京国二招宾馆召开了由国内众多光绪问题研究专家组成的专题研讨会。

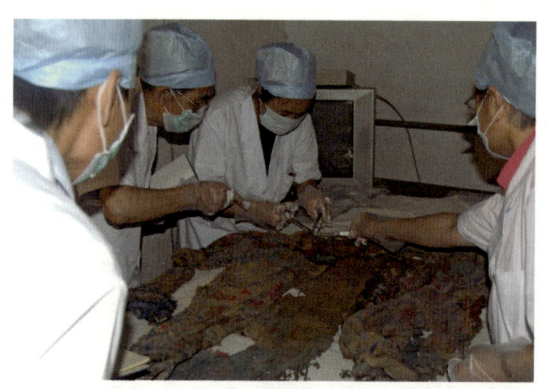

图5-41　2007年6月葬衣取样

在研讨会上,这一观点基本得到了认可,其中包括戴逸先生。但限于光绪的棺椁已经封闭,不能再次打开,这样,用来进行化验的取材非常有限。课题组又进一步对清西陵所藏光绪棺内的葬衣等进行了化验分析(图5-41)。

2007年9月,清史编纂委员会又组织课题组及相关研究人员在清西陵召开第二次专题研讨会。随即,研究人员又从清西陵提取了光绪皇帝葬衣、骨骼等数十件样品进行了砷含量检测,发现这些样品也同时含有高浓度的砷。通过对其椎骨、肋骨、肩胛骨、小骨头等骨骼上面碎屑及粘连物的检测发现,其中一块椎骨样品砷含量高达1259微克/克。而葬衣样品的检测结果则显示,三件较完整的上衣,胃区部位、系带和领肩部位的含砷量较高。两件上衣残片砷含量远远高于相对完整的葬衣。从尸体的特殊部位看,葬衣掉落下来的残渣(即胃肠内容物)的砷含量极高,说明大量的砷化合物曾留存于光绪尸体的胃腹部,并随尸体腐败过程由里向外侵蚀衣物,由此造成了葬衣被以胃内容物为主的高含砷物质侵蚀沾染;裤子后内层被以肠内容物为主的高含砷物质侵蚀沾染;其骨骼被尸体胃肠内高含砷物质直接沾染,而其葬衣的领肩部位和头发上的高含量砷则源自尸体的溢流沾染。

但新的问题又来了，光绪体内的砷是何种毒物呢？2008年6月，课题组又在北京平谷举行了"清光绪帝死亡涉及物的检验与分析研讨会"，对光绪体内的毒物进行检验分析和判定。不同种态的砷化合物具有不同的毒性，而光绪生活的时代，剧毒的三价砷只能存在于砒霜（三氧化二砷）中。通过化验分析，光绪遗物中的砷以剧毒的三价砷为主。又通过喂食小白鼠砒霜实验，最后确定，光绪胃肠内容物中的砷来自砒霜。

为了进一步推断光绪的死因，研究人员又对光绪帝尸体中砒霜总量进行了测算。根据相关研究，人口服砒霜60~200毫克就会中毒死亡。因受检材限制，难以准确测算光绪帝尸体中的砒霜总量，只能通过对其遗留在头发和衣物上的部分砒霜量值进行测算，结果显示，仅光绪头发残渣、三块上衣残片及其残渣中的砒霜总量就高达201.5毫克，由此得知光绪帝尸体中的砒霜总量会远超200毫克。也就是说，光绪摄入体内的砒霜总量明显大于致死量。因此推断：光绪帝系砒霜中毒死亡。

4. 中毒时间与凶手

2008年11月14日是光绪帝去世一百周年，"光绪死因"在此时得以确证别具历史意义。但到底谁是毒死光绪的凶手呢？

在11月2日举行的光绪死因研究成果报告会上，国家清史编纂委员会主任戴逸先生在报告中将矛头直接指向慈禧太后。他认为，以当时的条件、环境而论，如果没有慈禧太后的主使、授意，谁也不敢、不能下手杀害光绪。而且慈禧蓄意谋杀光绪已非一日，早在戊戌变法后，就已酝酿废立与弑杀阴谋。

光绪二十四年八月，戊戌变法失败后，光绪被囚禁，慈禧再次训政。慈禧训政第四天就以光绪的名义发布谕旨，令内外臣工推举名医进京为光绪诊病，大造光绪重病的假象，以便为废立与弑杀阴谋的实现作铺垫。但慈禧的这一阴谋引起社会各界的强烈反对，外国公使也异常关注，强大的反对声浪阻止了慈禧阴谋的实施。直到10年后的光绪三十四年，慈禧病重，势将不起，她唯恐自己先死，光绪复出掌权，尽翻旧案，因此临终前下手毒死光绪。

根据检测结果，结合史料分析，光绪死于急性胃肠型砒霜中毒，而中毒时间为光绪去世前四天的十月十七日晚。几种材料都记载，十七日晚间，光绪的棺椁已经停放在乾清宫，皇宫中开始为皇帝安排后事。钟里满先生更进一步推断，慈禧太后在十七日下午5点晚膳时分，借给皇帝赐食，将无色无味的砒霜掺入饮食中，从而毒害了光绪皇帝。

第九节　皇位终结者——隆裕皇太后

　　隆裕皇太后，即光绪的孝定景皇后，叶赫那拉氏，德龄在《瀛台泣血记》中说她叫"静芬"。静芬生于同治七年（1868年）正月初十日，比光绪帝大3岁。其父桂祥当时任副都统，是慈禧的胞弟，她是慈禧的娘家侄女，光绪的表姐（图5-42）。

　　光绪十四年十月初五日，慈禧降旨，立叶赫那拉氏为皇后，并定于第二年正月二十七日举行大婚典礼。可就在婚礼前40天的时候，紫禁城内突发大火，大火持续了两天，将婚礼必经的正门太和门全部烧毁。为应急，只好临时按一比一的比例搭建彩棚，复制了一座太和门。这也被称为不祥之兆，为光绪的这段婚姻蒙上了一层阴影。据记载，光绪大婚典礼共耗银四万九千多两，极其隆重豪华。由于这门婚事是慈禧太后一手包办的政治婚姻，光绪非常反感，双方毫无感情可言，名为夫妻，实际上已形同陌路（图5-43）。

　　光绪三十四年（1908年）十月，光绪和慈禧先后去世，当时，她年仅41岁，嗣帝溥仪只有3岁，本想效仿慈禧垂帘听政，把朝政大权抓在自己手中，但慈禧在光绪帝驾崩当天，就任命溥仪之父、第二代醇亲王载沣为监国摄政王，"所有军国政事，悉秉承予之训示，裁度施行"。不过第二天，慈禧又有所改变，她在懿旨中又说："遇有重大事件，必须请皇太后懿旨者，由摄政王随时面请施行。"垂帘听政的梦想虽然成了泡影，但慈禧为了维护和巩固自己娘家在朝廷中的地位，还是给了她一定的干预朝政的权力。

　　宣统帝即位后，尊其为隆裕皇太后。隆裕未能垂帘听政，心中颇为不快，因此

图5-42　光绪皇后旧照

图5-43　光绪大婚典礼图册之太和殿的迎亲喜轿

迁怒于载沣。她利用自己手中的权力，对载沣摄政期间的用人施政横加干预，多次掣肘。为排解郁闷，在太监张兰德（小德张）的怂恿下，于宣统元年，在慈禧、光绪大丧期间，不顾国库空虚，拨巨款在延禧宫内建水晶宫。"四周浚池，引玉泉山水环绕之。殿上窗棂承尘金铺，无不嵌以玻璃，隆裕自题匾额曰'灵沼轩'"。后来溥仪逊位，财政紧张，不得不停工，使之成为紫禁城内的烂尾工程。

1911年10月10日辛亥革命爆发，各省纷纷宣告独立，清王朝的统治处于风雨飘摇之中。清廷被迫起用闲置回家的袁世凯，任命他为内阁总理大臣，节制水陆各军。隆裕最初主战，后来经过袁世凯的软硬兼施，并以"优待条件"为诱饵，诱使隆裕同意清帝逊位。1912年2月12日，隆裕连发三道懿旨，宣布大清皇帝辞位，实行立宪共和国体制。第一道懿旨后来被人们称为"退位诏书"，上面有袁世凯等11位各部院大臣的签字。第二道懿旨劝谕臣民。第三道懿旨公布《关于大清皇帝辞位之后优待条件》《关于满族待遇之条件》《关于满、蒙、回、藏各族待遇之条件》。这三道懿旨的颁布，标志着大清王朝268年统治的终结，中国两千多年的封建社会至此结束（图5-44）。

失去大权后的隆裕终日忧郁，积郁成疾，于1913年2月22日凌晨撒手人寰，病逝于长春宫，终年46岁。1913年3月31日，溥仪尊谥隆裕皇太后为"孝定隆裕宽惠慎哲协天保圣景皇后"（图5-45）。

民国政府为隆裕举行了隆重的丧礼。总统袁世凯下令全国下半旗致哀三日，文武官员穿孝27日。参议院除下半旗外，于2月28日休会一天。2月28日为祭奠之期，袁世凯臂戴黑纱，举哀致祭，并出赙金三万元。国务总理赵秉钧等民国要员一一前往皇极殿吊唁。

许多军政要员纷纷致电清室，对隆裕的病逝表示哀悼。副总统黎元洪在唁电中称赞隆裕"德至功高，女中尧舜"。山西都督阎锡山在唁电中说："皇太后贤明淑慎，洞达时机，垂悯苍生，主持逊位，视天下不私一生，俾五族克建共和。盛德隆恩，道高千古。"参议院议长吴景濂也称赞隆裕："以尧舜禅让之心，赞周召共和之美。值中国帝运之末，开东亚民主之基。顺天应人，超今迈古。"

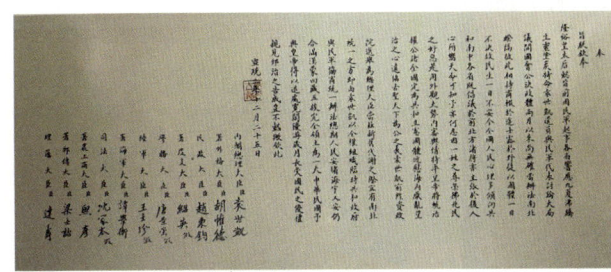

图5-44　宣统皇帝退位诏书

图5-45　隆裕太后丧礼

在吴景濂的倡议下，3月19日在太和殿召开了国民哀悼大会。灵堂上方悬挂着"女中尧舜"的白色横幅，灵堂正中摆放着隆裕像。所有外露的梁柱均用白布包裹着。殿堂内摆满了挽联、花圈。穿着清式丧服和现代军服的仪仗队在灵堂前左右站立。这在清代皇后丧礼中是最具特色的，在太和殿举行丧仪也是清代仅有的一次（图5-46）。

1913年4月3日，孝定景皇后梓宫从皇极殿奉移到正阳门西车站，用火车运送到西陵行宫暂安（图5-47）。1913年12月13日卯正三刻，从行宫奉移崇陵，申初二刻随光绪皇帝梓宫一道葬入崇陵地宫。

图5-46 隆裕太后丧礼

图5-47 隆裕棺椁正在运进专列车厢

第十节 崇陵妃园寝与珍瑾二妃

崇陵妃园寝位于崇陵东200米处，埋葬着瑾妃和珍妃，是清朝埋葬人数最少的妃园寝。崇陵妃园寝与崇陵同时营建，始建于宣统元年（1909年），完工于民国四年（1915年），总建筑面积29亩。各建筑从南至北依次为：单路一孔石拱桥、石平桥两座、东厢房、西厢房、东班房、西班房、宫门、焚帛炉、享殿、三座门、宝顶两座。园寝内的两座宝顶东西并立，东侧规模较大，为瑾妃墓，西侧略小，为珍妃墓。据记载，初建时两墓完全相同，后来瑾妃墓又经过了扩建，将地宫砖券改成石券，规模尺寸都有增加（图5-48）。

图5-48 崇陵妃园寝鸟瞰

瑾妃和珍妃是一对亲姐妹，姓他他拉氏，为户部右侍郎长叙之女。姐姐瑾妃生于同治十三年（1874年）八月十五日，比妹妹珍妃年长两岁。二人同父异母，在家族中排行第四、第五。其祖父裕泰在道咸年间曾任过多年的湖广总督，其伯父长善乃广州将军，瑾妃与珍妃自幼随长善在广州长大。

1. 同时入宫，颇受宠爱

说来也巧，这姐妹两个虽然不受慈禧喜爱，可当初却是慈禧太后钦点才得以入宫的。光绪十四年（1888年）十月五日，紫禁城的体和殿内，光绪遴选后妃进入最后一关。进入这个环节的仅有5个人，分别是慈禧的内侄女叶赫那拉氏、江西巡抚德馨的两个女儿，还有他他拉氏姐妹。5人中将选中一位皇后、两位妃嫔，另外两人落选。光绪有意将象征皇后的玉如意递给德馨的女儿，可还没来得及递出如意，就被慈禧太后一声严厉的"皇帝"喝止。光绪只好遵太后心意将如意递给叶赫那拉氏，慈禧则做主将象征妃嫔的两个绣花荷包给了排在队尾的他他拉氏姐妹。但对于他他拉氏的家人来说，这可不是喜事，据珍妃的侄子唐海炘回忆："二妃进宫，家里像办丧事一样，个个心情沉重。"

入宫后，姐姐被封为瑾嫔，年15岁，妹妹被封为珍嫔，年13岁。姐妹两个出身于官宦家庭，自小有老师教导文化，不仅通文墨，还多才多艺，琴棋书画都懂得一些。入宫之初，慈禧对二人也没有恶感，尤其对13岁的珍嫔甚至还有些怜爱。珍嫔喜欢画画，慈禧曾派自己的御用画师对她进行指点。

光绪婚后对皇后视同陌路，对瑾嫔珍嫔姐妹颇有好感，尤其是珍嫔，容貌美丽、天真活泼、聪明伶俐，深得光绪的喜欢，经常召幸她，甚至白天也形影不离。据宫中的太监回忆：珍嫔"不施脂粉，不喜女服，不挽发髻，不穿绣履，而以男子服装为尚。每待皇上，大辫后垂，头戴头品顶花翎，身穿箭袖马褂，足登青缎朝靴，完全是一美少年的卫官打扮，帝甚喜欢"。甚至清晨向太后请安光绪帝也不坐轿子，为的是跟珍嫔并肩而行。

2. 太后嫉恨，招来祸端

光绪与珍妃的两情相悦、甜蜜恩爱，招致皇后忌恨，亦让年轻守寡的慈禧皇太后心生不快。再加上珍妃性格直率，不善奉承，更加重了慈禧皇太后的厌恶。

光绪二十年（1894年）正月初一日，因为该年为慈禧太后六旬庆典，姐妹两个同时被封为妃。同年十月二十九日，尚未举行册封典礼，慈禧却以瑾妃、珍妃"近来习尚浮华，屡有乞请之事"为由，降旨将姐妹二人降为贵人，连降两级。慈禧这次对二人的处罚非常严重，据光绪朝进士胡思敬所著《国闻备乘》记载，珍嫔甚至还遭到了褫衣廷杖的刑罚，这也是清代妃子中仅有的一次。

1894年，正是中日甲午战争爆发之际，传言珍妃因支持光绪主战，遭到慈禧的厌恶而被降级。但通过查阅档案发现，珍妃远没有人们想象之中的阳光和健康。根据《珍嫔进药底簿》记载，她不仅患有"肝经有热，郁滞不舒，呕吐恶心，夜不能寐，月经不调"等慢性病症，还有严重的癫痫病，不时发作。每次发作少则三两天，多则十天半月才能恢复，是个病美人。光绪二十年五月十二日深夜子正二刻（0时30分），珍嫔突发癫痫，"神昏不语，牙关紧急，四肢抽搐"，急招太医诊治，"用止抽之法竭力调理"，稍有好转，但十三日下午酉时（17—19时），又"突然作搐"，至二十日，"抽搐渐好，时睡时醒"，尚未恢复正常。正是在这一天，光绪以四百里密谕令李鸿章派兵出征。珍嫔此时虽有好转，仍处于昏睡状态，不太可能参与政事决断。此后六月初五日、六月十七日、七月一日，其癫痫抽搐又连续发作。

在十月二十八日的进药底簿上又记载，珍嫔"抽搐气闭、牙关紧急、周身筋脉颤动，人事不省"，抽搐一直持续了三日。直到十一月十六日，方才好转。这次发作尤为剧烈，应该跟受到廷杖责罚有直接的关系。据《国闻备乘》记载，"珍妃亦颇倔强。东边道奭良进贿，事觉；李莲英又于宫中搜得文廷式书，内多指斥之辞"。说珍妃这次受到责罚的真正起因是珍妃被人揭发参与卖官鬻爵，又搜出文廷式书信，其中很多斥责慈禧太后的言辞，激怒了慈禧。"本朝家法，凡在宫闱，从不准干预朝政"，清朝后妃严禁干预朝政，慈禧因而"大怒，袒而杖之，降贵人"。十一月初一日，慈禧又连降两道谕旨，以示惩戒：

"瑾贵人、珍贵人，著恩准其上殿当差，谨言慎行，改过自新，穿戴和使用物件不准违例。皇后前遇年节，照例准其呈进食物。"

"皇后有统辖六宫之责，妃嫔如有不遵家法，干预国政，着皇后严加访查，从重惩办。"一方面告诫珍妃姐妹要谨言慎行，另一方面则为皇后撑腰。

直至一年后，光绪二十一年十月十五日，慈禧才又颁懿旨："瑾贵人赏还瑾妃，珍贵人赏还珍妃。"同年十一月十二日，举行了册封典礼。

光绪二十四年（1898年）八月，戊戌变法失败，光绪帝被囚禁在瀛台，珍妃也同时被囚禁。瑾妃虽未被囚禁，但也受到了牵连，颇遭冷遇。第二年，光绪二十五年（1899年）二月初一日，慈禧降旨："嗣后瑾妃有赏，不准题奏。"这年的十月初一日，慈禧再降旨："嗣后遇有瑾妃、珍妃实宪书，著敬事房首领接。"珍妃的哥哥志锐因与变法有瓜葛，也被革职为民（图5-49）。

图5-49　珍妃哥哥志锐旧照

3. 珍妃之死

光绪二十六年（1900 年）8 月初，八国联军集结兵力进攻北京，慈禧太后带光绪帝慌忙出逃，皇后和瑾妃随慈禧出逃西安。行前，命太监将幽禁于紫禁城内北三所中的珍妃唤出，坠入位于慈宁宫后贞顺门的井中淹死，年仅 25 岁。关于珍妃的死因，历来有两种说法：《我所知道的末代皇后隆裕》《爱新觉罗·毓欢》及《珍妃和她的娘家》等书中都记载珍妃是跳井自尽的。在金易的《宫女谈往录》《晚清宫廷生活见闻》其中一位太监的描述和一位旧宫监唐冠卿在故宫博物院周刊的"珍妃专号"里所说基本一致，说珍妃是被太监崔玉贵扔到井里的（图 5-50）。

光绪二十七年（1901 年），清廷和洋人达成协议，联军撤离北京，慈禧、光绪帝由西安返京，返京前命珍妃的家人将珍妃尸体打捞起来，命内务府备办棺材，"光绪二十七年七月初四，贞（珍）妃安葬在恩济庄，过营地一座"。同年十一月二十八日，慈禧和光绪回到北京，第二天就下旨追封珍妃为珍贵妃："上年京师之变，仓猝之中，珍妃扈从不及，即于宫中殉难，洵属节烈可嘉，恩著追赠贵妃位号，以是褒恤。"

1913 年农历三月初三辰时，珍妃的金棺由恩济庄奉移西陵，用火车运送到西陵的行宫东院正殿暂安。12 月 10 日，瑾妃乘火车到达西陵，先在光绪帝后梓宫前奠酒、举哀行礼，然后到珍妃金棺前站立奠酒。1913 年 12 月 13 日，和光绪帝后棺椁一起奉移崇陵，午正三刻（中午 12 点 45 分）到达崇陵妃园寝，安奉在芦殿内，瑾妃再次到珍妃金棺前奠酒。申初二刻（15 点半）葬入崇陵妃园寝西侧地宫（图 5-51）。

图 5-50　紫禁城内的珍妃井

图 5-51　崇陵妃园寝燎炉

4. 瑾妃善终

光绪三十四年（1908 年）十月二十一日光绪皇帝去世时，瑾妃 35 岁（图 5-52）。四天后，被宣统皇帝

图 5-52　瑾妃中年旧照

晋封为贵妃。1913年3月12日，被尊为端康皇贵妃。这时，隆裕已经去世，她在宫中地位最高，不再有所顾忌，便在贞顺门内的珍妃井附近设了一个小灵堂，祭奠自己的妹妹珍妃。灵堂内神龛供奉着珍妃的牌位，并亲笔在神龛的横额上书写"精卫通诚"四个大字，在灵堂的匾额上书写了"怀远堂"三个大字，以表达自己对妹妹的怀念之情。瑾妃工于书法绘画，从"怀远堂"几个大字就能充分看出她的书法造诣（图5-53）。

图5-53　紫禁城内珍妃灵堂及"怀远堂"匾

在逊清皇室时期，瑾妃一直居住在东六宫的永和宫，溥仪退位后的次年，隆裕太后崩逝，溥仪尊称瑾妃为皇额娘，瑾妃管教溥仪也非常严格。1921年的一天，瑾妃辞退了一名叫范一梅的医生，溥仪本来就对她的管教不满，在别人的怂恿下，溥仪以此为由，跟瑾妃大闹了一场。瑾妃非常生气和难堪，就把溥仪的祖母和母亲召进宫来，向她们施加压力，迫使溥仪向她道歉。溥仪的母亲、摄政王载沣的嫡福晋瓜尔佳氏（图5-54），是军机大臣荣禄的女儿，性情高傲、性格刚烈，回家后，一气之下，于1921年9月30日吞食鸦片烟自尽了。瑾妃心中害怕，从此再也不敢严厉地管教溥仪了。

1924年农历五月十七，是瑾妃母亲七十大寿，瑾妃回家省亲，这也是清代妃嫔中唯一的一次省亲。这年10月15日，瑾妃在中秋节后受了风寒，一病不起，5天后病情恶化，病死在永和宫，享年51岁，金棺暂安于慈宁宫。半个月后，1924年11月5日，溥仪被赶出了紫禁城，逊清皇室时期结束。11月19日，瑾妃金棺从慈宁宫移送到地安门外鸦儿胡同的广化寺内暂安，仪仗及执事人等一律改从民国制度，穿便服，由军警护送。1925年12月13日，瑾妃金棺由广化寺奉移到西直门火车站，用火车运送到西陵，12月14日葬入崇陵妃园寝东宝顶下地宫内。瑾妃是清西陵最后一位入葬的清朝皇室成员。1938年，瑾妃墓被盗。

图5-54　中间端坐的是溥仪的母亲瓜尔佳氏

第十一节 "夜盗珍妃墓"疑案

1989年,由天山电影制片厂、澳门蔡氏兄弟影视公司出品,陈宝国、雷恪生主演的电影《夜盗珍妃墓》上映,影片讲述的是6个盗墓者盗掘清西陵珍妃墓的故事。因为影片是以历史上真实的崇陵妃园寝被盗案为蓝本,根据当年盗墓人关友仁的回忆改编而成,因此轰动一时。

关友仁是西陵凤凰台村人,2000年去世。1938年,关友仁曾和西陵附近村子里的8个年轻人一起盗掘了崇陵妃园寝内的东侧地宫,他生前曾多次讲述过盗墓的经过。

1938年11月初,关友仁的一个朋友、西陵华北村的鄂士臣找到关友仁,思谋着"乱世出豪杰",想谋图一番事业。他们不愿意投奔国民党,但对共产党又缺乏认识,决定自己拉队伍,打日本,保家乡。为了解决组建队伍的经费问题,鄂士臣提议进行挖陵盗宝。二人一拍即合,随即分头找来6位邻村关系较好的盗墓高手,于第二日晚聚会,商量盗陵行动的具体事宜。这6个人是龙里华村的那余保、苏振生,凤凰台村的李纪光,下岭村两个姓张的和荆轲山村一个姓李的。其中李纪光盗陵最有经验,曾经盗过泰陵妃园寝和王爷园寝。所以,在李纪光的提议下,他们经过认真的权衡分析后认为,妃子墓规模较小,挖起来比较容易,同时崇陵妃园寝距离村庄较远,不容易被发现,相对较安全;尤其是崇陵妃园寝当时只有一位老人负责警卫,比较容易对付;而且珍妃是光绪的宠妃,随葬珍宝肯定很多,于是决定盗崇陵妃园寝中的珍妃墓。

经过众人的紧密磋商,认为事不宜迟,立即投入行动。下岭村和荆轲山村的3人找来4支枪,又找来20余发子弹,以防意外。李纪光做了一架"蜈蚣梯子",准备了铁镐、钢钎、手锯等盗墓必备的工具。

第一天晚上,他们趁着夜色来到了崇陵妃园寝,先到护陵老人居住的东班房外探听动静,这时不知谁咳嗽了一声,引来了护陵人的大黄狗,荆轲山的盗墓人见状惊慌失措,扳动了长枪,枪走火了。枪声吓走了大黄狗,惊动了护陵人,其余人立即闯进屋内,用枪威胁护陵人不要报警,并警告他杀掉黄狗。由于正值战乱,枪声并未引起周围村庄居民的注意,在观察了半个小时动静后,盗墓者见平安无事,便开始盗墓。崇陵妃园寝内的两个宝顶中,东侧规模较大,关友仁等认为,珍妃是宠妃,规模大的肯定是珍妃的,所以将盗掘的目标锁定东侧宝顶地宫。为确保安全,分别派人在宫门、山坡等处放哨,相约发现情况立刻鸣枪报信,而后各自逃命。

8人中，鄂士臣、李纪光、那余保、苏振生负责具体的挖掘工作，关友仁负责在墓前持枪守护。他们从东侧宝顶前石踏跺与宝顶中间开始挖掘。一开始就进行得非常艰难，因为这里的油灰大砖非常坚固，他们只能用铁镐和钢钎一点一点地将砖凿碎、撬掉，如此紧张地干了近8个小时，总算挖出一个直径约2米、深约3米的竖井，竖井的底部就是地宫坚硬的石券，再也挖不动了。这时天也放亮了，为了安全，他们停止了挖掘，回家暂时休息，临走前他们又一次对护陵人进行了威胁。虽然这样，他们对护陵人还是不放心，第二天白天，那余保、苏振生装扮成两名护陵警察，来到崇陵妃园寝，严厉地追问老人昨晚这里为何有枪声。护陵老人并没有在他们的追问下说出盗墓的事情。盗墓者见护陵人已经被制服，更加放大了胆量。为解决地宫石券的问题，他们找来太和庄的开山能手石匠白泽坤，准备用炸药炸开地宫的石券。

第二个晚上，荆轲山的盗墓者因为犯了枪走火的错误，被认为毛手毛脚，不太可靠而被甩掉。石匠白泽坤带着他的几十斤炸药加入了盗墓者的行列。但当他们来到凤凰台村北的小山顶时，发现山下有一支军队正在向崇陵方向开进，见此情形，8个盗墓者不敢再往前走，只能提心吊胆地在山顶上趴着，看着山下的军队开过，直到天快亮了，才返回凤凰台村。

第三天，趁着暮色还未全部降临，8个人分头由不同的地方来到崇陵妃园寝南侧一片寂静的小树林中。由于放炮炸石券声音比较大，存在一定的危险，因此大家商定，一是将警戒哨放远，二是炮响后速战速决，不等外人来，就将宝物带走。如此一番安排后，漆黑的夜色中，他们进入崇陵妃园寝内，白泽坤迅速打好炮眼，连放三炮，地宫的石券顶被炸开一个大窟窿，为防意外，鄂士臣先将一盏油灯用长绳吊到地宫里，见油灯没有熄灭，盗墓老手李纪光立即放好蜈蚣梯子，麻利地下到地宫。他先用斧头将棺椁凿开一个洞，再用手锯将洞锯大，借着油灯的光亮，看到棺内的尸身并未腐烂成枯骨，脸上皮肉尚存，五官依稀可辨。李纪光将半截身体从洞中钻入，将棺内的宝物全部扒拉到洞口，先把贵重的东西放到棺内角，准备分赃后自己再回来取走独吞，然后将其余的装入随身的马褡（长条口袋，大小不一，可搭于马背或人肩上）后爬出地宫。李纪光拿出的宝物经过在场人的清点后，又装入马褡，8人一起赶往下岭村姓张的人家里处理这些战利品。半路上，李纪光觉得其中有一件金扁方非常贵重，趁人不注意藏了起来，因为惦记着地宫内尚留的珍宝，便假装肚子疼，先回家了。

其余七人到了张家，将宝物重新清点，发现少了一件金扁方和一块银壳怀表。下岭村姓张的主动交出了银壳怀表。众人怀疑金扁方是被半路溜走的李纪光偷走了，于是，立即赶到凤凰台村将李纪光从家里揪出来，拉到太和庄南的女儿沟里，用枪威胁他交出了赃物。盗墓的计划实现了，但在宝物的利用上却出现了分歧。关、鄂主张集中使用,用来拉队伍,但其余几人只想着个人发财,最终多数战胜了少数,宝物被均分成8份。由于镶玉云头金扁方很贵重,不便放入一份中,因而被砍成8份,用抓阄儿的方法分给每个人。一件稀世珍宝就这样被毁坏了。

  盗墓事件很快被发现,几天后,伪满洲国也派来了军队开进县城和西陵,以保护皇陵,缉拿盗陵罪犯。8个盗墓者闻风纷纷远走他乡,只有李纪光仍然待在家里。一次,他在县城喝醉了酒,得意忘形地在城里大声叫嚷,说自己的钱多得一辈子也花不完。一个家境贫寒的光棍竟然说自己有花不完的钱?这立刻引起了护陵警察的注意,警察马上把他抓了起来。经过严刑拷打,李纪光供出了盗墓的经过和同伙,而后被砍头,成为当地轰动一时的特大新闻。逃亡在外的盗墓者也听到了消息,于是隐姓埋名,在外地小心生活,有些甚至客死他乡。只有鄂士臣不知道李纪光招供的事情,有一次他从北京回家拿东西,刚到易县火车站就被军警抓住,验明正身后被就地正法。下岭村两个姓张的在外7年,日本投降后回到了家乡。关友仁离开家后,经北京、天津、济南,走了8个租界,才将手中的赃物换成了1200元联合票子,而后去了关东,一去就是近20年,直到20世纪60年代,听说这件案子已经了结了,才回到了家乡,并逐渐向人们讲述了他们当年的这些故事。

  据清宫档案记载,珍妃埋葬在西侧地宫内,盗墓者盗掘的并不是珍妃的墓,而是瑾妃的墓。而且盗墓过程中遇到石券,这也表明是瑾妃墓。最初建造时,两座地宫都为砖券,没有建造石券,建好后珍妃就入葬了,后来宣统时期,对瑾妃礼节加崇,将她的地宫由砖券改建为石券(图5-55)。2013年,清西陵文物管理处与中央电视台《探索•发现》栏目合作,请首都师范大学的专家用探地雷达设备对崇陵妃园寝内的两座地宫进行了探地扫描,结果证实,东侧瑾妃地宫有明显的盗洞,而西侧珍妃地宫依然保存完好。

图5-55 崇陵妃园寝内的珍妃墓(左)和瑾妃墓(右)(2010年摄)

第六章
末代皇帝宣统的"万年吉地"

1995年1月26日,一个寒风萧瑟的冬日,光绪崇陵附近的华龙皇家陵园迎来了一位特殊的客人,她就是清朝末代皇帝溥仪的夫人李淑贤。更特殊的是,她此行是来安葬溥仪骨灰的。溥仪早在1967年就已经去世了,去世近30年后才安葬在西陵境内,这之间又有着怎样的机缘和变迁?

第一节 最后的"万年吉地"

图6-1 溥仪与父亲载沣旧照

清朝入关后共经历了10代皇帝,有9位皇帝都选有"万年吉地"并建有陵墓,只有末代宣统皇帝溥仪没有陵墓(图6-1)。按照封建时代"以孝治天"的思想,皇帝一登基就选择"万年吉地"是亘古不变的定例。宣统皇帝虽然也做了3年的皇帝,但那时清廷已经陷入了非常严重的政治和经济危机。在这种特殊情况下,宣统帝有没有选择"万年吉地"?是否开工建造?他去世之后又埋葬在哪里了呢?

宣统皇帝是选过"万年吉地"的,但不是在清代,而是在民国时期。根据民国政府的优待条件,宣统退位以后,尊号仍存不废,依然在紫禁城里过着他的小朝廷生活,史称"逊清皇室",所以皇帝的丧葬事宜也自然要遵循清朝制度,尽早勘定"万年吉地"。1915年,溥仪10岁了,端康皇贵妃下谕说:"现因皇帝十岁正寿,即著筹商万年吉地办法。"经过商量,计划在西陵为溥仪选择"万年吉地"。

勘选"万年吉地",一般要由皇帝钦派王公重臣,带领风水师、钦天监以及负责陵寝建筑规划的工部官员,还有内务府的官员等一同前往,但宣统皇帝毕竟是一位已经退位的皇帝,所以不可能再有如此的排场,但最重要的风水师还是要经过慎重筛选的。几经询求,最后选定由步军统领江朝宗推荐的广东人李青。

李青,字岳生,精通地理风水堪舆,曾任广东廉州府教授。李青到京后,内务府派笔帖式锡泉、文绮协助他前往西陵勘察。出发前，先由内务府大臣绍英、世续、景丰致信泰宁镇总兵岳樑协助，派兵跟随和保护李青等人的安全。锡泉等则从广储司银库支取差旅费用银250两，5月2日由北京乘火车前往梁格庄。

李青到达梁格庄后，立即开始踏勘工作。白天，在三名手持枪械的泰宁镇士兵的保护和引导下跋山涉水，踏勘"吉地"，晚上则下榻在梁格庄泰宁镇西的赵公祠内。李青等这次踏勘工作非常顺利，很快就找到了较为理想的"万年吉地"。李青在给江朝宗的信中称"前往西陵相度吉地，幸赖今上鸿福，竟于半日间在崇陵右偏采看一处，甚属完备"，一天就找到了，然后立即绘图帖说，一面快信寄给江朝宗，一面由锡泉呈给绍英等阅看。江朝宗等看过之后，没有马上表示同意，而是让李青等将更详细的"吉地"内堂等情形奏明，并特别指出，让李青到慕陵西面的酸枣沟看看，因为那里曾经被选勘过，虽没有被前朝采用，但风水不错。于是李青等再经过反复踏勘，认为还是崇陵右偏南平台地方的风水胜于酸枣沟一地的风水。

李青认为，此地龙脉奔腾，气势磅礴，水口紧密，护砂叠叠，而且"龙虎砂内有内明堂，其面积约数十亩，甚为紧固，较之崇陵，似颇团结。若以大小而论，其宝城、殿座、门桥、牌楼皆可如式容受用"。清室经过仔细讨论以后，派内务府大臣世续驰抵西陵现场察看，认为"其势灵秀巍峨可观""内堂外堂皆在红桩界内"，非常满意，于是南平台一地就成为了宣统皇帝的"万年吉地"。

由于路途遥远，而且勘定"万年吉地"颇费时日，所以逊清皇室内务府支付李青银洋400圆作为路费和酬谢，但李青这位清廷遗老坚辞不受，最后办事人员只好将其缴回银库。

宣统"万年吉地"所在地，位于易县西大地村北，望龙水库的西南，其具体地点当地人称"狐仙楼"（图6-2）。当年"万年吉地"确定以后，清室决定马上圈禁。先是点穴，确定金井的位置。岳樑向溥仪的奏报上说，开刨以后，见土色甚佳，风水甚好。由于资金匮乏，加之宣统年龄尚幼，点穴后，陵寝工程并没有马上开工，而是随即将金井地址进行圈禁，以备筹措款项再为兴修。

宣统的"万年吉地"从踏勘到圈禁，前后不足半年，"采择吉地、带领厂商前往圈禁金井地址、围墙工程，以及应用往返火车票价、雇觅轿车津贴、照料官兵并饭食茶水等项，共用实银六百五十四圆"。

图6-2　宣统陵址所在地

由于逊清皇室财力有限,宣统皇帝陵寝终未得以营建。随着中国封建社会的结束,皇帝这个角色也随之退出了历史舞台,这处"吉地"也就成为中国历史上最后一块"万年吉地"。

第二节 末代皇帝的跌宕人生

宣统皇帝,名爱新觉罗·溥仪,字浩然,光绪三十二年(1906年)正月十四日出生,是醇亲王载沣(光绪皇帝之弟)长子,母苏完瓜尔佳·幼兰(荣禄之女)。光绪三十四年十月二十日晚进宫,时年3岁,第二天光绪皇帝驾崩,被立为皇帝,其父载沣监国摄政,年号"宣统"(图6-3)。

1912年2月12日,由隆裕太后代行颁布"退位诏书",宣统皇帝退位,在位仅3年。根据《清室优待条件》,皇帝尊号不废,暂居紫禁城后半部,实行宣统纪年,民国政府岁给银四百万两。1917年,军阀张勋(图6-4)以调停"府院之争"为名,率"辫子军"进入北京,拥溥仪复辟。7月1日,溥仪在紫禁城召见张勋,接受奏请,复辟帝制,恢复宣统年号。12天后,张勋被皖系军阀段祺瑞的"讨逆军"击败,溥仪被迫再次退位,史称"丁巳复辟"。

1924年,冯玉祥(图6-5)等发动北京政变后,摄政内阁决定修正《清室优待条件》,废除皇帝称号并将其驱逐出宫。溥仪先搬进原醇王府,不久进入日本公使馆。

1925年2月,溥仪由日本人护送至天津日租界,1931年"九一八事变"后,在侵华日军的策划下潜往东北;次年3月,在伪满洲国任执政,1934年3月改称"满洲帝国皇帝",改元"康德",成为日本的傀儡皇帝。抗日战争胜利后,1945年8月17日,溥仪在逃往日本途中被苏军俘获,押至西伯利亚集中营关押。1950年8月,溥仪与其他伪满洲国战犯一起,被苏联政府移交中国政府,于抚顺战犯管理所关押

图6-3 溥仪分身像

图6-4 张勋旧照

图6-5 冯玉祥旧照

近 10 年。1959 年 12 月 4 日，他被特赦回到北京。溥仪获释后，在中国科学院植物研究所北京植物园劳动学习（图 6-6）。1961 年 3 月 1 日，溥仪任全国政协文史资料委员会专员，1964 年任中国人民政治协商会议第四届全国委员会委员，著有《我的前半生》。

溥仪一生先后有过 5 位妻子。1922 年 3 月，溥仪大婚，迎娶满族正白旗郭布罗·婉容为皇后，同时纳满族镶黄旗鄂尔德特氏文绣为淑妃，文绣于 1931 年与溥仪离婚（图 6-7）。

1937 年溥仪纳谭玉龄为祥贵人，1942 年谭玉龄病逝；1943 年，又纳李玉琴为福贵人，1957 年与李玉琴离婚。1962 年，溥仪和北京朝阳区关厢医院的护士李淑贤结婚（图 6-8）。

溥仪的一生，历经清朝、民国、中华人民共和国三个时期，他的身份也经历了从清朝皇帝、逊清皇帝、伪满洲国傀儡皇帝、战犯到普通公民、全国政协委员的转变，其跌宕起伏的人生是中国近代社会变迁的真实写照。

图 6-6　溥仪在植物园劳动时照片

图 6-7　文绣旧照

图 6-8　1962 年 5 月 1 日，溥仪和李淑贤结婚

第三节　魂归祖陵

纵观中外历史，每个朝代最后一位帝王的归宿，似乎都难以寿终正寝，不是被戕杀，就是沦为阶下囚，而中国数千年封建王朝的最后一位皇帝溥仪，却得以安享晚年，他无疑是幸运的。虽然经过改造，溥仪早已经成为一位新中国的公民，但末代皇帝的身份毕竟不同于常人，所以他死后也先后经过三次安葬、两次迁移，最终还是葬在了清西陵，安眠在祖辈身旁。

1967年10月17日凌晨2时30分，溥仪因患尿毒症医治无效，病逝于北京人民医院。周恩来总理对于溥仪后事的处理，曾做过明确的指示，其遗体火化或土葬由其家属决定，安葬地点可在八宝山革命公墓、万安公墓、人民公墓或另一处墓地任意安葬或寄存骨灰。溥仪家属选择了遗体火化，对安葬问题也进行了讨论。

1967年10月21日，爱新觉罗氏家族主要成员经过讨论，一致同意溥仪遗体实行火化并将骨灰寄存在八宝山人民公墓的骨灰堂内，但这是相关人员按照当时情况决定的，并非死者生前所愿，这一点直到1994年12月溥仪的妻子李淑贤与华龙陵园的经营者张世义商谈迁葬溥仪骨灰时才透露。李淑贤说，溥仪生前就对自己的后事有所交代，条件许可还是土葬为好，并且要求土葬就在清西陵。李淑贤认为，溥仪生前喜欢热闹，且后半生与人民群众相处融洽，还是长期与老百姓在一起符合其生前性情。溥仪七叔载涛也认为，溥仪生前死后一直受到周恩来总理的关照，不应该再给总理添麻烦，故此也同意不放在革命公墓。1967年10月22日，溥仪骨灰被寄存在八宝山人民公墓骨灰堂。这是对溥仪的第一次安葬。

1980年5月29日下午，中央人民政府在政协礼堂专门为溥仪等三人举行追悼会，并将其骨灰安放到八宝山革命公墓第一骨灰堂西副一室东侧26号里。这是对溥仪的第二次安葬。

关于溥仪骨灰迁葬西陵之事，《北京青年报》曾于1995年3月29日刊文《让历史划上圆满的句号：末代皇帝魂归西陵》。据说，华龙皇家陵园营建之初，投资人张世义在易县考察时听闻人们慨叹溥仪未能入葬西陵的议论。当时，他就意识到，如果能将溥仪这位中国末代皇帝请进他的陵园中，势必会增加其知名度和经济收益，因而萌发迁葬溥仪之念。此后他细心走访了解溥仪家族中仍在世间的亲人，并结识了溥仪夫妇的婚介人周振强之子周小奇。在周小奇的引荐下，张世义拜会了李淑贤女士，并陪同李淑贤来到华龙皇家陵园。李淑贤看了华龙皇家陵园后，心里颇为满意，主要是清西陵是溥仪生前就确定了的葬身之所（图6-9）。

李淑贤返京后即到八宝山办理迁葬溥仪骨灰的手续，并确定在1995年1月26日将溥仪安葬在清西陵。和祖先的陵墓相比，建在华龙陵园内的溥仪墓简单甚至寒酸，虽与光绪的崇陵相邻，其气势却比不上崇陵殿宇的一角，但99.5平方米的占地面积，也正好契合了末代

图6-9　溥仪墓

皇帝所谓"九五之尊"的身份。墓地的最前方有两个小型的石雕华表，白色的墓碑矗立在石制的基座上，墓碑前有石制的供桌。墓碑之后是用水泥筑成的圆形墓冢，下面就是安葬骨灰的地宫。两侧分别是婉容和谭玉龄的宝顶、墓碑（图6-10、图6-11）。

末代皇帝就这样被安葬在祖陵的风水禁地内，为他戏剧化的人生画上了圆满的句号。

图 6-10　婉容旧照　　图 6-11　谭玉龄旧照

第七章
清西陵的王爷公主阿哥园寝

清西陵境内,除了建有帝、后、妃陵寝外,还建有两座王爷园寝、一座公主园寝、一座阿哥园寝,安葬着2位王爷、2位公主、6位阿哥。他们多为幼年夭折,死后埋葬在父母身旁。

第一节　雍正嫡长子端亲王弘晖园寝

端亲王园寝位于崇陵西南的张格庄村,始建于雍正十三年(1735年),完工于乾隆二年(1737年),是雍正嫡长子端亲王弘晖的园寝(图7-1)。

端亲王园寝坐北朝南,大门前有马槽沟一道,正中三孔平桥一座。东西厢房各三间,单檐布瓦悬山顶。东西两间守护班房,现已无存。大门一座,单檐歇山绿琉璃瓦顶,面阔三间、进深二间。大门前有月台,月台前为砖礓磋,无抄手踏跺。门前为连三四级踏跺,门后为一座四级踏跺。前院正中享堂一座,单檐歇山绿琉璃瓦顶,面阔三间、进深三间,殿前有月台,月台前有四级踏跺,两侧无抄手踏跺。享堂后园寝门三座,中门有门楼,两旁为随墙角门。大门及园寝门的每扇门上均有门钉纵横各7行。后院有三座微微隆起的土包,即封土,东西排列,中间一座靠后。封土下面是地宫,均早年被盗。

清代康熙时定制:"凡皇子殇,备小式朱棺,附葬黄花山(清东陵境内),惟开墓穴平葬,不封不树。"规定夭亡的皇子墓不立墓碑,不建宝顶。清西陵境内的王爷公主园寝,因其墓主人皆为幼年夭折,所以全部是这种皇子墓的形式,没有墓碑,未建宝顶。

端亲王弘晖,生于康熙三十六年(1697年)三月二十六日,生母皇后乌拉那拉氏,即孝敬宪皇后,康

图7-1　端亲王园寝俯瞰

熙四十三年（1704年）六月初六日薨，年仅8岁。雍正十三年（1735年）十一月，乾隆追封他为和硕亲王，谥曰端。

有关清代宗室的封爵制度，顺治六年（1649年）、康熙二十三年（1684年）都有所规定。如"皇子满十五岁，宗人府具体请封，其爵级出自钦定"。《光绪朝钦定大清会典事例》又载："凡宗室封爵之等十有二，曰和硕亲王，曰多罗郡王，曰多罗贝勒，曰固山贝子，曰奉恩镇国公，曰奉恩辅国公，曰不入八分镇国公，曰不入八分辅国公。""凡封爵，有功封，宗室王公有功绩受封者为功封；有恩封，以天潢近支受封为恩封，皇子生十五岁，例由府奏请封爵，如奉旨暂停者，每生五年再奏请；有袭封，亲王以下奉恩将军以上缺出，由府选其子嗣内人才骑射、清语优者数人，无论嫡庶，引见钦定。其大宗原袭之子孙因罪降革，如系功封，准以旁支子孙一体承袭。"另外还有考封。从上述规定看，弘晖属于恩封，因为他是皇帝的长子，又是皇后所生，是嫡长子，实属天潢近支。乾隆追封弘晖的谕旨中指出："朕兄大阿哥，乃皇妣孝敬皇后所生；朕弟八阿哥素为皇考所钟爱，当日曾以亲王殡葬，今朕眷念手足之谊俱封亲王；一切应行典礼著宗人府会同礼部查例具奏，钦此。"

弘晖去世后即葬入清东陵黄花山。雍正皇帝去世后，乾隆感念兄弟手足之情，又在泰陵附近为哥哥弘晖、弘时，弟弟福惠分别建造园寝。乾隆二年（1737年）十月，弘晖的金棺由黄花山迁往西陵端亲王园寝安葬。《钦定大清会典》记载："乾隆三年，黄花山端亲王金棺、皇三子金棺于十月二十二日移送。东直门外怀亲王金棺于二十六日移送，陈设仪卫随行，沿途各盖芦棚，咸于十一月初五日安葬。"

园寝内还葬有弘晖的三个弟弟弘昀、弘昐和福宜。

弘昀，康熙三十九年（1700年）八月初七日生，生母齐妃李氏，康熙四十九年（1710年）十月二十五日卒，年11岁。

弘昐，康熙三十六年（1697年）六月初二日生，生母齐妃李氏，康熙三十八年（1699年）二月二十九日卒，年三岁。

福宜，生于康熙五十九年（1720年）五月二十五日，生母年氏，即敦肃皇贵妃，卒于康熙六十年（1721年）正月十三日，年2岁。

第二节　年妃之子怀亲王福惠园寝

怀亲王园寝位于西陵太平峪的王各庄塔沟，坐北朝南，始建于雍正十三年（1735年），完工于乾隆二年（1737年），同年十一月葬入雍正皇帝的第八子怀亲王福惠。

怀亲王园寝前后两进院，平面呈前方后圆，取天圆地方之意。其建筑规制与端亲王园寝基本相同。主要建筑有：大门一座，单檐歇山绿琉璃瓦顶，面阔三间、进深两间，门前连三四阶踏垛。门前有月台，月台前建砖礓磜，两侧无抄手踏垛。享殿面阔三间，单檐歇山顶，为绿色琉璃瓦。殿前有月台，月台前有四级踏垛，两侧无抄手踏垛。享殿后有园寝门三座，中门有门楼、月台，两角门为随墙门，门前踏垛均为四级。院内无宝顶，夯土和条石上有微微隆起的封土，下面为地宫。其大门和园寝门门扇均施以横七竖七门钉（图7-2）。

怀亲王福惠，康熙六十年（1721年）十月初九日，出生于圆明园，母亲敦肃皇贵妃年氏是雍正最宠爱的妃子。年妃曾生育过四个孩子，三个先后夭亡，唯有福惠长到了8岁。他的舅舅年羹尧是威风凛凛的大将军，因而福惠自小受到雍正皇帝的特别钟爱。雍正曾在给年

图7-2　怀亲王园寝鸟瞰

羹尧的朱谕中多次提及"贵妃甚好，福惠上好，特谕而喜"。雍正五年（1727年），福惠才7岁，雍正就为他安排了属下人。

雍正六年（1728年）九月初九日，福惠病逝，虽年仅8岁，丧礼却极其隆重。不仅皇帝辍朝三日，而且宫中所有人员都要为这个8岁的孩子穿孝。亲王以下将军以上的皇室贵族、公侯伯以下骑都尉品级以上官员、公主福晋以下二品夫人以上命妇都集于皇宫，每日两次向福惠灵柩供献祭品，举哀致祭，下葬以后百日内仍然每日朝夕二祭。在此期间及以后，逢有重要祭日还要用大量的金银锞子和纸钱（初祭、大祭各用七万枚）、羊、酒宴等行祭。此外，按照清朝规定，皇子幼年夭亡的丧礼不设引幡，但福惠的丧礼却使用了引幡。乾隆三年（1738年），皇次子永琏去世，而此时永琏已经被秘立为皇储，乾隆认为应该按皇太子的礼仪举行丧葬典礼。而此时清代尚未举行过皇太子的丧葬礼，礼部的大臣们上奏说"皇太子丧仪，会典未载"，"今请依雍正时怀亲王丧仪"。福惠的丧葬礼仪被后世作为皇太子的礼仪标准。

雍正十三年（1735年）十一月十三日，乾隆登基后，乾隆以"朕弟八阿哥素为皇考所钟爱，当日曾以亲王殡葬"，追封福惠为和硕亲王，谥曰"怀"。但福惠去世后，其金棺并没有按例葬在黄花山，而以亲王礼葬于北京东直门外。乾隆三年（1738年）十月二十六日，怀亲王金棺从东直门外移送西陵，十一月初五日安葬于怀亲王园寝内。

第三节　雍正大阿哥弘时园寝

阿哥园寝坐落在崇陵西南的张格庄村，位于端亲王园寝西侧，始建于雍正十三年（1735年），完工于乾隆二年（1737年）。1737年11月7日葬入雍正第三子弘时及其儿子永珅，还有幼年早逝的十弟福沛，是清代唯一的一座阿哥园寝（图7-3）。1900年法国人欧仁的西陵调查报告中称：阿哥园寝内葬有弘时及其妻子与两个孩子，一儿一女。共四个人。近年也有专家认为弘时福晋去世后亦葬入此园寝。

清代自康熙时期定制，没有任何封号的皇子没有资格另辟陵址建陵，而单独为弘时建了一座阿哥园寝，成为清代陵寝的独特体例。阿哥园寝虽然不能列入等级，编入史册，但由于墓主人的特殊身份和乾隆帝的手足深情，其建筑规模与端亲王园寝基本相同，仅屋顶没有用绿琉璃瓦，而是采用灰布瓦盖顶，等级较低。现存建筑从南至北依次为三孔石平桥、东西厢房各一、宫门、享殿遗址、园寝门、宝顶，共有单体建筑8座，宫门以内环以围墙。其大门和园寝门门扇均施以横七竖七门钉。因弘时去世时已年长，建有宝顶一座。宝顶前面两侧还有微微隆起的封土两座，其中一座是弘时的儿子永珅墓，据现有资料推测，另一座可能是福沛的墓。（图7-4）。

图7-3　阿哥园寝鸟瞰

图7-4　阿哥园寝宫门

弘时生于康熙四十三年（1704年）八月初七日，生母齐妃李氏，是雍正的第三个儿子，因在成年弟兄中居长，所以也被称为大阿哥。雍正五年（1727年），被削除宗籍，不久死去，时年25岁。

在雍正的10个儿子中，只有4个长大成人，最小的儿子弘曕在雍正十一年才出生，雍正去世时，弘曕刚刚3岁。虽然弘时居长，但弘时生前一直未受到皇帝的喜爱和重视。康熙五十九年（1720 年），圣祖将允祉子弘晟、允祺子弘升封为世子，17 岁的弘时却没有得到任何封赐。雍正在位年间，曾多次派遣诸子弟参加各种礼仪活动，弘历、弘昼屡有机会，弘时却一次都没有被派遣过。雍正四年（1726 年）九月，雍正皇帝曾召皇子、诸大臣共 94 人至乾清宫赋柏梁体诗，在与会诸皇子中仅有弘历、弘昼二人，而无弘时。据《清皇室四谱》记载弘时："雍正五年（1727 年）八月初六日申刻，以年少放纵、行事不谨，削宗籍，死。"

关于弘时的去世，一直以来多被人们认为是因为弘时觊觎储位，被雍正皇帝处死或逼死的。后来有学者在台北故宫博物院所藏"宫中档案雍正朝奏折"中发现有乾隆登基后庄亲王允禄等关于恢复弘时宗籍的奏折，其中关于弘时的获罪经过有较为清楚的交代：

"查：雍正四年二月二十八日奉旨：弘时为人断不可留于宫廷，是以令为允禩之子。今允禩缘罪撤去黄带，玉牒内已除其名，弘时岂可不撤黄带。著即撤去黄带，交与允祹，令其约束养赡。钦此。"

"臣等查三阿哥从前原因阿其那（允禩）获罪株连，与本身获罪撤去黄带者不同，今已故多年，蒙皇上笃念兄弟之谊，欲仍收入谱牒，于情理允宜。应钦遵谕旨，将三阿哥仍载入玉牒。俟命下之日，交与宗人府办理可也。谨遵请旨。依议。"

原来，弘时获罪，是因为受到允禩的牵连。而弘时早在雍正四年（1726 年）二月之前就已经过继给雍正的政敌允禩为子。雍正此时年届五旬，身边只有弘历、弘时、弘昼三个儿子，雍正却将最年长的儿子过继给自己的政敌，断绝父子情意，可见雍正对弘时失望和厌恶至极。而对于弘时来说，从储位候选人跌落至犯人之子，其抑郁也可想而知。后允禩因罪被削除宗籍，弘时也随之在雍正四年（1726 年）二月二十八日被削宗籍。此后，允禩的亲生儿子弘旺被"发往热河充军"，后又长期遭受拘禁。雍正对弘时则网开一面，由叔叔允祹约束养赡。但没多久，弘时就去世了。

弘时去世后被埋葬于东陵的黄花山。雍正十三年（1735 年）十月，乾隆登基后，追念手足之情，下谕旨："从前三阿哥年少无知，性情放纵，行事不谨，皇考特加严惩，以教导朕兄弟等，使知儆戒。今三阿哥已故多年，朕念兄弟之谊，仍收入谱牒之内。"恢复了其宗室身份，并于乾隆三年（1738 年）十月二十二日，和端亲王弘晖的金棺一起奉移西陵，十一月初五日，安葬于西陵阿哥园寝内。《爱新觉罗宗谱》记载，弘时有三位妻子，嫡妻栋鄂氏，尚书席尔达之女；妾钟氏，钟达之女；妾田氏。弘时有一子，名永珅。

永珅，弘时第一子，康熙六十年（1721 年）辛丑七月二十日午时生，母亲为钟氏；雍正二年（1724 年）甲辰正月初六日申时卒，年 4 岁。

福沛，雍正元年（1723 年）五月初十日生，生母为皇贵妃年氏，即敦肃皇贵妃。当日卒。

第四节 嘉庆两位公主的园寝

公主园寝位于崇陵西南的张格庄村东,埋葬着嘉庆皇帝的五公主慧安和硕公主与九公主慧愍固伦公主。

嘉庆第五女慧安和硕公主生于乾隆五十一年(1786年)十一月十一日,母亲沈佳氏。乾隆六十年(1795年)五月,五公主殇,虚年10岁,嘉庆二十三年(1818年)追封慧安和硕公主。死后其金棺先停放于静安庄殡宫。嘉庆八年(1803年)春,嘉庆皇帝命太平峪"万年吉地"总理工程处为五公主相度福地,营建园寝。承修大臣将选出的几个备选福地绘图帖说奏报。皇帝降谕令在永福寺西北的董家庄(今张格庄)按照和硕公主之例为五公主建造园寝。同年十月十二日寅时五公主的金棺同仁宗的恕妃、简嫔、逊嫔金棺一同从静安庄暂安处运至西陵(图7-5)。

公主园寝始建于嘉庆八年(1803年)五月,由太平峪"万年吉地"(昌陵)总理工程处负责承修,主要承修大臣有盛住等人。据记载,工程耗银36237两,约完工于嘉庆十年,同年三月葬入五公主墓。公主园寝现存单体建筑5座,建筑从南至北依次为东西厢房各一、宫门、享殿遗址、高泊岸一道、宝顶二座。大门门扇朱红漆饰,素面无门钉。大门内有围墙环绕。其建筑形式比较特殊。其一,按照清代陵制,无论是帝后陵还是王爷、公主园寝,陵院的围墙平面均为前方后圆,而这座公主园寝的围墙平面却是长方形,后围墙非弧形而是方形,这在清代陵寝中是极为少见的。其二,按照清代陵制,园寝一般是前后两进院落,即前朝后寝形式,其间以园寝门及左右面阔墙为界,而这座公主园寝却无园寝门,也无面阔墙,而是采用高泊岸、宇墙和栅栏门的形式分成前后两部分,这也是清代园寝中少见的。

嘉庆第九女慧愍固伦公主,生于嘉庆十六年(1811年)正月二十五日,母亲如妃即后来的恭顺皇贵妃。嘉庆二十年(1815年)

图7-5 公主园寝鸟瞰

五月二十二日九公主殇，虚年5岁，死后第二天就被追封为慧愍固伦公主。按照清代的制度，"中宫所生为固伦公主，妃所生为和硕公主"，九公主的母亲并非皇后，但她被封为固伦公主，可见如妃和九公主都为嘉庆所宠爱。九公主去世后，金棺最初停放在畅春园西面的西花园，金棺漆饰15遍，用高丽布15尺。九公主去世第三天，嘉庆二十年五月二十四日，嘉庆亲自到西花园九公主金棺前赐奠。不久，将九公主金棺移到田村殡宫暂安。当年九月二十一日，金棺奉移西陵，九月二十五日葬入西陵张格庄公主园寝东旁地宫内。

嘉庆二十一年（1816年）六月二十一日，嘉庆皇帝对九公主入葬后的祭祀事宜专门下旨："和硕五公主向于每年致祭二次，仍照例办理，毋庸添拨地亩。慧愍固伦公主，著照所请，每年致祭四次，应行拨给地亩，照例拨给。"每年致祭不仅比五公主多出一倍，还安排了负责提供供品的园头、庄头。

嘉庆十年（1805年）三月十四日、嘉庆二十一年（1816年）三月和嘉庆二十三年（1818年）三月十一日，嘉庆皇帝曾三次亲临赐奠。嘉庆二十三年（1818年）三月，皇帝亲临公主园寝赐奠时还同时谕内阁："五公主著追封为慧安和硕公主，同慧愍固伦公主，著弘善制造神牌二座。"

第八章
清西陵附近的皇亲贵胄墓

清西陵外围，建有多处王爷大臣墓，这些墓的营建自康熙四十五年至民国年间，各依墓主人的身份地位，大小不一，建筑有制。其中以怡亲王园寝最具特色。

第一节
雍正赐坟地，允祥吞黄土——怡贤亲王允祥园寝

位于河北省涞水县水东村的和硕怡亲王园寝，西距清西陵30公里，这是一座超越规制、仅次于皇帝陵的亲王园寝。

允祥，康熙皇帝第十三子，生于康熙二十五年（1686年），母敬敏皇贵妃章佳氏。雍正八年（1730年）去世，年45岁。（图8-1）允祥是最受雍正信赖的手足，本应葬在泰陵附近，那为什么最后葬于远离清西陵的涞水县呢？其中有一段"雍正赐坟地，允祥吞黄土"的历史典故。

雍正登基以后，把勘选"万年吉地"这样的大事交由允祥一手操办，最后在易州境内太平峪选中了风水宝地。雍正对这片"上吉之壤"非常满意，同时也被允祥的尽心尽力所感动，于是在自己陵址附近选了一块"中吉"之地赐给允祥。兄弟俩生前情深意重，雍正愿死后与之相依为伴。允祥却万分惶恐，坚辞不受。后来允祥在泰陵附近涞水县水东村为自己选了一块平善之地作为自己的墓地，请求皇帝赐给自己，雍正不得已批准了他的请求。允祥得旨后十分高兴，他对属下说，皇上待我皇恩浩荡，今日赐给吉地是我子孙后世永享皇恩的福气。于是他派护卫到墓地去取回一包黄土，允祥端详片刻，突然捧起一块土吞了下去，众人疑惑不解，允祥笑而不答。允祥以此来表示自己将来葬在水东村的心意已决，断无更改。

图8-1 允祥画像

1. 最为皇帝倚重和信赖

允祥天分极高,诗词翰墨,皆工敏清新;精于骑射,每发必中;临危不惧,处变不惊。他少年时期深得康熙皇帝的喜欢,与四阿哥胤禛自小亲密无间。雍正皇帝给允祥的祭文中,提到允祥的算学由他亲自教授,"忆昔幼龄,趋侍庭闱,晨夕聚处。比长,遵奉皇考之命,授弟算学,日事讨论"。每逢塞外扈从,兄弟俩"形形相依"。当康熙皇帝出巡只带他们其中一个扈从时,即使短暂分别,两兄弟也会诗书往还,可见兄弟二人感情之深。

在康熙皇帝去世的第二天,雍正皇帝就封允祥为和硕怡亲王,总理朝政,又出任议政大臣,处理重大政务;雍正元年(1723年),命总理户部。从雍正元年到雍正三年(1725年),允祥先后担任总理事务大臣,处理康熙皇帝、孝恭皇后丧事,总管会考府、造办处、户部三库、户部,参与西北军事的运筹,办理外国传教士事务。雍正三年底,会考府解散、总理大臣卸任,允祥除了继续以前的各项兼职外,加议政大臣,总理营田水利,领圆明园八旗禁军,办理胤禛藩邸、陵寝事务,筹办军需并对用兵漠北进行战略谋划,还要承担皇帝临时交办的审断案件、代行祭祀等诸多差务,职任繁多,综理万机。允祥能同时治理那么多棘手的国家大事,均井井有条,在历代能臣中实属罕见。因此,雍正皇帝多次在谕旨和祭文中都称赞他"为国柱石,为世楷模""王固建不朽之盛烈,称宇宙之全人矣",表彰允祥的不朽功勋。

允祥在帮雍正皇帝勘选"万年吉地"时,最初是在康熙皇帝景陵附近寻访,第一次选中遵化的九凤朝阳山,后因土质不佳、环境又有缺陷而废掉。于是再次勘选,选定易州太平峪。为了选勘"万年吉地",允祥坚持参与实地踏勘,翻山越岭,"往来审视"极尽辛劳。允祥怕打扰当地百姓,"常至昏夜始进一餐"。康熙末年,允祥曾被长期监禁,严重影响了他的健康。雍正即位后,允祥由于职任繁多,过度劳累,至雍正七年秋冬,其身体健康状况已经非常糟糕,于是雍正派太医院使刘声芳任户部侍郎,让他边给允祥治疗边向他请教政务。

2. 备受皇帝眷顾和恩宠

雍正元年(1728年),雍正皇帝知道允祥府中贫寒,传旨按康熙年间分封皇子为亲王之例,赐给他钱粮23万两。允祥却百般谦退,经皇帝再三宣谕,勉强收下13万两。雍正皇帝只好另行施恩,命由允祥兼管的佐领(满人定三百人为一牛录,一牛录之长,汉译称作佐领)都归他统辖,并增赏其侍卫和亲军。后来,雍正皇帝又援引康熙皇帝给予裕亲王的待遇,命允祥"支官物六年",他又固辞不受。雍正三年(1725年)二月,又以允祥"总理事务谨慎忠诚,从优议叙",特在亲王之外又加封一个郡王爵位给他的儿子,允许他在儿子中任意指封一人,这在清代历史上是没有先例的，允祥依旧坚辞不受。胤禛也不好勉强，遂命给他增加俸银一万两，以为奖励。

雍正七年（1729 年）冬，允祥得病。他所居住的交晖园与圆明园邻近，雍正皇帝常派御医过来治疗，并多次打算亲登王府看望，都被允祥恳辞谢绝。

允祥病中仍关心朝廷大事，隔十天半月就硬撑着入宫觐见皇上。后病情日重，为避免雍正皇帝登府看望、增添忧伤，他特地搬到京郊西山养病。

面对皇帝给予的恩遇和荣耀，允祥总是表现得谦恭谨慎、安分自处、荣宠不惊、恪守臣道，这也是他保持宠眷不衰的重要原因。

3. 极其隆重的丧礼仪式

雍正八年（1730 年）五月初四日，雍正皇帝得知允祥生命垂危，急从圆明园起驾前往探望，还未赶到怡亲王府，允祥就去世了。闻听噩耗，雍正皇帝悲恸不已，下旨辍朝三日。第二日，他又亲自前往灵前祭奠，规定："其致祭应于定例二次外，加祭一次"。雍正皇帝素服一月，一月不宴筵。

允祥死后第三日，雍正皇帝又谕示内阁，"凡告庙典礼所关有书王名处，仍用原名，以志朕思念不释之意"。将"允"改回"胤"，恢复其名为胤祥，不避皇帝之讳，雍正皇帝诸兄弟中，独允祥一人书写原名。

雍正皇帝赐允祥谥号为"贤"，为表彰其功绩，雍正皇帝亲书"忠、敬、诚、直、勤、慎、廉、明"八字加于"贤"字前，并配享太庙，在奉天、直隶、江南、浙江建专祠。谥号前加上御赐八字，在清朝王公中仅此一例。

雍正皇帝还令官员们每日到怡亲王府吊唁，他的三哥诚亲王允祉因参加允祥丧礼"每日迟至早散，当举哀时，全无悲泣之情，反有庆幸之意"而被革去亲王，并拘禁。

允祥有妻妾 6 人，生育 9 个儿子、4 个女儿。允祥去世三个月后，雍正皇帝令允祥之子弘晓袭封怡亲王，并且世世相承，永远弗替；又封另外一个儿子弘晈为郡王，并世袭罔替。

雍正十年（1732 年）九月，允祥入葬之前，雍正皇帝多次到灵前奠酒致哀，并亲自撰写《哭怡亲王二首》《怡亲王挽诗三十韵》《和硕怡亲王碑文》《和硕怡亲王初次祭文》《和硕怡亲王祭文》《和硕怡亲王诔并序》《交晖园遗稿》《和硕怡贤亲王遗稿题辞》等纪念诗章，字里行间充满了对允祥的思念。同年九月初七日，允祥金棺奉移园寝，奉移前的初三日、初六日两天，雍正皇帝连续到允祥金棺前奠酒。九月十三日午时，允祥金棺葬入地宫，神牌配享太庙，入祀京师贤良祠。乾隆十九年（1754 年）九月，诏入盛京贤王祠。乾隆三十九年（1774 年）十二月，诏以其爵世袭罔替。（图 8-2）

4. 清代规模最大的王爷园寝

雍正八年（1730年）五月允祥病重期间，他将自己的坟墓营建及死后丧礼都一一做了安排。他亲自画好一幅亲王坟茔图交给他的妻子及诸子，并嘱咐他们说："我身后茔地之制，悉照会典所载亲王之礼行，毋得稍有逾越，如或稍过，则汝等违背我令，即非吾妻、子。"雍正则认为，园寝的规制关系到国家的典礼，而"德懋懋官，功懋懋赏"，为功德俱隆的允祥营建园寝，当然要打破常规、超越规制。雍正亲定怡亲王允祥茔制为"享堂七间，享堂之外中堂三间，内围墙一百丈，中门之内建焚帛亭、祭器亭，中门外建神厨五间、神库三间、东西厢及宰牲房各三间、碑亭一座，其外为大门三间，周围墙二百九十丈，

图8-2　光绪朝《涞水县志》中的怡亲王园寝全景图

大门外设奉祠房二十间，再加石桥二、石牌坊一、擎天柱二、神道碑一，从开工之日起设立守备一员、千总一员、把总二员、兵丁五十员，永远守护"。这使允祥的园寝成为清代规模最大的王爷园寝。而实际上，允祥园寝的规模比《清实录》中的这段记载还要大。

允祥园寝坐西朝东，其南、北、西三面环山。距宝顶之西300米之外有一条丘陵绵延，山形成龙椅状，此为山水"内圈"，"外圈"在龙岗丘陵以西15公里以外的太行山脉，山形也是三面环抱，与丘陵走势遥遥相对，形成园寝的天然屏障。依峦近水，茂林丰草，自然环境十分优美。怡亲王园寝始建于雍正八年（1730年），雍正十年允祥入葬。园寝神道全长1.5千米，清代曾有建筑30多座，占地600亩，禁区方圆21.75千米（图8-3、图8-4）。

允祥园寝的建造规制不仅远高于亲王园寝规制，还仿皇帝陵，建有内外围墙，并在外围墙大门外建牌坊两座和神道碑一座、华表二根以及焚帛亭、神厨、神库、宰牲房等，成为仅逊于皇帝陵的亲王园寝（图8-5）。

图 8-3 怡亲王园寝火焰牌坊　　　图 8-4 怡亲王园寝石牌坊

据涞水县文保所资料记载怡亲王园寝的大致轮廓如下："沿陵环绕着整齐的松柏。陵东有井亭一座,井水清澈深邃。全陵大殿、朝房、围墙等皆为绿色琉璃瓦,雕梁画栋。往北有下库一所、房三间,乃为盛祭祀用品之用。西侧月台峙立,广达数亩。台下东面矗立着一座碑楼,辉煌耀目,为汉白玉和城砖所砌。碑楼四面皆门,当中龟驮石碑,高约丈余,上刻满汉文对照的碑文。过碑楼往西有月台,台阶有十几层,月台上有南北朝房各三间,狻猊(也有说麒麟)一对分列南北。正西是门楼三间,门皆红色,门前有数根合抱粗的明柱。进大门,甬路正中用汉白玉方砖铺地。南有茶楼一座,北有焚纸炉房一座。殿后有南北房各三间,房内藏有刀枪盔甲等兵器。正中有大殿一座,台阶为汉白玉所砌,并刻有'丹凤朝阳'图,两旁另有台阶,供祭祀人员往来。大殿正中设金黄色宝座一具,大于平常椅子两倍多。殿内西南角有寝室数间,黄绫锦被,四周幔帐。门窗四角为雕有二龙戏珠的铜荷叶钉成。转过殿角,迎面是卡墙,正中有一间门楼。沿台阶层层而上,进到门楼里边,正面就是宝顶。宝顶底座用石头砌成,上面用三合土筑成,陵基高一丈有余、宽两丈多,用黄色土铺成。西南北三面建有一圈围墙,外围墙与大门外月台相连。围墙内栽满国槐,密植成林。围墙外有五米多宽的汛道,都是用城砖砌成。"

自民国以后,怡亲王园寝的保护逐渐松懈,园寝建筑受到了严重的破坏。抗日战争爆发前夕,怡亲王陵墓被盗。抗战时期日军占领涞水以后,地面建筑遭到严重破坏。而今怡亲王园寝的大部分建筑已经毁坏殆尽,现

图 8-5 怡亲王园寝的华表(1983 年摄)

仅存神道基址、神道碑、火焰牌坊、五孔石拱桥、石牌坊、三孔石平桥、华表两座、三孔石㕑偻桥、三孔石拱桥等9座石建筑。

第二节
中规中矩的王爷园寝——果毅亲王允礼园寝

在泰陵东北15公里的梁格庄镇上岳各庄村西北，坐落着一座清代标准规制的亲王园寝，这就是雍正的弟弟、康熙第十七子果亲王允礼的园寝。

允礼，生于康熙三十六年（1697年）三月初二日，卒于乾隆三年（1738年）二月初二日，享年42岁。允礼是雍正皇帝最信赖的弟兄之一（图8-6）。

图8-6 果亲王允礼画像

1. 德才兼备，备受倚重

允礼工书法、善诗词、好游历，很多名山大川皆有其足迹，他对建筑园林也颇有研究，著有《春和堂》《静远斋》《奉使纪行诗集》等，在管理工部期间，主持完成了《工部工程做法》。

雍正皇帝继位之初，允礼曾被雍正皇帝视为八阿哥允禩同党，后经允祥极力向雍正皇帝举荐，说允礼"居心端方，乃忠君亲上，深明大义之人"，被雍正重用，从此不断被委以重任，飞速地加官进爵，频繁得到赏赉，成为雍正倚重的手足。

雍正元年四月十六日，允礼被封为多罗果郡王，管理理藩院事务；五月二十七日，雍正命"以果郡王署右翼前锋统领"，隶属前锋营；七月初六日，管理正黄旗蒙古都统事务；七月二十七日，管理镶蓝旗汉军都统事务，兼任两个旗的都统事务。

雍正二年正月十七日，允礼正式出任镶蓝旗汉军都统；五月初八日，雍正谕"以果郡王允礼管理镶红旗满洲都统，仍兼管镶蓝旗汉军都统"；八月初八日祭社稷，允礼替皇帝行礼；八月初九日，允礼代替皇帝祭孔；八月二十七日，雍正谕宗人府："着加怡亲王俸银一万两，果郡王着照亲王给与俸银俸米。"

雍正三年，允礼以实心卫国，操守清廉，特命食亲王俸，排在顺承郡王之上。

雍正四年四月，允礼奉旨监管镶蓝旗蒙古都统，一人兼任正黄旗蒙古都统、镶红旗满洲都统、镶蓝旗汉军都统和镶蓝旗蒙古都统四职；七月初八日，命康亲王崇安和允礼负责稽查国子监事务。

雍正六年二月初五日，晋为和硕果亲王。

雍正七年七月十一日，奉命管理工部事务。

雍正八年八月二十八日，命允礼总理户部三库事务。

雍正十一年八月十一日，命允礼管理宗人府事务；十月，命管理户部事务。

雍正十二年七月，奉命往泰宁（今四川甘孜），伴送达赖喇嘛还藏，并巡阅沿途驻防及绿营官兵。

雍正十三年五月二十五日，奉命携宝亲王弘历、和亲王弘昼办理苗疆事务；八月，雍正病重，受遗诏辅政。

雍正认为："果亲王至性忠直，才识俱优，实国家有用之才。"雍正皇帝驾崩时，允礼负责掌管紫禁城钥匙，是四位辅政大臣的核心人物。乾隆皇帝登基后，任命允礼管理刑部事务，并赐亲王双俸，免去便殿接见叩拜之礼。由于允礼"气体稍弱"，雍正时就经常让他在王府中办公，乾隆皇帝登基后，关心允礼的身体健康，下令雍正皇帝去世百日后，允礼可以隔数日入朝，等天气晴暖的时候觐见。可谁也没料到，宠眷正盛的果亲王，却因为缺席一次简单的堂子祭祀，命运急转直下。

2. 英年早逝，恩赐福地

乾隆元年（1736年）三月初一日，皇上亲诣堂子躬行安杆典礼，凡是亲王理应按时齐集，允礼因病未到。十一日，宗人府官员向乾隆皇帝奏报，并议奏允礼"临期托病不到，应照例削去王爵"。乾隆皇帝看完这份奏折，沉思良久："允礼原应照所奏治罪，但伊自办理政务以来，尚属勤奋，著免去削爵，将特恩赏给亲王双俸裁去，并将加给一倍亲王之护卫官员及护军马甲撤回。"这次处分对允礼的精神打击很大，病体日渐沉重。

乾隆二年秋天以后，允礼病情加重，虽命太医院用心调治，但乾隆三年正月初二日，病势陡增。乾隆皇帝本想亲自探视，但因为孟春时分，正值斋戒，不便前往，于是命和亲王弘昼代表皇帝前往慰问。乾隆三年二月初二日，允礼去世，享年42岁。乾隆皇帝非常悲痛，当日亲临祭奠，在他撰写的和硕果毅亲王碑文中，乾隆皇帝充分地表达了对这位叔叔的思念和对其英年早逝的惋惜之情。

允礼没有子嗣，唯一的儿子六个月时夭折，乾隆皇帝派大阿哥永璜为他穿孝；令加祭一次，立碑造坟如例，谥曰"毅"；谕曰："朕笃念亲亲之谊，此爵自应久远承袭。"他将自己的弟弟六阿哥弘瞻过继给允礼为后，袭封果亲王。

据《宫中朱批》记载，雍正十年四月，雍正曾降谕旨："上岳各庄福地，赏给王福舍安葬，钦此。"恩赐上岳各庄福地为允礼建造园寝。允礼去世后即安葬于此，同葬有他的嫡妃和一位侧妃。

3. 标准规制的王爷园寝

上岳各庄福地赐给允礼后，雍正命令户部主事洪文澜会同果亲王府派出官员到易州，遵照亲王园寝规制，配合风水地势，将需圈用的范围进行了详细的勘察、测量。拆迁涉及民地一顷九十九亩九分七厘八毫、房基园地三十一亩九分九厘七毫、瓦草房一百八十六间、树七百二十六株、坟一百七十九座、六檩小庙一座。园寝于雍正十三年八月二十五日开工建造，由允礼舅舅的儿子陈昌负责工程事务，共耗银八万两。

按照清代制度，亲王飨堂五间，门三扇，饰朱红油，绘五彩金花，茶饭房左右各三间，碑亭一座，围墙百丈，守冢人十户。根据现存王爷园寝调查情况，允礼的园寝规模较大，陵寝建筑序列完备，是清代中规中矩的王爷园寝，真实地反映了雍正年间王爷园寝的标准规制（图 8-7）。

图 8-7　果亲王允礼墓碑

园寝大致建筑布局如下：

园寝最南端有一路三孔石桥，过桥向北约 300 米，建碑亭，内立乾隆三年九月二十二日谕祭龟趺碑一通。离碑亭不远为东西厢房各三间。再前行设宫门三门，宫门前有石狮，宫门与红墙相连接。宫门内有享殿五间，享殿月台前设踏跺，中间踏跺镶丹陛石一块。享殿两侧有卡墙，辟有东西角门。殿后有月台，月台上建大红宝顶一座（图 8-8）。

和硕果毅亲王园寝曾多次被盗，地面建筑也毁坏严重，现仅存三孔石拱桥一座、交龙首龟趺石碑一座、石狮一对、丹陛石一块、宝顶一座。碑亭、厢房、宫门及享殿仅存基址（图 8-9）。

图 8-8　允礼墓享殿遗址及祥云丹陛石

图 8-9　果亲王园寝宝顶

第三节
亲王规制的郡王园寝——果恭郡王弘曕园寝

果郡王园寝位于泰陵东北约 15 公里的梁格庄镇岭东村西北,是雍正皇帝最小的儿子弘曕的园寝。弘曕去世时虽然仅有郡王封号,但他的园寝却比高一级的亲王园寝还要宏大。(图 8-10)

弘曕,雍正皇帝第六子,生于雍正十一年(1733 年)六月十一日亥时,生母为谦妃刘氏。弘曕自小在圆明园长大,被称为"圆明园阿哥"。乾隆三年(1738 年)二月,果亲王允礼去世,无子。庄亲王允禄奏请把弘曕过继给允礼,乾隆皇帝经请示皇太后,准奏,并命其承袭果亲王。后弘曕获罪降为贝勒,死前又恢复为郡王,谥为"恭",故称为"多罗果恭郡王"。

图 8-10　弘曕画像

1. 多才而寡恩的郡王

弘曕从小受读于乾隆朝进士、清代著名诗人沈德潜。沈德潜在乾隆初年已经闻名遐迩,乾隆皇帝对他非常仰慕,于是派他教授自己的幼弟弘曕。弘曕师从名师,学有所成,被誉为"诗宗归于正音,不为凡响"的善诗词弟子。弘曕善诗词,雅好藏书,他的书房可与怡王府的明善堂相媲美。

乾隆十五年(1750 年),弘曕 18 岁,乾隆皇帝令他管理武英殿、圆明园八旗护军营、御书处、药事房;乾隆十九年(1754 年)又令他负责管理造办处事务。

弘曕的继父允礼在雍正、乾隆两朝颇受信任。乾隆皇帝即位后,命他总理事务,赐亲王双俸,所以允礼"在诸王中较为殷富,弘曕既得嗣封,租税所入,给用以外,每岁赢余,不啻矩万"。允礼去世后,弘曕承袭了果亲王的爵位和财产,非常富有,他"居家尚节俭,俸饷之积,至充栋宇"。但弘曕却依然喜好积聚钱财,疯狂敛财,对待下属却很苛刻严厉,甚至因开设煤窑而强占平民产业。

乾隆二十八年(1763 年),两淮盐政高恒替京师王公大臣贩卖人参牟利案发,在审理案件时,高恒供称:弘曕因欠商人江起镨的钱,派王府护卫带江起镨到高恒处,委托售卖人参,以偿还欠债,这件事大失御弟身份。又查出弘曕令各处派遣官差为自己购买蟒袍、朝衣、刺绣、古玩以及优伶，却只给很少的价钱。甚至在朝廷选拔官吏时，弘瞻还把自己的门下私人嘱托给军机大臣阿里衮选用。乾隆皇帝得知后大为恼火，斥责弘瞻"冥心干预朝政，毫无顾忌，……朕实为之寒心。"弘瞻对他母亲也非常吝啬。乾隆皇帝斥责他坐拥巨额财产，而侍奉母妃却很抠门，反而常向母妃索要财物，为人子能这样做吗？一次生母谦妃寿辰时，乾隆皇帝没有加赐称祝，弘瞻也十分不满，形之于色，当乾隆问起时，竟向乾隆皇帝陈词讽刺，说不给母妃庆祝，是"不敢和皇帝斗富"。令乾隆皇帝更为气愤的是，圆明园"九州清宴"失火，诸王都进园救火，弘瞻住处离得最近，却来得最晚，并且和皇子们嘻嘻哈哈，毫无关念之情。再就是弘瞻和弘昼一起到皇太后宫中请安，在皇太后座旁膝席跪坐，该处正好是皇帝平日跪坐之地，乾隆皇帝责备两个弟弟"仪节僭妄"。

弘瞻的恃宠自傲，最终导致乾隆皇帝极度不满，于乾隆二十八年给予弘瞻极其严厉的处罚。据档案记载："九月初四日，贝勒弘瞻交罚银一万两，九月初九日广储司奏为销毁亲王金宝一颗。"弘瞻由亲王降为贝勒，罢免了所有官职，连弘昼亦因于皇太后前"跪坐无状"，被罚王俸三年。

2. 亲王规制的郡王园寝

弘瞻被革职后，闭门家居，抑郁不欢，一病不起。乾隆三十年二月二十八日，正在南巡途中的乾隆得知弘瞻病重的消息，乾隆没想到骄横的弘瞻就像温室里的幼苗一样不堪一击，于是奏请皇太后，恢复了弘瞻郡王的封爵，但遗憾的是这喜讯并没有延缓弘瞻的生命。弘瞻于乾隆三十年（1765年）三月初八日申时去世，享年33岁，谥曰"恭"。

弘瞻园寝（图8-11）位于一处高岗上，坐北朝南，随地势由南向北逐次抬高，北依后宝山。按清朝规制，郡王坟茔：飨堂三间，门三扇，饰朱红油，绘五彩小花，茶饭房三间，碑亭一座，围墙八十丈，守冢人八户。果郡王园寝的享堂为五间，所以弘瞻的园寝是一座亲王规制的郡王园寝，成为清代园寝中极为特殊的一座（图8-12）。

现陵墙保存较好，龟趺碑、大门和东西厢房尚存，其余各部建筑虽已坍塌，但遗址仍清晰可辨。

图8-11　弘瞻园寝石碑

园寝最南端曾有一孔石桥一座、下马桩二根，现已无存。向北有碑亭一座，碑亭已毁，龟趺碑尚存。石碑向北，地势逐次抬高，正前方为宫门。宫门前有青砖铺墁的月台，月台两侧分别有东西厢房各一座，东厢房已无存。宫门已毁于火灾。宫门两侧围墙各有角门一座。宫门前小月台上东西两侧各有石狮一对，造型生动活泼，非常可爱（图8-13）。宫门内建筑有围墙环绕，陵墙内有茂密的柏树，陵墙外有一圈松树。

在宫门前大月台之南，有四交龙首龟趺碑一座，保存完好，上有乾隆皇帝御制的碑文，满汉两种文字，落款为"乾隆三十年四月二十七日"，下有海水江崖水盘，四角为鱼鳖虾蟹四水族和巡海夜叉图案。碑亭遗迹清晰可辨，12个柱础尚存。

宫门内有享殿，曾为面阔五间、进深三间的绿琉璃瓦顶建筑。2000年2月1日下午4时许，园寝享殿失火被焚毁落架。享殿后为"弓"字形、两翼向南凸的月台，月台上有宝顶五座。正北中间一座为弘曕墓，只存方形墓坑，东西两侧各有前后两座宝顶。除弘曕墓外，其余四座墓的主人是谁，至今有三种说法：一是研究清代王爷坟的冯其利先生在《清代王爷坟》一书中记述，分别是弘曕的四代后人：永瑹、绵从、奕湘、载卓。二是北京文物研究所的丁丽娜从爵位承袭的角度考证，认为应该是：永瑹、绵从、绵佣、奕湘。三是在1906年出版的法国人欧仁•凤撒吉利非所著《西陵》一书中则记载，分别是：多罗果简郡王（永瑹）、多罗从贝勒（绵从）、奉恩镇国公（奕湘）、多罗从贝勒的两名妻妾。到底哪一种说法是正确的，尚有待进一步考证。

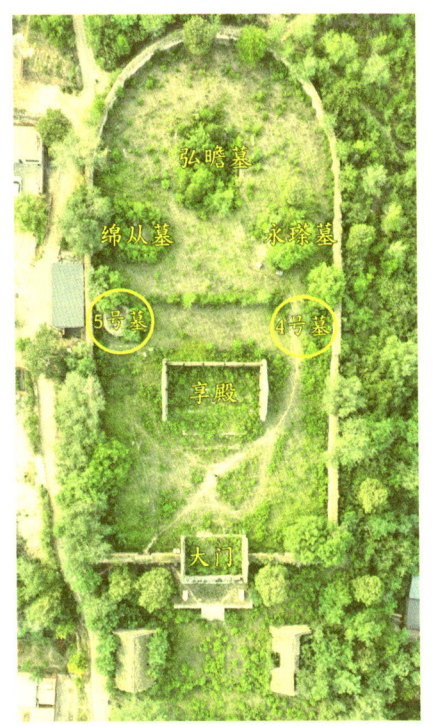

图8-12　弘曕园寝鸟瞰

图8-13　弘曕园寝大门前的石狮

第四节
坐南朝北的倒座坟——淳度亲王允祐园寝

在西陵陵区南约 10 公里的中易水河北岸，今易县高村镇北福地村，曾有一座坐南朝北的王爷坟，这就是淳度亲王允祐园寝。淳度亲王园寝与泰陵几乎同期建造，其向北的朝向正好朝向雍正泰陵。

1. 天生残疾，文武双全

允祐，雍正皇帝的弟弟，康熙皇帝的第七子，出生即有残疾（跛子）。其生母戴佳氏，镶黄旗满洲人，司库卓奇之女，因其地位较低，允祐被康熙皇帝交由惠妃（大阿哥允禔生母）抚养。允祐在雍正八年（1730 年）四月初二日去世，终年 50 岁。

允祐的书法造诣颇高。雍正元年八月，雍正曾因恭写康熙景陵碑文和匾额的事，举行过一次书法比赛，其中包括雍正皇帝自己和翰林院中擅长书法的大臣，诚亲王允祉、淳亲王允祐因素工书法，也被雍正皇帝钦点参加。虽然最终雍正的作品胜出，但能参与这样的比赛，足见允祐具有高超的书法水平。

允祐虽天生残疾，但康熙帝在培养教育上对他和其他皇子一视同仁，6 岁即入上书房读书学习。康熙帝每次巡幸塞外，都让其陪伴左右。据《清实录》记载，允祐自 7 岁至 15 岁曾 7 次随父巡幸塞外。在康熙帝的精心培养下，允祐身残志坚，自幼学习勤奋刻苦，文武双全。康熙三十五年二月，允祐（16 岁）跟随康熙帝率领镶黄旗大营大胜噶尔丹，18 岁因功封为多罗贝勒，29 岁晋封为多罗淳郡王。

2. 头脑清醒，识分守己

允祐在康熙朝主要管理正蓝旗满洲、蒙古、汉军三旗事务，因管理得力受到康熙皇帝多次褒奖。康熙五十年（1711 年）十月，曾称赞他："自受事以后，恪共厥职，诸务毕举。颓风靡习，渐至丕变。"当月康熙帝还命其负责"察审讬合齐父子的贪婪不法之案"，第二年因查案有功，允祐被赏银 5000 两。

康熙六十一年初夏，暹罗国（今泰国）的贡使来到京城。康熙帝命允祐接待，并嘱托他询问进贡使臣所贡茶的品性、用法、制作方式及其他一些问题。允祐除需询问的问题外，还向来使询问暹罗国来中国路线、国度大小、他们的治病用药、有何农作物、语言以及如何行猎等问题，之后允祐如实禀报康熙皇帝。可见他做事认真细致又善于思考完善。

因身体原因，允祐在康熙朝众多的皇子中并不算出类拔萃，也没有参与储位之争，且听从调遣，恪尽职守，雍正即位后，命其继续执掌原职。雍正元年四月，上谕："淳郡王数年以来，安分守己，敬顺小心。朕登基后，尤竭诚尽敬……著晋封和硕亲王，仍号曰淳。"后来，允祐以疾病为由辞去旗务，安居于府。

雍正八年四月初二日，允祐去世，雍正帝赐谥曰"度"，称淳度亲王。允祐去世后，雍正曾这样评价他："闭户安居，识分知足，宗室中之无功无过者也。"允祐虽然身体残疾，但头脑很清醒，在激烈的政治斗争中能保持不偏不倚的立场是非常难能可贵的。雍正特意下旨为允祐寻一处风水宝地安葬，经多方寻踏，最终选定东华盖山南麓、中易水河北岸一块"灵秀之气博厚且大，遂流布旁衍"的地方，为允祐建坟造墓。

3. 朝向特殊的倒座坟

允祐园寝修建的时间在史料中尚未找到详细记载，应为去世后营建，园寝建筑现基本无存，仅存地宫遗迹。

据法国人欧仁·凤撒吉利非写的《西陵》和《重访清代王爷坟》记载，可大略探知淳亲王园寝的基本情况：

允祐园寝朝向和常规园寝相反，即坐南向北。起点不是通常的月牙河和神桥，而是用栽植的松树林代替月牙河。过松树林南面设碑亭一座。楼内立龟趺碑一通，汉白玉材质，碑上刻有满、汉两种文字。宫门面阔三间，与抹红的砖墙相接。宫门前设一路八级石阶，石阶中间嵌有雕刻着"双鹊啄食"图案（或应为喜上眉梢）的垂带石。院子正中为享殿五间。殿内设暖阁一间，暖阁前设桌子一张，上面摆放着镀金铜五供，烛台雕有狮子，花瓶雕着荷花。殿内右边摆一支架，架上放有马鞍，鞍上的罩布和皮带用锦缎制成，马辔头和马鞍均带有金色饰品。天花板为蟠龙图案。殿后一堵墙辟有三门，中间是琉璃门，与两侧门相接的为圆弧形围墙。围墙内的大月台上建有宝顶一座，高有5米，下有1米高的汉白玉须弥座。地宫为汉白玉石券，两扇石门，石床上置有两具棺椁。

根据欧仁·凤撒吉利非的记载推断，1900年时允祐的园寝已经被盗。清朝灭亡以后，园寝管理趋于颓废，处于无人管理状态。民国时期，允祐的后人镇国公溥堃将园寝内的树木卖给石家庄人，砖瓦出售给当地村民。日伪时期，陵墙被拆除，现仅存有地宫遗迹。

第五节　早于西陵营建的裕亲王园寝

雍正八年，雍正帝因钟情于易州太平峪的山水环境而不惜打破子随父葬的制度，在此建陵。其实早在20多年前的康熙四十五年，就有裕亲王家族在这里选址建陵了。这就是位于雍正泰陵东南十余公里处的追封悼亲王保寿的园寝。乾隆年间保寿的儿子广禄也在这里建造了园寝。

1. 裕亲王家族

裕亲王家族在清初曾显赫一时。第一代裕亲王是清世祖顺治皇帝次子，康熙皇帝的哥哥福全，曾被授予大将军一职，在康熙一朝，战功卓著。康熙四十二年福全病逝，终年51岁。福全共育有5子，其中只有三子保泰、五子保寿活到成年，其他皆早殇。

康熙四十三年，福全死后由其儿子保泰继承王位。保泰生于康熙二十一年（1682年）四月初七日，自幼被皇叔康熙养育宫中，接受和诸皇子完全相同的教育，视如亲子，精心培育，还亲自指定年长的皇四子胤禛负责教其经书、算法，率领指示行走。康熙四十二年袭裕亲王。袭封爵位的保泰一直未曾担任过实职，不仅才具平平，而且是非不分，糊涂至极。

保泰虽然自幼受到堂哥胤禛的教导，但在胤禛即位后，却坚定地站在允禩、允禟、允䄉一方，采取和雍正不合作的态度。雍正二年十一月，保泰被革去亲王爵位。《雍正起居注》还记载，"保泰之子孙永行不得参入，停止开列，记注档案。"自此，保泰一支被永远排除在王爵继承序列之外。保泰被革爵时，裕亲王福全的第五子保寿已经去世，裕亲王的爵位只能由保寿的儿子广宁继承，同时追封保寿为亲王。

广宁继伯父保泰袭裕亲王爵后，不仅不知感恩，甚至采取了与雍正更为敌对的态度，继承爵位的同时，也延续了保泰的政治立场。雍正四年，雍正在处理了允禩、允禟、允䄉等之后，同年十月革掉广宁的裕亲王爵，终身禁锢宗人府，直至35岁去世。

虽然保泰、广宁两代都因事被削爵，但亲王爵位依然保留。雍正五年三月，下诏："广宁有罪，已革退王爵。其弟广禄，人忠厚，著袭封和硕裕亲王。"广禄就成为第四代裕亲王。这一时期裕亲王虽无世袭罔替之名，但事实上确是世袭罔替的铁帽子王，是清前期极为显赫的家族。

广禄之后，裕亲王的爵位按照清代王爵继承制度，开始降级承袭，至光绪二十四年（1898年）魁章袭镇国公后，不再降袭。裕亲王家族中的贝子祥端、镇国公继善、镇国公荣毓都曾先后出任东陵、西陵的守护大臣。

2. 追封悼亲王保寿园寝

保寿生于康熙二十三年七月七日，为裕亲王福全第五子，康熙四十五年封辅国公。他自幼孱弱多病，康熙无微不至予以关怀，每当康熙离京外出，总要在给皇子的信中问及保寿的病情，并交付留京皇子延医照看，随时向他奏报。康熙巡视塞外，行前特意叮嘱皇三子允祉、皇八子允禩："尔等经常去看保寿阿哥，请大夫医治。"

康熙四十五年，玄烨再次出巡，6位皇子和侄子保寿随驾前往。途中保寿身体不适，康熙即派随行御医及蒙古喇嘛为之医治。鉴于保寿的健康状况，康熙多次苦口婆心地劝说固执的保寿返京，最后不得已强迫他在御医的护送下即刻返京。情同父子的叔侄二人挥手告别，谁也不会料到，这竟是他们的永诀。保寿在返京途中病故，年仅23岁。保寿去世后，康熙以墨笔降谕在京诸皇子："抵达之日，尔等亲自迎接。将抵达日期预先告知保寿福晋，并奏告皇太后。"康熙返京后又降谕："予故辅国公品级保寿祭二次，建坟立碑。"

保寿园寝位于易县南福地村南，坐西朝东，同葬的有他的二位福晋。此园寝的建造时间大约在康熙四十六年，比雍正泰陵还早20多年，是清西陵附近王爷园寝比泰陵年代久远的唯一一例。

康熙四十五年，保寿英年早逝，当时仅封爵为辅国公，其园寝按辅国公规制建造，建筑十分简单，享堂三间，门三间，红油围墙六十丈，门外房三间，守冢人四家。

雍正三年，其子广宁袭封亲王，已经去世19年的保寿被追封亲王。《清实录》记载："雍正三年三月，追封和硕裕亲王广宁父保寿亲王爵，遣官致祭，立碑造坟如例。"谥曰"悼"。保寿追封亲王后，园寝也随之升格，在其原有的基础上以亲王规制标准进行扩建。

园寝改建后建筑规制为：月牙河、神路桥、碑亭、南北厢房、大门（面阔三间）、享殿（绿琉璃瓦）、二座园寝门、砖石砌宝顶、地宫（内置棺椁两口）。

清朝灭亡以后，园寝的管理基本趋于颓废，一度处于无人管理的状态。园寝荒芜，现仅存石碑一座，坐西朝东，石质纯白，至今无风化痕迹。碑身正面背面边缘各环以纹龙12条，六交龙首龟趺碑，碑额为满汉两种文字篆体"敕建"，左为汉文，右为满文，碑文为雍正皇帝御制"追封保寿亲王碑文"，落款为"雍正三年六月初七日"。清代王爷园寝中大部分以四交龙首为主，唯有保寿墓碑为六交龙首，较为独特。

石碑向西约 151 米处有宝顶地宫,现地宫仅存遗迹(图 8-14)。

3. 裕庄亲王广禄园寝

广禄,康熙四十五年六月二十七日生,裕亲王福全第五子保寿的第三子。保寿去世时,广禄尚不足 3 个月,曾任议政大臣、玉牒总裁。作为议政大臣,在朝班的行列中领班;又任命担任统军,主管军队,得到皇帝的重用和认可,在裕亲王位上历时最久。

雍正四年,广禄的哥哥裕亲王广宁因"治事错缪,未除保泰(广宁的伯父,已革裕亲王)朋党之习",被夺爵、锁禁。裕亲王的爵位改由 20 岁的广禄承袭。此后广禄历任要职:雍正八年(1730 年)八月授宗人府宗令;九年五月总管镶红旗觉罗学。乾隆三年(1738 年),议政;八年(1743 年)三月任镶黄旗汉军都统;十一年(1746 年)十二月为玉牒馆总裁;十三年十二月调补正蓝旗满洲都统、宗人府宗令;三十五年(1770 年)七月总管正黄旗觉罗学;乾隆四十九年(1784 年)五月,近 79 岁时才解去正黄旗觉罗学总管职务。广禄比乾隆年长 5 岁,在他八十生辰之际,乾隆皇帝曾赐诗祝寿:"念我同曾有几人,老来益与老年亲。春秋较长正五岁,福禄骈臻值八旬。善射兄今逊筋力,习蒐予尚勉精神。儿孙拜合坐而受,佳话天家贻万春。"广禄用忠心和实干,得到了雍正、乾隆两朝皇帝的信任。

广禄于乾隆五十年九月二十一日去世,年 80 岁,谥曰庄。广禄园寝位于南福地村西,坐西南朝东北,与父保寿园寝相邻,朝向相望,有仰慕父亲之意。该园寝地面建筑已毁,仅存乾隆皇帝御制龙蚨碑一通,碑阳左为汉文,右为满文,阴面无字,碑额无文字(图 8-15)。

图 8-14 南福地保寿园寝墓碑

图 8-15 广禄园寝墓碑

第六节　西陵第一任守护大臣贝勒允祎园寝

允祎是西陵的第一任守护大臣，其园寝位于距泰陵东北15千米的梁格庄镇中黄蒿村。

允祎是康熙皇帝第二十子，康熙四十五年（1706年）七月二十五日生，母襄嫔高氏。康熙五十五年（1716年）起，11岁的允祎每年都随皇父出巡，至康熙六十一年（1722年）的7年内，允祎曾先后6次随驾巡幸塞外、3次巡视畿甸、1次拜谒东陵、4次随驾热河，并3次参与木兰行围。雍正四年（1726年）五月封贝子，并赏给内府佐领和蓝甲兵丁，被分配在左翼近支正蓝旗第一族；雍正八年（1730年）二月，雍正给自己几个年幼的弟弟全部封爵，允祎被晋为贝勒，自此正式走上了政治舞台。

雍正十二年八月（1734年），允祎先后两次拒绝谒陵差使，皇帝龙颜大怒："贝勒允祎，人本庸愚，性复懒惰。朕从前加恩特封贝勒，冀其知恩悛改，奋勉向上，以副朕期望之意。岂料伊秉性糊涂，毫不知感。上年派往祭陵，伊行至通州，称病而回。今年派出，又托病不往。甚属无知！着革去贝勒，降为公爵，以示儆戒。"将其爵位连降三级，降为辅国公。

雍正十三年八月（1735年），雍正驾崩后停灵乾清宫，允祎不允许进入乾清宫雍正皇帝几筵前行礼，只能在"乾清宫丹墀行礼"。九月二十四日，雍正梓宫已奉移雍和宫，允祎才奉旨可以进入殿内行礼，同时恢复其贝勒爵位，前往守护泰陵。可见允祎派守西陵带有强烈的惩罚意味，刚刚恢复爵位的允祎喜忧参半。

作为西陵的第一任守护大臣，允祎自雍正十三年直至乾隆二十年（1755年）正月初九，守护泰陵20年，终卒于西陵任所，年50岁，谥曰"简靖"，祭葬如例。

允祎生有两子，长子弘晌，3岁夭折，由年仅5岁的次子弘闰袭爵，照例降袭固山贝子。乾隆五十一年（1786年）十月，弘闰被派守西陵，乾隆五十六年十二月二十一日于西陵任上去世，年41岁。弘闰长子永玉，乾隆五十七年袭镇国公，嘉庆十五年七月永玉派守泰陵。嘉庆十八年三月，因失察之过，尚未满任，即令回京议处，嘉庆二十年正月再次派守泰陵。

允祎、弘闰、永玉祖孙三代先后4次，历经30余年担任西陵守护大臣，在西陵的保护和管理上做出了一定的贡献。

允祎守护西陵期间，正值西陵守护管理制度初设时。乾隆九年（1744年）正月，泰陵领侍卫大臣哈达因所管库储银两被盗，令原品休致并交部察议。而泰陵事务甚关紧要，乾隆降旨令贝勒允祎和内务府大臣觉和托总理事务。允祎总理泰陵事务后，于次月奏请仿东陵之例设立承办事务衙门,且兼任泰陵领侍卫内大臣之职。

关于允祎园寝,几乎不见于史料记载,即使历朝历代的地方志书稿中也不见只字片语。后来经过采访当地的守陵人后裔,得知园寝位于距离雍正泰陵东北约 12 公里的中黄蒿村。此地因村东土岗上长满黄蒿,旧称黄蒿庄。园寝自清代末年即疏于管理,抗日战争初期地宫被盗掘。1958 年,修建黄蒿水库时,园寝建筑除了石桥部分、龟跌碑和宝顶的夯土外,其余已破败不堪,享堂等建筑均已坍塌。环绕宝顶的罗圈墙尚存残墙断壁。水库建成后,其建筑遗址除位于水库北岸的地宫遗址外,其余建筑全部淹没在水中,现地宫遗址处已成为一片杨树林(图 8-16)。

图 8-16　允祎园寝遗迹远眺

通过实地采访调查,允祎墓坐北朝南,地势高平开敞,远朝诸葛岭,后靠永宁山,左右有绵延的低岭环护。园寝的后宝山称龙坡,从永宁山绵延而来,起伏蜿蜒如龙行,南为龙头、北为龙尾。地宫遗址前方约 300 米处,有人工堆砌而成的影壁山,现仍存高 2 米多的黄土堆,土堆的下部仍可见夯土痕迹。远朝近案后靠,左辅右弼等风水要素齐全。园寝两侧有泉水环抱流淌,汇聚于园寝前方西南,向东蜿蜒流去,确是一块不可多得的风水宝地。相对于西陵周边其他的王爷园寝,其风水格局堪称最佳。

据法国人欧仁·凤撒吉利非的《西陵》一书记载,结合实地调研,允祎园寝的建筑及规制整理如下:

园寝建于乾隆二十年(1755 年),为南北走向,南北长 300 余米。"园寝建筑于一百多年的高大乔木的深处,头枕溪水",风景十分优美。建筑由南至北分别为石桥、祭台、碑亭、大门、享堂、园寝门三座、坟墓三座。宫门后有围墙环绕。建筑为红墙红柱灰瓦。园寝内埋葬着多罗贝勒允祎、固山贝子弘闰、奉恩镇国公永玉。

园寝最前方有人工影壁山一座,山北有豆渣石建造而成的罗汉桥一座,桥北建有一座 40 厘米高的方形砖砌祭台。再向北有碑亭一座,楼内有龟跌碑一通,上刻有满汉两种文字的碑文,东为汉文、西为满文。1958 年水库建成后,枯水期龟跌碑仍能露出水面,1970 年至 1971 年被当地村民炸毁。碑亭后建有大门,大门两侧有红墙左右延伸再向后环抱园寝。大门内的享殿坐落于六级踏跺须弥座上,面阔三间,前出廊建筑。殿内有三间暖阁,暖阁门上悬挂着绣花的幔帐,西暖阁供奉着四个红色木牌位，即奉恩镇国公永玉和他的三位夫人。中暖阁供奉着多罗简靖贝勒和他的三位夫人。东暖阁则供奉着固山贝子弘闰和他的三位夫人。

享殿后有三座门，门内建五级踏跺的月台，三座分土筑成的坟冢坐落在月台之上。东边的墓冢葬有固山贝子、固山继夫人；中间的墓葬着多罗简靖贝勒和多罗嫡妇；西边的墓葬有奉恩镇国公和奉恩嫡妇。

令人不解的是，享堂里供奉有12位墓主神位，但墓冢里却只埋葬着6个人，有3位宗室的6位夫人并没有安葬在贝勒园寝内，却被埋葬在距离贝勒园寝东北约两公里的地方，当地人称作北宫门，或公主陵。

法国人欧仁还记载，"环绕墓地的是一条长满高大松柏的小路，小路被平行于围墙（指的是围绕宝顶的墙）的红墙环绕着。"这说明墓冢周围有两道围墙环绕（图8-17）。

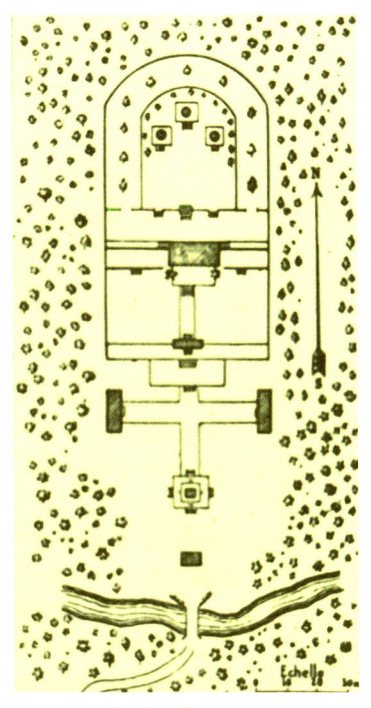

图8-17　允祎园寝平面图

总体看，除大门违制建三间外，允祎园寝基本上保持了清代标准的贝勒园寝规制。

第七节　雍正宠臣田文镜墓

图8-18　田文镜画像

田文镜（1662—1732年），字抑光，汉军正黄旗人，监生出身。康熙二十二年（1683年）出任福建长乐县丞，后任山西宁乡知县，再迁直隶易州知州。内擢吏部员外郎，历郎中，授御史。康熙五十五年，巡视长芦盐政，后升任内阁侍读学士。康熙年间，田文镜先后做过9年县丞、13年知县，至康熙末年升至内阁学士（图8-18）。

雍正元年（1723年），62岁的田文镜奉命祭告西岳华山，适逢山西灾荒，巡抚德音隐情不报，称无灾。田文镜回京后如实奏报灾情，获得雍正皇帝赏识，言其直言无隐，忠诚朝廷，令其担任山西布政使负责赈灾。

雍正二年，因其基层历练多年，深谙官场，清厘积牍、剔除宿弊、整顿吏治等措施得当，成效显著，深受世宗信赖，调任河南巡抚。在豫期间，大力推进雍正皇帝清除官场陋规、清查亏空和隐匿土地等改革措施。因其为官严苛，令地方官僚和士绅极为不满，屡遭弹劾。但雍正皇帝却认为他"秉公洁己，谢绝私交"，仍对他深信不疑。

雍正五年田文镜疏请在河南实行摊丁入亩政策。同年，黄河水大涨，险情迭出。田文镜奏请治理黄河应该"暂用民力，每岁夏至后，将距堤一二里内村庄按户出夫，工急抢护，事竟则散。若非计日可竣者，按名给工食"，取得很好的效果，被雍正皇帝称赞为："公忠体国，实为巡抚中之第一。"随即被授予河南总督，加兵部尚书，并由正蓝旗抬入正黄旗。

雍正六年（1728年），雍正皇帝表扬田文镜公正廉明，授河南、山东总督，统辖两省。雍正皇帝还特别下谕旨说明，这个职位是因人设官，不为定例。田文镜政事干练，以刁钻刻薄闻名，集清官与酷吏于一身。治理地方期间，治盗极严，辖境几乎无盗贼，同时督责诸州县清理赋税，开辟荒田，限期极严。各州县稍有怠慢，会立刻遭到惩罚。

雍正七年（1729年），雍正皇帝为田文镜加太子太保衔，兼北河总督。这一年山东水灾，河南也被水淹，雍正皇帝命蠲免钱粮，田文镜却隐匿灾情不报。由于得不到及时救济，受灾情况逐渐蔓延。雍正九年，雍正皇帝得知实情后，令侍郎王国栋到河南赈灾。田文镜因直言山西灾情而被雍正赏识，却又因隐匿河南灾情而逐渐失去了皇帝的信任。成也赈灾，败也赈灾。此后田文镜以身体有病为由请求退休，雍正命其解任返京。但是，等他病好后，仍然命他返回北河上任。

田文镜先后三次要求退休都没有得到批准，直至雍正十年，71岁高龄的田文镜已经病入膏肓，雍正皇帝才批准他离任，当年十一月初八日，田文镜病卒于河南任所。

田文镜为官多年，虽严苛，但勤奋，且清廉，死后家无余财，谥"端肃"，予祭葬，入祀河南贤良祠。乾隆皇帝继位后，曾有大臣上奏，称田文镜在河南民怨颇多，不应当入祀河南贤良祠，乾隆皇帝未批准。

田文镜墓位于今易县高村镇柳林庄村，距泰陵东南约15公里。据当地村民回忆，此墓规模较大，曾有石牌坊、两统皇帝的御制碑、享殿、围墙，四周松柏成荫，门前还有一对石狮。现建筑已荡然无存。

第八节　崇陵植树大臣梁鼎芬墓

1919年11月14日，号称清末民初"岭南近代四家"之一的梁鼎芬在北京去世。这位终生效忠于清室的遗老，带着对清王朝的无限眷念，在中华民国的多事之秋离开了人世。依其生前所愿，2月12日，将他安葬于崇陵东侧的梁格庄，终达成其誓死守卫崇陵的夙愿。

梁鼎芬（1859—1919年），字星海，号节庵，广东番禺人。晚清学者、教育家、藏书家，也是晚清士大夫中愚忠朝廷的代表人物。他的一生功过是非后人多有评说（图8-19）。

梁鼎芬童年十分不幸，11岁时便父母双亡，婶母余氏将其收养。余氏出身于官宦之家，知书达理，将其视如己出，精心教养。梁鼎芬天资聪颖，深受舅舅翰林院编修张鼎华的教诲；光绪三年（1877年），18岁中顺天乡举人；光绪六年，21岁中进士，授翰林院庶吉士，娶湖南龚姓才女为妻；光绪九年（1883年）授编修。他弱冠之年即中进士，授翰林院编修，年轻有为，前途无量。但梁鼎芬性格刚直，屡劾权贵，导致仕途坎坷。

图8-19　梁鼎芬旧照

梁鼎芬入翰林时，适逢中法战争爆发，北洋大臣李鸿章一味主和，梁鼎芬弹劾李鸿章六大可杀之罪，请明正典刑，以谢天下。此举既令朝野震惊，也开罪于慈禧太后，以"妄劾"罪，被连降五级，任太常寺司乐，成为空前绝后的"从九品翰林"；第二年又因被弹劾而罢官，自镌一方"年二十七罢官"小印，归粤讲学。

南归后，被两广总督张之洞聘为广雅书院首任院长，深得张之洞的赏识与庇佑。张之洞调任湖广、两江总督，梁鼎芬又主讲于两湖书院、南京钟山书院，后协助张之洞兴办近代教育事业，功不可没。1902年，梁鼎芬又对两湖书院进行改造，更名为两湖高等学堂，课程调整为经学、中外史学、中外地理学、算学、理化学、财政学、兵事学8门，使两湖书院演变为包括文、理、法三科的高等学堂，为清末地方书院改制提供了借鉴。1896年他辅佐张之洞创设武备学堂，次年又筹设农务学堂，创设了第一所湖北师范学堂等。张之洞称其"学术纯正，待士腆诚，于教育事体，大纲细目擘画精详，任事多年，勤劳最著"，充分肯定赞赏梁鼎芬的教育成绩。

光绪二十六年（1900年），八国联军兵临北京，慈禧挟光绪帝仓皇西逃，梁鼎芬首倡向逃往西安的"二圣"呈进食物、药品等，因而深得饱尝流离之苦的慈禧太后好感，经湖北学政王同愈奏荐，梁鼎芬于当年十二月得赏还"翰林院编修"原衔之恩典，后在张之洞的保荐下当了武昌府知府。

再入庙堂的梁鼎芬操守仍旧，于光绪三十二年（1906年）入宫觐见皇上和太后，当面弹劾慈禧晚期宠臣庆亲王奕劻贪污纳贿，"请月给银三万两以养其廉"。同时，梁鼎芬还弹劾直隶总督袁世凯，说他"权谋迈众，城府阻深，能陷人又能用人"，再遭慈禧太后下诏"诃责"，于是"引疾乞退"，以江苏镇江焦山海西庵为清静之地，与世隔绝，闭门读书。

光绪三十四年（1908年），光绪皇帝驾崩，梁鼎芬"奔赴哭临，越日即行"。辛亥革命后，梁鼎芬再入北京，曾在陈宝琛的推荐下，做过溥仪的老师；后在直隶总督陈夔龙的推荐下，又奉命以三品京堂候补，不久，奉派为广东宣慰使。其时南方正燃烧革命烈火，梁鼎芬无法赴任，乃两度前往清西陵梁格庄行宫，叩谒光绪皇帝的暂安殿，在梓宫前"瞻仰泣涕"，为表达其景仰思念之情，还在寝殿外面露宿。然而，直到宣统皇帝退位，其候补身份也未获实授。辛亥革命后，清帝逊位，梁鼎芬效忠皇室，当了溥仪老师。他还参与了张勋复辟，抱病见黎元洪，逼其退位。

在梁格庄守灵期间，梁鼎芬经常到崇陵工地视察，对工人嘘寒问暖。梁鼎芬工于书法，好诗文。溥仪曾写一副对联赏赐他："读书众壑归沧海，下笔微云起泰山。"工人经常跟他索要对联、书法，梁鼎芬每次都有求必应。1913年12月13日光绪皇帝入葬崇陵，当光绪皇帝的棺椁安放在地宫，所有人员都退出地宫时，只有梁鼎芬瘫坐在光绪皇帝棺椁前面，身如软泥、面如死灰，意欲殉葬。后经过众人再三劝说，才将他从地宫中连拖带拽请出来。

光绪皇帝安葬的第二年，崇陵的工程基本完工。梁鼎芬被授予崇陵植树大臣，负责为崇陵植树。为筹措崇陵植树经费，他不惜以老迈之躯，捧着一罐罐雪水，一家家向前清遗老化缘，将儒家忠君思想体现得淋漓尽致。通过不懈努力，创造性地采用社会募捐的方式，成功募得崇陵植树资金，在崇陵四周种树4万多棵，一时被传为佳话（图8-20）。

他在崇陵附近的梁格庄村建有"种树庐"，谓"死当葬庐侧"，以表对清室生死不渝的忠心。1920年1月3日深夜梁鼎芬去世后，原本定于5日上午10

图8-20　梁鼎芬植树照片

时入殓，但死者尸体却一直不僵，直到下午4时清皇室代表赶到才得以举行，溥仪、四太妃各赏千元，追谥梁鼎芬为"文忠"，在场之人都为之感动而涕泪。其"一生便是做一个'忠'字，此谥当之无愧色也！"梁鼎芬去世，儿子梁思孝耳聋，幸得表兄余绍宋竭力相辅主持丧事。据余绍宋记载，梁鼎芬"作官数十年，身后几无为殓，真可伤痛"。

梁鼎芬头七祭日，梁府举行题旌礼。凭吊者挽联甚多，清末著名画家、书法家吴昌硕曾题联"几日须眉犹掩映，孤生涕泪益纵横"。1月24日是"三七"祭日，逊帝溥仪下谕祭奠，下午2时举行。典礼很隆重，到客也很多。2月7日，是梁鼎芬出丧的日期。9时起灵，下午3时半才到车站，执绋相送者百数十人，连绵数里，礼仪极隆，为一时之盛。灵柩乘火车至易县梁格庄，12日下葬。头天下午，浩浩荡荡的送葬者就到场，四方来会，柴车相望。凌晨3时，天气酷冷，寒风侵骨，几不可当。在场百余人环立默哀，却无倦容，"足见梁文忠恩德之杰人矣"。

梁鼎芬墓址是梁鼎芬生前亲自选定的。据出生于1935年的梁格庄人李益俊先生生前回忆：梁公墓位于梁格庄村后山脚下，规模很大，坐西北朝东南，朝向诸葛岭。墓的最前方设有一对石狮、一座三门的石牌坊。过牌坊后有六棱石柱一对，石柱往北建有礓礤坡和月台，月台不大，约有16平方米。在月台上设石五供，石五供后有坟冢一座。坟冢前立碑一通，刻有"太子太保"字样，整座墓无围墙围护。在梁墓东北曾有墓一座，立有石碑，据说是其婶母余氏之墓。今梁公墓原有建筑已全部毁坏，墓址已被村民的房屋覆盖，现仅保存石碑一面（图8-21）。

石碑高0.4米、长1.14米、厚0.19米。碑文为竖排，自右向左有五段文字，其内容分别为泰宁镇总兵陈增荣、陈宝琛、郑孝胥及梁鼎芬弟子陈增寿赞颂梁鼎芬的诗文，镌刻时间为1931年。根据碑文内容可知此碑原镶嵌于梁鼎芬祠堂墙壁。

现按碑文自右向左的顺序记录如下：

昔充是州役，治兵亘日夕。暇日聊游豫，胜境勤开辟。原陵郁苍葱，弓剑不可即。中有种树庐，音容永秒式。崇陵多风雨，树树手自植。至今行路人，犹能指遗迹。樵采禁惟严，后死应有责。受代未六稔，蛟龙徒窟宅。松柏摧为薪，萌隶营农殖。感彼雍门言，回肠增愤激。九原如可作，魂兮化松柏。

丙寅春，余镇守是邦，曾一谒墓门。越五年，

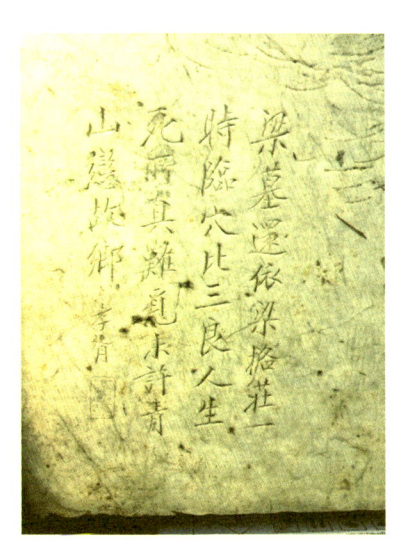

图8-21 梁鼎芬祠石碑局部郑孝胥诗

辛未，来筅蕞林，过梁格庄，辄凭式不忍去，感而有作。爱勒于石，嵌诸祠壁，以志景仰。古闽陈增荣录石竟又得沧趣、海藏、仁先，诸老之作，因补刊之。荣再识

　　北风吹易水，满路白衣冠。无垢此片土，不冰余寸丹。纲常终古在，风义近今难。一诀欠临穴，频揩泪眼看。

　　题梁格庄□□【注：此诗作者为陈宝琛】

　　梁墓还依梁格庄，一时临穴比三良。人生死所真难觅，未许青山恋故乡。孝胥

　　湖上一夕大雪，寒不成寐，寄怀节庵先于梁格庄

　　冰合重湖玉照窗，心缄万里对残缸。人间只有梁庄雪，天地高寒不可双。朝来享殿失崇基，着履深痕臣在斯。有泪经天如此雪，杜鹃血染万年枝。

　　宣统辛未秋九月，弟子陈增寿敬录

第九节　民国总理赵秉钧墓

　　西陵境内还有一座赵公墓和赵公祠，是清末民初著名政治人物，曾任民国总理赵秉钧的墓地和祠堂。

　　赵秉钧，河南临汝县人，字智庵，生于咸丰九年（1859年）正月初一日。1878年，赵秉钧投入左宗棠的楚军，进驻新疆；1883年在伊犁充任勘划中俄边界办事员；中日甲午战争后，追随袁世凯，1902年初担任保定巡警总办，创办巡警，并任知府加盐运使衔；1905年10月，清政府创设巡警部，任巡警部右侍郎；1911年武昌起义后，任袁世凯内阁民政部大臣；1912年3月，袁世凯在京就任国民政府大总统后，被任命为内务总长、国务总理。1913年初，与袁世凯密谋，刺杀宋教仁于上海火车站，案情败露后，调任直隶都督；1914年2月27日（农历甲寅年二月初三日），被袁世凯毒死于天津（图8-22）。

　　赵公墓和赵公祠位于行宫朝山龟山阳坡的南端，坐北朝南，东西并立。山前为北易水河自西向东流过，隔河有东华盖等诸多山峰拱卫，后面为龟山耸峙的顶峰。据说，赵秉钧的墓地是他生前亲自选定的。赵秉钧是民国初年崇陵得以继续

图8-22　赵秉钧旧照

建造的关键人物，其生前来往崇陵工地时，见兴隆寺山阳是一块明堂广聚、生气勃勃的风水宝地，有意将其作为自己的墓地。赵秉钧之所以能紧邻西陵核心区而葬，虽是自己意愿，更主要的是有逊清皇室的大力支持，与其妥善督办光绪崇陵工程有直接关系。

根据《优待皇室条件》，1912年7月2日，民国大总统袁世凯特派赵秉钧与逊清皇室内务府大臣绍英等协商办理崇陵工程事宜。在赵秉钧的督办下，崇陵主体工程于1913年初顺利开工续修。赵秉钧去世后，1914年（农历甲寅二月初五日）逊帝溥仪发文称扬"赵秉钧练达精诚，闳通明敏，宅心公正，办事周详。前在民政大臣任内，维持地面治安，政声卓著。接办崇陵工程，尤能尽心筹划，迅速蒇事，厥功甚伟"，称赞其办理崇陵工程厥功甚伟。当管理西陵事务的泰宁镇总兵岳橒接到溥仪的"谕旨"后，随即呈请逊清皇室内务府为赵秉钧建专祠，"拟请吁恳天恩，准建专祠"，并随奏建祠地点及建盖诸事："查易州二十余里风水围墙之外地名北百泉，旧有兴隆寺，于雍正六年（1728年）间发帑修建。日久倾圮，栋宇摧残。其东龙王庙，其西僧舍，亦均坍塌。拟将龙王庙重新修理，增盖后殿，移供兴隆寺佛像。所余之地即为故大臣建立专祠（图8-23）。"

图8-23　赵秉钧祠堂2009年　摄

根据岳橒的奏折：赵秉钧祠堂所在，原为兴隆寺。兴隆寺原本位于泰陵所在地，后因营建泰陵，迁出红桩界内，由官方出资在此重建，因此这座山也称兴隆寺山。将兴隆寺内的佛像迁到此山东麓的龙王庙供奉，原寺则改为赵秉钧的祠堂。

赵公祠内建有正殿、东西配殿，祠堂的西围墙外还建有附殿一座，是看护人员的住所。赵公祠的殿宇及牌坊中华人民共和国成立前被毁，如今祠堂建筑已残破不堪，牌坊、石碑倒塌，仅存的西厢房也摇摇欲坠，其余建筑仅存基址。祠前石碑尚存，但空白无文字。2024年，清西陵文管处对其进行了妥善维修。

祠堂的东侧有赵秉钧的墓地（图8-24）。赵公墓相对保存得比较完整，总体看来是一座略带西式风格的墓地。墓地四周有墙围绕，前面为镂空青砖花墙，中间安设有欧式风格铁栅栏门。东西北三面则为石砌虎皮墙，北墙呈圆弧形，墙顶部带有起伏的山字形状。赵公墓于1948年首次被盗，之后又多次被盗，现墓室内只余一具棺木。据当地老人回忆，当年这处建筑气势非常宏伟。墓地和祠堂外环以围墙，西墙正中有大门，门前有甬道约0.5公里，曾建有牌坊两座、石像生三对、石碑两通。2013年西陵文管处将伏地多年的石碑集中保管，这时才发现两通石碑均为空白，没有碑文，着实令人不解（图8-25）。

图8-24　赵秉钧墓2009年　摄

图8-25　赵公祠前的石碑

第九章
梁格庄行宫与永福寺

在清西陵东端风水合会之处的梁格庄村西,建有行宫和永福寺,均建于乾隆年间。作为皇陵的配属建筑群,已成为唯一保存的孤品。

第一节　梁格庄行宫

乾隆十三年,乾隆皇帝下令在北京至西陵沿途建造了四处行宫,以备往来休息和驻跸,分别是良乡的黄新庄、房山的半壁店、涞水的秋澜、易州的梁格庄。其中易州梁格庄行宫被乾隆皇帝命名为"永慕斋"。由于历史的变迁,其余三处均已荡然无存,唯有梁格庄行宫较好地保存至今(图9-1)。

1. 肇建与命名

随着雍正泰陵的建造,皇室人员和朝廷要员不时莅临,为此,早在乾隆初年就开始在西陵附近建造公馆和行宫。乾隆元年(1736年)十月二十六日,乾隆皇帝恩准了布政使张鸣钧在易州界内建造公馆的奏请:"山陵重地,大差不时经临,应设公馆以备驻扎之所。"

雍正皇帝入葬泰陵后,乾隆皇帝几乎每年都要拜谒泰陵,每次皇帝出行,仪仗庞大,随从众多,沿途没有建立行宫,"往来谒陵率用行营",带来诸多不便。乾隆十三年(1748年)正月,乾隆感叹他的父亲雍正皇帝在位仅仅13年就去世了,时光倏忽,而今他自己也已经在位13年了,决定当年农历八月二十三日雍正皇帝忌辰日谒泰陵,亲行父皇的忌辰大祭礼,"以申哀慕",想

图9-1　梁格庄行宫鸟瞰

到"皇太后春秋高岁来谒,无室宇以适温清,于心不安。因命置行宫四区,自易州以达京师,皆有宜凉宜燠之居"。为了能使年老的皇太后在谒陵途中有可以避暑取暖的屋室,乾隆皇帝决定建造西陵一路行宫。

大臣三和奉命负责泰陵一路行宫的选址建造工作。乾隆十三年(1748年)二月十九日,三和奉命前往泰陵沿途踏勘。遵照"驻跸方便、依山傍水"的原则,酌量远近,三和选定了四处比较适宜建造行宫的地方,分别是良乡的黄新庄、房山的半壁店、涞水的秋澜、易州的梁格庄。乾隆肯定了三和的建议,批道:"甚妥。知道了。"由于这四处行宫必须赶在八月谒陵之前完工,时间比较紧,必须从速办理,所以三和在将选址情况上奏的同时一并挑选了数名精明强干的官员,作为四处行宫工程的监工,包括总领三格、主事常保、副总领刘浩、石图等人,带领笔贴式、拜唐阿数名一同前往,加紧监修。同时先期向圆明园库储银两内支领银 5 万两,立刻开始办料兴修,加紧建造,以不误皇帝驻跸之需。

这四处行宫于乾隆十三年(1748年)三月开工建造,当年闰七月完工。当年八月乾隆奉皇太后谒泰陵,第一次驻跸四处行宫。此次谒陵期间,乾隆皇帝一如往常,作诗多首,其中在"题永慕斋"一诗的诗注中他写道"在易州者名之曰永慕斋",并题写御笔匾额,以示对父皇的仰慕和追念之情。此后,乾隆曾先后 30 次驻跸永慕斋,最长的一次驻跸达 9 天。而乾隆最后一次驻跸时已是 86 岁高龄。

2. 建筑布局及功能

行宫位于清西陵东端风水合会之处,依山傍水而建。在其前面,一座形似乌龟的小山名龟山,是它的照山,北易水河从山脚下缓缓流过。行宫的后面远有永宁山作大帐,又有福山作后靠,近则依靠一座仅数十丈高的小丘为屏障,数十座灰瓦古建筑就坐落在山前的平坦之地。四周阡陌相连、农舍依依、山清水秀、鸟语花香,确是一处环境清幽的皇家别苑(图9-2)。

行宫建筑布局为南北走向,坐北朝南,占地约 2 万平方米。行宫规制简约,布局严整,各建筑从南到北层递有序,以石砌虎皮围墙环绕。位于中轴线最南端的一座三孔石平桥是行宫的第一座建筑,过桥

图 9-2　嘉庆《西巡盛典》中的梁格庄行宫

有土甬路通向宫门，宫门前两侧有东西厢房。

行宫建筑群分三个院落，有墙相隔，独自辟门。东为銮舆库，是存放车轿的地方；中为宫殿区；西为营房（一说巡房或王大臣六班公所）。东西两部分的建筑除围墙和銮舆库的大门外，其余今已无存，只有宫殿区的主体建筑基本保存下来（图9-3）。

宫殿区的宫门为行宫的正门，面阔三间，朱红油饰，两侧各有倒座房三间，膳房七间。一座典雅的垂花门是宫门内的第一座建筑，垂花门两侧有游廊延伸，环绕着后面的正殿和后殿，游廊以苏式彩画装饰。垂花门后有石桥贯穿，直通正殿。正殿前有走廊，后有抱厦，面阔五间、进深三间，为皇帝驻跸时处理朝政的地方。根据嘉庆年间《西巡盛典》所绘行宫图，殿前水池内原本有假山一座，假山中间有甬路通往正殿。1909年年初，为预备光绪皇帝梓宫暂安，正殿又经过大幅的改建，包括增建后抱厦和垂花门通往正殿的平桥。当年3月，光绪皇帝的梓宫从北京奉移至此暂安，直到1913年12月葬入地宫，曾在此殿停放4年8个月之久。穿过正殿（正殿为穿堂殿）为面阔七间的后殿，也称寝宫（图9-4）。

游廊两侧各有一组建筑。东侧建筑从南至北依次为值房五间、穿堂殿五间、附有走廊的穿堂殿三间。两座穿堂殿之间有东配殿一座，与南北穿堂殿形成一个三合院结构。再北依次是穿堂殿七间，东大殿五间，慈禧太后曾经在此殿居住过，因而此殿也称作太后宫。

游廊西侧的建筑从南到北依次为值房、正房、西配殿、穿堂殿、垂花门、小型游廊，游廊中凿有水池，水池上有山石甬路贯通，其后有三卷殿、套殿各一座。这里是谒陵时后妃们居住的地方。

宫殿区之后有小山一座，有围墙相隔，墙中央辟有圆光门，入内有假山，怪石叠砌，花草遍植，绿树掩映，曲径通幽，山顶建有敞厅，实为一座小型御花园。

图9-3　行宫垂花门　　　　　　　　　　图9-4　行宫游廊

3. 保护与管理

西路四处行宫建成后，即于乾隆十三年（1748年）闰七月十六日由内务府总管大臣转传谕旨，命将泰陵一路行宫交于泰陵内务府总管佛伦管辖，并派官兵看守，梁格庄行宫设有千总一员、兵丁八名负责日常保护。如遇皇帝驻跸，守卫力量会增至上千名。没有特旨，任何人不得进入行宫。嘉庆十三年，庆郡王永璘前往东陵祭祖，路经桃花寺行宫时，因口渴进行宫内游观，受到嘉庆皇帝严厉训斥。嘉庆因此还通谕王公等，此后"凡遇派往祭陵，均不准擅入行宫"。

行宫内陈设物品的调整更换等由内务府负责，包括粘补糊饰等，每年专派司员前往，逐处查验一次。每5年则奏请派大臣查验一次。一方面防止丢失物品，同时也便于对破损之处及时进行修补更新。此外，凡在皇帝谒陵驻跸之前，发现有碍观瞻之处，必须照例修好。由于粘补和糊饰特别容易破损，棚壁窗牖经常出现不同程度的虫蛀迸裂，所以为了避免临时支领不及，耽误应差，泰陵内务府总管衙门会向总管内务府预领纸张绸纱等物，在行宫内储存，以备临差时使用方便。乾隆二十六年（1761年）的一次备差中，梁格庄行宫就预领高丽纸150张、竹料连丝纸300张、白榜纸150张、呈文纸100张。

作为皇帝的行宫，内部陈设十分考究。根据记载，梁格庄行宫内的家具多为楠木、花梨木、红木等珍贵木料做成，存储和陈设数百件金、银、铜、玉石、象牙、漆器、木雕、陶瓷、珐琅等物品，此外还有大量的名人字画和御笔匾对。根据档案记载，乾隆年间清西陵行宫内的御笔匾曾有6面，分别是永慕斋、端倪轩豁、林峦齐入、澄景流汾、叠巘云霞、茗香室，对联则有"万福攸同　泉石交辉""天赐纯嘏　雕文锦褥""视履考祥　天严云秀""保合太和　丰年为瑞"等。

梁格庄行宫曾有6位皇帝64次驻跸。其中，乾隆30次，嘉庆12次，道光15次，咸丰5次，同治1次，光绪2次。慈禧太后也曾以太后之尊3次驻跸于此。嘉庆元年，更是迎来太上皇乾隆和嘉庆两位皇帝的驾临。光绪皇帝去世后，为光绪皇帝暂安的需要，正殿改建为暂安奉殿（图9-5），停放光绪皇帝的梓宫。1913年，隆裕太后的棺椁和珍妃的金棺也曾在行宫停放过半年之久。1983年以后，文物管理部门对行宫古建筑进行了有效保护和抢救性维修，使这处乾隆行宫基本恢复了历史原貌。

图9-5　行宫正殿工作图（1909年）

第二节　皇家寺庙永福寺

清朝统治者把崇奉藏传佛教作为治理国家、团结蒙藏的政策基石，至乾隆朝，甚至将喇嘛寺庙扩建至"万年吉地"，成为祖陵的服务机构专门从事为皇家诵经祈福等佛事活动。乾隆皇帝在乾隆四十九年（1784年）和乾隆五十二年（1787年）先后在清东陵和清西陵建造皇家寺庙隆福寺和永福寺。但随着清王朝的衰落和战乱，东陵的隆福寺早已踪迹全无，而西陵的永福寺却保持了昔日规模，成为帝王陵寝建筑群体中的孤品（图9-6）。

1. 永福寺的肇建缘由

陵区内建造喇嘛庙，不仅是皇家祈求国泰民安的场所，更是促进民族团结的工具。

清朝入主中原后，宣布对少数民族"一切政治，悉因其俗"，继续利用喇嘛教团结蒙藏民族，巩固西北部边防。顺治皇帝笃信佛教，邀请五世达赖进京，并于顺治九年在北京建造西黄寺供奉达赖安禅，从而开创了清王朝尊崇喇嘛教并在关内修建喇嘛庙的先例。

乾隆朝是藏传佛教影响的全盛期，敕建寺院之风愈演愈烈。一方面，梵刹林立，供奉藏传佛教诸神的大小佛堂遍布宫中达几十处。紫禁城外的皇家御苑，三海、三山、五园等处也建造大量的藏传佛教建筑；另一方面，对死后的安息之地极为重视，不仅为了借助喇嘛教法力往生极乐世界永享尊荣，也为了借助佛祖的光芒保护祖先陵墓安宁，从而实现护佑江山社稷兴旺发达的美好愿景，把喇嘛教引进陵区；在陵寝地宫中雕刻经文佛像，还在最重要的陵寝隆恩殿内增设佛楼建筑，乃至于建造喇嘛寺院作为陵寝的专属建筑群。

乾隆四十八年（1783年）秋，乾隆皇帝举行第四次盛京祭祖。在恭谒福陵、昭陵时，见两陵之间建有实胜寺，驻着喇嘛，蒙古王公至此，无不

图9-6　永福寺鸟瞰

顶礼膜拜。回到京城后，乾隆皇帝命内务府仿照盛京实胜寺之例，开始将喇嘛庙推广到"万年吉地"。首先于乾隆四十九年（1784年）至乾隆五十一年（1786年）在东陵陵区拓展修建隆福寺。东陵的隆福寺落成后，他又下旨依隆福寺之例在西陵境内修建永福寺。

永福寺建于梁格庄行宫西侧，这里"有山磅礴案衍，蔚然而深秀，旷然而平坦，土厚泉甘，若拱若卫，于净境为宜"，其地势环境最适合建造佛寺。此地原有一座旧庙，但"颇卑陋"，乾隆五十二年（1787年）春，乾隆皇帝命"将作扩而新之"。在旧庙的基础上敕建喇嘛庙，乾隆五十三年（1788年）冬全工告竣，乾隆帝赐名"永福寺"。竣工后的永福寺"屋凡八十楹，费帑金十八万九千有奇"，建房屋80余间，花费白银近20万两。

乾隆皇帝在敕建永福寺碑文中写道："永福寺例隆福寺而建也……寺之所以建者，以其地近泰陵，每遇祗谒桥山，先憩于此，斋心摄神，以夙严对越之敬，亦如隆福寺之于景陵也"。意思是说，永福寺紧邻泰陵，就如隆福寺近依康熙皇帝景陵一般，每当谒陵之前必来此拈香礼佛，以表示对祖先的尊敬，在西陵修建一座喇嘛寺很有必要。而埋葬在泰陵的雍正皇帝又是典型的佛教信徒，自称"圆明居士"，早在乾隆登基之初，就将雍正原府邸雍和宫改为喇嘛庙，现在又把喇嘛庙引进父亲的"万年吉地"，以充分表达对父亲的尊敬（图9-7）。

同时，乾隆皇帝还是奉母至孝的楷模。他的母亲孝圣宪皇后薨逝于乾隆四十二年（1777年）正月，乾隆五十二年正值其母去世十周年，此时开工营建永福寺，也有怀念母亲，为母亲祈福，往生极乐世界，祈求母亲在天之灵护佑之意。

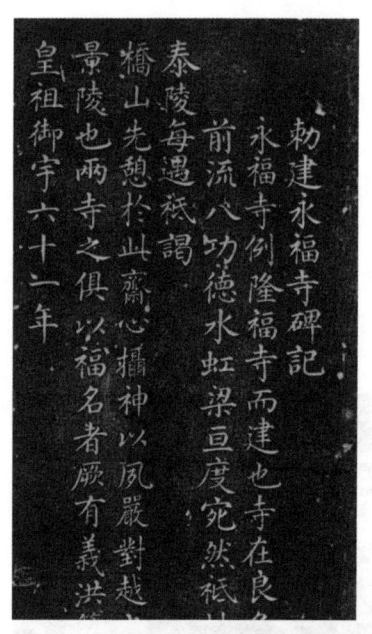

图9-7　敕建永福寺碑记拓片局部

2. 永福寺的建筑规制

永福寺随山势叠落修建，坐北朝南。寺内共有单体建筑19座，建筑面积4300多平方米，所有建筑被3米高的石墙包围起来，殿宇楼阁结构严谨，错落有致。主体建筑均采用黄色琉璃瓦盖顶，富丽堂皇。院内中轴线的主体建筑，从南向北分为三层。左右两侧的建筑与中轴线被一道风火墙隔开，形成了左、中、右三组一体的格局（图9-8）。

图 9-8 永福寺建筑组群侧立面渲染图（引自《中国古建筑测绘大系陵寝建筑·清西陵》）

一路三孔石平桥是永福寺的第一座建筑，桥下之水引自北易水河，下游与行宫鱼池相通。

桥北为山门，面阔五间、进深两间，单檐歇山式黄色琉璃瓦顶建筑，前檐为汉白玉石雕券脸的拱门窗，当中三间装板门；两稍间为槛墙，雕石菱花盲窗，山门内供奉四大天王和弥勒佛。门前月台设有低矮的宇墙，月台上南侧均匀地排列着四座圆形的嘛呢杆石座（图 9-9）。

穿过山门是中轴线上的第一层院落，东为钟楼，西为鼓楼，均为二层。与山门相对的是大雄宝殿，坐落在 12 级高的月台之上，面阔七间、进深三间，重檐歇山黄琉璃瓦顶建筑。大殿正中供奉燃灯佛、释迦牟尼佛、弥勒佛，两山供奉十八罗汉。

大殿后面是一个高泊岸，正中设有 18 级的石踏跺，拾级而上即是第二层院落，为三合院形式。一座木石结构的牌坊为此院的门户。牌坊是三门四柱形式，顶覆黄色琉璃瓦（图 9-10）。中门石柱上阴阳两面各阴刻有对联一副，阳面对联是"净域启庄严慧耀朗开金界，化城资巩卫吉云恒护珠邱"（图 9-11），枋心刻"福地香林"；阴面对联是"丹翠接神峰五色近笼佳气，清泠襟易水八功遥溯灵源"，枋心刻"祥轮宝筏"，表达了乾隆对永福寺这方佛家境地的赞美，颂扬祖先和佛祖带来的福分就像高山和河流一样源源不断，希望借助佛祖的力量，守护父母的陵寝，永保天下太平。牌坊的四根石柱及底座布满雕刻，用精湛的雕工刻出栩栩如生的佛教八宝、

图 9-9 永福寺山门的雕花石盲窗

图 9-10 永福寺牌坊

图 9-11　牌坊阳面乾隆皇帝御笔对联

图 9-12　乾隆御制碑亭

万福流云和富有吉祥寓意的柿蒂纹图案，整个牌坊犹如一件精美的艺术品。

永福寺御制碑亭位于第二层院落正中，重檐歇山式黄琉璃瓦建筑。（图 8-12）亭内有龟趺碑一通，碑额刻有"御制"二字，碑的阳面用满汉两种文字镌刻着乾隆皇帝的"敕建永福寺碑记"，落款处钤盖乾隆帝的两枚印章"惟日孜孜"和"古希天子之宝"，碑文记述了永福寺的兴建缘由及用途。

碑亭东西各建有一座灰布瓦顶配殿，面阔五间、进深一间。东配殿供奉关帝，西配殿供奉观音。碑亭之北建有一座重檐歇山黄琉璃瓦顶的普光明殿，面阔七间、进深四间。在殿顶的正脊之上设有一座具有藏传佛教标志的覆钵式喇嘛塔。普光明殿内供奉阿弥陀佛、不动佛、药师佛和八大菩萨。

普光明殿之北是第三层院落，此院建有一座转角楼房，称宝云阁，俗称藏经阁，为两层，共 38 间房。用来存放经卷，也供奉有斗母、绿度母佛母、白伞盖佛母、马头金刚等。

中轴线建筑的东西两侧各有一组建筑，是僧侣居住的僧房，皆是灰布瓦屋顶。

3. 永福寺的命名

关于永福寺的命名，乾隆皇帝确有深意，他在敕建永福寺碑文中也有详细的阐释。"两寺（东陵隆福寺和西陵永福寺）之俱以'福'名者，厥有义"。"福"字，取自《尚书·洪范》，"建用皇极，敛时五福。言乎皇极之福，不与人人同。至于锡厥庶民，又无不与人人同之也"。意思是君王建立政事要有中道，不偏不倚，建立中正的天下。要敛聚五福，即寿、富、康宁、攸好德和考终命。皇极之福，与普通人并不一样。但布赐予人民，就又相同了。"故自一人以推及于九族百姓，下至亿兆黎民，而其福始大。自一身一时一事，以引之于世世万子孙，而其福始长。"所以，君王要将上天赐予的福分推及黎民百姓，造福于万民，才能得民心，才是长远之大福。

而"永福"一词，则来自《诗经大雅》："永言配命，自求多福。"意思是要感念祖先的圣德，修养自身的德行，长久地顺应天命，才能求得多种福分。乾隆皇帝进一步说："而归本于世德。作求世德者，永福之源也。"而福分得益于祖先世代功德的积累，特别是得益于皇祖（康熙皇帝）御宇61年的圣德神功，子孙后代都要以祖先高尚的道德作为追求才能立于后世，这才是永保多福的源头。而这也正是儒家所追求的孝悌思想。乾隆皇帝作为一国之君，率先遵行孝道，以孝治天下，才能得到祖先的福佑，获得福运。而作为佛教寺庙，"诸佛经典每言福禄曰'福德'，亦《洪范》所云'予攸好德，则锡之福'也"。意思是只要遵守国家秩序的人，都会受到君王的恩惠，都会修来福德。

乾隆皇帝通过永福寺的命名表达了这样一种观点：君王要以孝悌为根本，注重道德的修养，不能有丝毫的懈怠和厌倦，并把它作为造福于万民的基础，即可得万民之心。而百姓安分守己，努力生产生活，也自然会修得"福德"，获得福报。寄托了乾隆皇帝期望王朝世代传承、国家和美安定的美好心愿。

4. 永福寺的佛事活动与管理

永福寺作为皇家寺庙，是清朝皇帝祈福的重要场所，皇帝每当展谒山陵前后都来此上香礼佛，斋心摄神。同时也会赏赐永福寺喇嘛缎匹、银两等。如光绪十三年，光绪奉慈禧太后谒西陵，就曾赏赐永福寺喇嘛缎匹、银锞等。

永福寺还是一座满族喇嘛庙。清初帝王在关外、关内修建过众多的喇嘛庙，住持皆是蒙藏族喇嘛，却没有满族僧人，不能做到佛、法、僧三宝皈依，于是开始命人翻译《大藏经》满文本，并陆续在京城内外修建了十二座满族喇嘛庙，均由满族喇嘛住持，习念满文经典。其中京外仅三座，即承德殊像寺、东陵隆福寺和西陵的永福寺。

永福寺的人员编制和设置在《钦定理藩部则例》中有明确规定，"额设满族喇嘛二十名，派满洲达喇嘛一名，拣选德木齐、格斯贵各一名，教习喇嘛三名"，共26名。清政府规定的喇嘛职衔为扎萨克达喇嘛、副扎萨克达喇嘛、扎萨克喇嘛、达喇嘛、副达喇嘛、苏拉喇嘛、德木齐、格斯贵。其徒众曰格隆、班第。满族喇嘛寺的住持为达喇嘛，位列第四级，地位不高，待遇与太监差不多。德木齐、格斯贵位列最后两等。

寺中喇嘛来源于香山宝谛寺或满族下层。寺内凡遇有喇嘛出缺，初由宝谛寺喇嘛补充，后又规定："由在京包衣佐领下人内挑取。凡陵寝居住之包衣人等，嗣后如果生齿繁众,有可挑取之人,准其再顶缺挑取"。嘉庆以后又因包衣人丁户口较少,遇到喇嘛缺出不敷挑选,于嘉庆十四年(1809 年)三月经西陵内务府大臣奏准仍于"宝谛寺喇嘛内挑选送往充补",嘉庆十四年(1809 年)至同治朝 50 余年,永福寺的喇嘛缺出均由宝谛寺挑选补充。同治四年时,永福寺又遇喇嘛缺出,西陵内务府大臣咨请总管内务府,总管内务府彻底奏停由宝谛寺调补永福寺喇嘛之缺事,令出缺仍由本地包衣幼丁内挑补。该寺的喇嘛出缺到清朝后期非常严重,亦很难补齐。

永福寺的喇嘛直接参与陵寝祭祀活动,逢帝后忌辰日需派出 13 位喇嘛到帝后陵寝的西配殿,用满语诵读《药师经》。遇有帝后入葬,则需至泰陵南 5 公里处的火焰牌楼处等候,并护送棺椁至泰陵。此外,每月初一、初八、十三日、十五日、三十日(小月二十九日),在永福寺内举行念经放乌卜藏活动。乌卜藏为藏语音译,有天香、神香之意。放乌卜藏,大约是用铁炉燃烧木柴、黑炭、松柏枝、奶油、粮食等物祭神以息灾求福的宗教活动,在西藏佛教各派中都很盛行,称为烧施,亦译火祭。放乌卜藏时要从火燃而未着中煨出香烟,以祈求居住天上的各种神灵降福人间。清代宫廷举行佛事活动时,都有放乌卜藏环节。

永福寺是皇家寺庙,寺内的一切维护和供养都依赖于内帑银两,所有佛事活动的经费都由内务府负责。清宫档案中记载:"永福寺年例应需各物开后计开……念经放乌卜藏应需各物开后……每一次用:条宝石末各一钱,供饼五碗,饽桌各一盘,麦面十斤,奶油一斤四两,干酒四两,老米二合,黑炭五斤,木柴十斤,松柏枝十斤。"从以上所述永福寺按例领取的念经放乌卜藏活动所用的材料中可见当时佛事活动概况。

自清朝灭亡至 1949 年前,永福寺由于年久失修,中轴线上的主体建筑残破严重,时有倒塌危险,殿内佛像也被毁坏。为了保护这座国内仅存的皇陵御用喇嘛庙,1987 年国家拨款对它进行了有史以来最大规模的修缮,1993 年 11 月完工,历时 6 年 5 个月,投资 600 余万元,使永福寺焕然一新。此后,文物管理部门多次筹措资金,恢复了寺内的佛教塑像。

第十章 陵寝礼仪

陵寝祭祀是我国几千年来宗教思想的积淀，也是儒家思想观念的凝聚，同时在一定程度上还是民俗文化的一种综合反映。清朝统治者一贯奉"敬天、法祖、勤政、爱民"为治国平天下的心传家法，特别重视皇帝的后事。将皇陵祭祀置诸国家"五礼"中吉礼的范畴，与祭祀天地、太庙、社稷等量齐观，赋予了最为神圣的尊严与内涵。清朝丧葬祭祀礼仪自康熙以后，日臻完善。

第一节 皇帝丧葬仪式

按照清朝制度，皇帝一去世，立即穿上殓衣，称为小殓，尸体覆盖陀罗尼经被。宫中所有的人要放声举哀，朝廷官员立即摘掉帽子上的红顶，拟定"恭办丧仪王大臣"名单，开始举行国丧活动。皇宫内外，从皇后妃嫔到太监宫女，从耆年老臣到幼年皇孙，人人身着白布孝服，大殿内挂起白布孝幔。皇帝尸体入棺称为大殓，棺中殉葬品极为丰富珍贵。大行皇帝（皇帝初死，尚未有谥，称为大行皇帝）梓宫（即棺椁）在乾清宫停放，但不能超过27天，而后移至殡宫暂放。在殡宫停放一段时间后，就要选择吉日，将梓宫移送山陵，这一过程叫作奉移，也叫作大出殡。

以光绪皇帝丧葬典礼为例，具体仪式如下：

1. 奉移山陵

这是皇帝葬礼中场面最壮观、礼节最隆重、动用人力物力最多的环节，也是由继统皇帝亲自参加，恭办丧仪王大臣统一指挥，礼部、工部、銮仪卫、内务府、军机处等各职能部门协调一致，共同完成的系统工程。

光绪皇帝去世时，北京至西陵已通火车，但其灵柩并没有利用这一简单快捷的交通工具，依然沿用传统的人力步行运送。

首先，由钦天监择定奉移吉日。在当年腊月二十八日确定宣统元年（1909年）三月十二日这一天为德宗景皇帝梓宫奉移的启程日期，因为陵寝还未修建，所以先奉移到西陵梁格庄行宫暂安。同时谕令内务府、工部、直隶总督等相关机构筹划奉移事宜。此时还有两天就是春节了，所以真正的准备活动从春节后的正月初三开始，这时，距离奉移之日还有 100 天（1909 年农历闰二月）。准备活动主要包括：

勘察维修西陵梁格庄行宫，以恭备大行皇帝梓宫暂安。由承修崇陵工程大臣载洵负责。

由内务府确定奉移路程。梓宫从北京到西陵需要 4 天时间，因此路程被分为 4 段：

第一天，景山东门起，经地安门、阜成门，抵达彰义村，共 19 千米。

第二天，彰义村至韩村河，共 40.5 千米。

第三天，韩村河至魏村，32.5 千米。

第四天，魏村至梁格庄行宫，32.5 千米。

备办和演练皇杠。皇杠包括 32 人抬、64 人抬、80 人抬（图 11-1）和 128 人抬四种，其中 128 人抬的大皇杠最为独特。光绪皇帝梓宫用的是 128 人抬皇杠，是一种比较新式的独龙杠，这种杠以一根前安龙头、后箍龙尾的大杠为轴心，杠外装置葫芦金顶、黄缎绣金龙的棺罩。负责抬皇杠的杠夫，头班和末班由校尉充当，其余均从良乡、涿州、涞水、易州等地沿途招募年轻力壮的民夫充当。每天 60 班，每班除抬杠的 128 人外，还备有帮夫 4 名、壮夫 40 名，作为替补队员跟随前进，随时准备更换杠夫中的体力不支人员，共雇用杠夫 7000 多名。这 7000 多名杠夫都要提前开具花名册，报内务府备案。为了保证梓宫运送过程平稳，皇杠要事先经过练习。三月初二日，这些杠夫在有关官员的带领下提前 10 天到内务府制造库报到并开始演练皇杠。演习时，在杠上放棺材的地方放有一桌一椅，在桌上放一碗水，派一官员坐在椅子上监督这碗水是否在行进时溢出来，有专门的喊号人带领抬杠人员反复练习，以此保证 128 人能够做到步伐平稳一致。

修建道路。为确保梓宫一路平安到达西陵，要对沿途道路桥梁迅速妥善修理。除了平高垫低、修桥掘渠之外，还要铺垫黄土，并且组织护路工队，担任随时修补和保护任务。

砌造土台，钉立桩板。这是沿途杠夫换班的标志。因为人数众多，规模浩大，所以皇杠起落的地点必须提前预备好。沿途地方官员负责将境内经过的道路进行丈

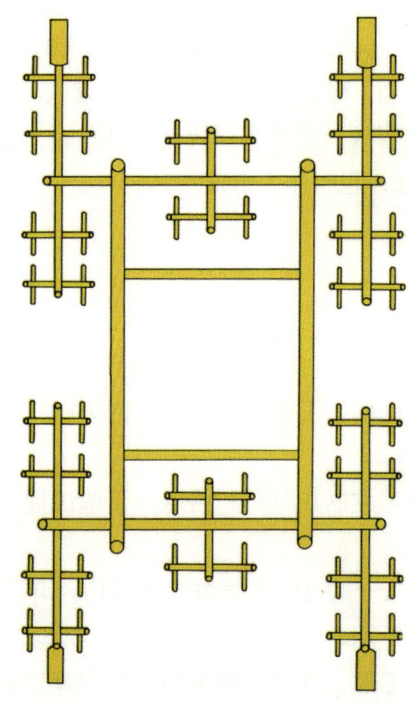

图 10-1　大舉图（舉即舆字，在此专指抬灵柩的杠架）

量，分成距离相等的多份，每段距离交界处就是梓宫起落的地方。在这个地点就要砌造土台，钉立桩板，以便识别和方便梓宫起落。每一处标识要在启杠前两天派兵丁看守，而且要专人负责，提前上报看守人员花名册，以便稽查。

支搭芦殿。沿途过夜不能在行宫内，而是临时用木头、席片等支搭建造的临时性宫殿，称作芦殿，作为临时的灵堂，用来停放梓宫。芦殿的规模非常大，据档案记载，每座芦殿均为七开间，檐高6米、进深27米，明间面阔8.4米，次间和稍间各面阔4.8米，前檐下还有隔扇抱厦等。芦殿的前面还有大牌楼一座，东西两厢则支搭摆放銮驾和供品帐篷4座，四周有长60.6米的围墙环绕，围墙的四角设有马架和更棚4座。仅沿途搭建三处芦殿就耗银2.9万两。此外，在芦殿的外围还搭有各类的帐篷136座，是那些护从大臣、官兵、乐手等的休息场所，还有大小车辆躲避风雨的地方。每处芦殿都设有激桶，每日令各旗抬至宿处，每宿交地方官盛满清水，放于芦殿周围，以防火灾。

所有恭送人员、应行典礼和应备物资也都要提前确定和准备好。共雇用大小车辆1461辆、马匹1400余匹。为沿途祭祀和暂安礼仪需要，提前采购大肥羊100只、乳牛112头、2000两银子的干鲜，派护卫官兵1395名。

经过百日的忙碌，准备工作方一切就绪。宣统元年三月十二日，光绪皇帝的梓宫启程奉移西陵。

奉移前一天，遣官告祭天地、太庙、奉先殿、社稷等神祇。

奉移当天五鼓，銮仪卫陈设全套的法驾卤簿，内务府将32人抬的小舆和80人抬的大舆放在观德殿大门外。参加奉移的人员按照身份等级站在规定的地方。除恭办丧礼王大臣和一些担任奉移工作任务的官员外，近支王公、御前大臣、御前侍卫、乾清门侍卫、内务府当差等人员都要随行前往西陵，其余王公百官、军队、学生等均在阜城门外分班等候跪送。为了避免混乱，自景山东门起至阜城门共分为八段，王公以下分为五班，分别指定具体跪送地点。

梓宫启行前，摄政王载沣代替宣统皇帝在景山观德殿梓宫前奠酒行礼，辞灵致祭。然后恭请梓宫登32人抬小舆，到景山东门外登80人抬大舆，由于城门容不下128人抬的大升舆，所以128人抬的大升舆在第一宿芦殿——彰义村预备（图10-2）。

隆裕皇太后等恭送梓宫启行，公主、福晋、命妇齐聚举哀，108名喇嘛在观德殿外恭送梓宫启行。跟随往送的公主、福晋、命妇从其他道路前往。隆裕太后于第二天，即十三日乘火车直抵梁格庄行宫，十四日恭谒各陵，十五日恭迎大行皇帝梓宫暂安。按清朝制度，奉移山陵应该由继统皇帝亲自参加，但由于宣统皇帝年龄太小，而且这次奉移也只是暂安，遵照隆裕皇太后旨意，宣统皇帝没有亲自参加，只等奉安陵寝时再由皇帝亲自参加。

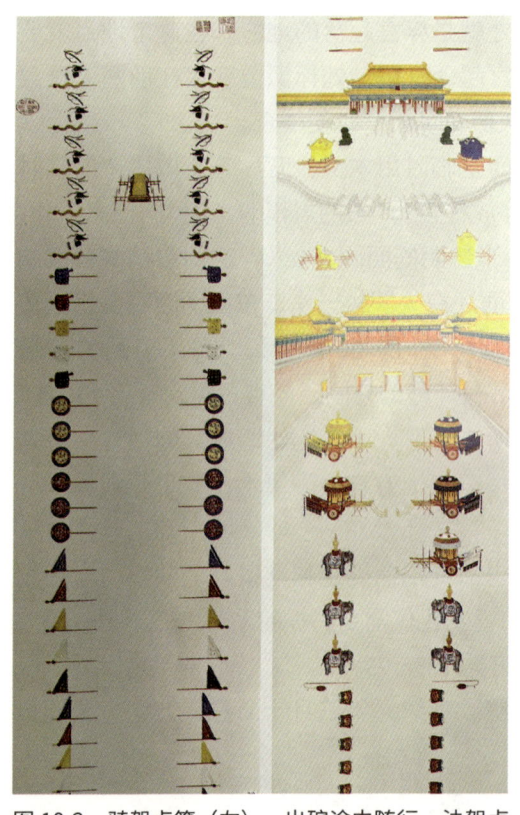

图 10-2 骑驾卤簿（左），出殡途中随行。法驾卤簿（右），驻跸时陈设

在梓宫奉移行进途中，銮仪卫执骑驾卤簿随行。所有抬杠人一律要身穿紫色团花麻驾衣，戴黄手套，穿黄罩靴、土黄套裤，头戴上安朝天黄鹅翎的盆式黑毡帽，44 名替补杠夫也要身穿驾衣随行。两个在棺材前面身穿孝衣的人，手拿响尺（分为两个，一个长二尺，一个长一尺，以短尺敲击长尺发出声响）引道前进。随行的王公大臣骑马随行，每次换班时，随行的王公大臣、侍卫、太监等，都必须下马跪候换班，然后在原处上马随行（图 10-3）。

所过门桥，内大臣二员轮流祭酒三爵，每祭一叩，焚烧纸钱五百张。帝灵一出殡宫，包衣官员即沿途撒扬纸钱，直至陵墓。仅观德殿至阜城门十里间，就用掉 1000 斤纸钱，所过之处地面如白雪覆盖。

奉移队伍，日出启程，日暮停灵，于沿途支搭的芦殿过夜。届时，芦殿前陈设法驾卤簿。芦殿前点香灯，派 10 名太监轮班坐更守护。每天早晚都由王公代替皇帝在梓宫前举行朝奠礼和夕奠礼（图 10-4）。

图 10-3 光绪皇帝出殡照片（一）

图 10-4 光绪皇帝出殡照片（二）

沿途派 1400 余名兵丁护卫，百里内的地方文武官员在路右百步外跪迎，举哀。待梓宫过后，跟随到芦殿外行三跪九叩礼。其中文职在正蓝旗之后，武职在镶蓝旗之后，随同行礼举哀。

三月十五日，德宗景皇帝梓宫于梁格庄行宫正殿暂安。行享典礼后，暂安礼成，隆裕皇太后于十六日乘火车返回京城。

从北京至西陵，数千夫役、数百随从，经过四天三夜的辛苦行程，才将光绪的梓宫抬至梁格庄行宫暂安。

2. 行宫暂安

皇帝的梓宫停放在梁格庄行宫正殿，称作暂安殿。为了保证梓宫的安全，暂安殿守备森严，宫门外由守护西陵大臣调拨八旗官员兵丁值班守卫，外墙周围由泰宁镇总兵调拨绿营兵守卫。暂安殿外还设有激桶四架，以防火灾。暂安殿内则由内务府包衣旗人负责香供守灵，其他任何人不经过特准不准擅入。

光绪皇帝的梓宫在行宫暂安期间，京城内的王公大臣和侍卫，按照不同的分工和岗位轮流到暂安殿值班守灵，每半月更换一次。为此还在暂安殿近旁新建各项公所，还因此占用了当地百姓冯敬修的粮田。

建成后的王公大臣六班公所，是时任各部院的王公大臣和八旗都统轮流值班的地方，公所由禁卫军充当门卫。值班的大臣由朝廷发给特殊津贴，守护梓宫，每天早晨举行祭典。

没有特许，值班期间不准离开。宣统元年六月，有位名叫会广銮的大臣，在梁格庄行宫值班期间，因事回京，但事先没有上奏请假，因此被礼亲王世铎参了一本，结果被以"值班重差期间，擅自回京，殊属非事"为由，交部议处。此外，每遇特殊的祭奠日，如清明、中元、冬至、岁暮、光绪生日和忌辰，都由朝廷特别指派王公代表皇帝在梓宫前行礼。

梓宫暂安期间，仍如皇帝生前一样，供应御膳。每天要在梓宫前祭奠和上供品三次，其中中午祭奠时间为 12 点 45 分，早晚祭奠时间则因季节不同而调整，满周年后每日设午奠一次，每月朔望（初一、十五）仍然三次供奠。

3. 葬入地宫

奉安地宫也称大葬，是光绪葬礼中最受瞩目的一项。

光绪的梓宫在行宫停放了四年八个月，一直到 1913 年 11 月 16 日才和皇后一起葬入崇陵地宫。而这时清廷早已退位，但根据民国政府优待清室条款中"光绪德宗奉安典礼仍如旧制"的规定，光绪皇帝的奉安典礼依然按照"天子"的礼仪进行。曾经担任当时的西陵禁卫军连长、在光绪奉安典礼时担任仪仗队员的杜如松先生曾在《文史资料选辑》第十辑上发表文章《民初修建清室崇陵和光绪"奉安"实况》，对光绪皇帝奉安崇陵地宫的情况进行了详细的介绍。

奉安日，辞灵致祭后，先用64人杠将梓宫抬到行宫前的大道上，换升128人抬的大杠。出发后，由威武的泰宁镇绿营马队做先锋开道，禁卫军和宪兵沿途警戒，有浩大的銮仪卫和带刀枪的仪仗队，有手执各种法器沿途诵经的僧、道、喇嘛，有各种乐器组成的喇嘛乐队，其中，两丈多长的重乐器大铜号（也称"蒙古角"），前面一个人抬，后面一个人吹，声音低沉，浓重地渲染了丧葬气氛，后面是身穿青布袍褂的王大臣执绋恭送（因为光绪去世已经超过三周年，所以不穿缟素），王大臣的后面就是运送梓宫的皇杠。紧随皇杠后面有一班人，全身行猎装束，穿灰布袍子、红边黄坎肩、青靴子，头戴秋帽，上缀豹皮叉尾，骑着马，手持矛，挂着刀，名叫"后扈"，这可能是满族出殡时的习俗，也是其游牧民族特点在丧葬礼仪上的一种反映。在杠前还有两班穿孝衣的人，一班人手托放有檀香炉的木盘，边走边用有节奏的调子发出举哀的声音，俗称"呼小呐"。另有一班人途中不断地将厚厚的一叠叠纸钱抛向空中，飘散而落，使经过的道路，满铺不漏。到达崇陵宫门时，三辆棚车满载的纸钱仅余半车。

浩浩荡荡的送葬队伍经过口子门，进入风水围墙内，来到崇陵牌楼门，随即更换了64人抬的小杠，抬到地宫外口，将梓宫安放在特制的龙𬨎车上（运灵柩的车），在左右护卫下，徐徐地进入地宫，移上石床，奉安于石床的"金井"之上。隆裕的梓宫也以同样的方法奉安于光绪左面稍低一些的位置。最后关闭四道石门，垒砌金刚墙。帝后合葬，奉安礼成。王公大臣在朝房更换吉服后，一起到隆恩殿祭奠，行三跪九叩首礼，礼成后，更换便服，乘火车返回北京。光绪皇帝的丧葬典礼，礼仪隆重，场面浩大，耗银巨大，仅从北京奉移梁格庄行宫暂安一项就耗费白银438400余两。而这也是中国历史上最后的一次奉安大典。

第二节　帝后的随葬物品

满洲旧俗，实行火葬，入关以后，日益受到中原地区汉族礼俗的影响，从康熙帝孝诚仁皇后以后，皇室成员死后不再火化，实行土葬。与此相应，在"厚葬以明孝"观念的影响下，在附身的棺椁内外，也出现了一些随葬物品。考查档案资料，帝、后陵中的陪葬品数量多寡不一,但大体包括穿戴、含口、覆尸经被、棺内随葬品、金井随葬品、册宝等几类。

1. 穿戴

帝、后死后,要在小殓时一层一层穿戴齐整。皇帝死后,穿戴朝服,佩戴朝珠,以冬装为主。

2. 含口

又叫"口头实",就是人死后含在嘴里的东西,自古有之,其作用,一是压舌头,防口舌之灾;二是口中有物,防饥饿。先秦时期礼制,天子含珠、诸侯含玉、大夫含碧、士含贝。清代含口以珠、玉为主。如乾隆地宫内出土了一枚玉蝉,应为乾隆帝含口,寓意蝉应节蜕变,可以转世超生。皇后、妃嫔死后,含口为珍珠,一般用东珠,产于今吉林一带,为清朝皇室所珍爱。而晚清慈禧太后死后的含口,是一颗稀有的夜明珠。

3. 覆尸经被

覆尸经被称陀罗尼经被,为佛教密宗圣品,一般用白缎制造,上面织绣或印制密宗经咒和佛像,由高僧如法加持,这在佛教中有不可思议的功德,能为死者超脱苦难,早登极乐世界。《大清会典》记载,只有皇帝、皇后、皇贵妃、贵妃、妃、嫔、皇太子、皇子、皇子福晋死后才有资格使用经被,贵人以下经恩赐方可使用。死者身份、地位不同,使用经被的规格、质量也不一样,皇帝、皇后、皇太子使用织金经咒和佛像的经被,其他人则使用印制经咒和佛像的经被。

4. 塞棺物品

在棺椁中,除了死者的尸体和随身穿戴外,还放置一些其他物品。这些随葬品可分为三类:一类为死者生前日用品和心爱之物,以翡翠、珍珠、各色宝石为主;另一类随葬品则为宫中主位和宗室亲贵在大殓时奉献之物,主要是荷包、烟壶、玉石坠等小玩意;第三类是先人的遗念。

5. 金井随葬品

金井位于地宫内宝床正中的下方,深约 1.5 米,圆形,直径 10 余厘米。为求死者死后安宁,通常会在金井之中投放一些珍宝,息壤祈福。

6. 册宝

帝、后崩后，有司制作玉质、檀香木质、纸质三份册宝，以恭上尊谥庙号（皇后有谥号无庙号），册文即追念死者圣德神功、嘉言懿行的颂文，宝文即赠予的庙号、谥号。其中，纸质册宝在上尊谥庙号礼时，于几筵前焚化；玉质册宝随神牌供奉于太庙；檀香木册宝随棺椁入葬陵寝地宫，通常放置在地宫明堂券或金券内（图10-5）。

图10-5　崇陵地宫内出土的册宝箱

第三节　雍正钦定随葬物品

雍正七年（1729年）的冬季，雍正皇帝得了一场大病。他这次生病时间很长，直到雍正九年（1731年）秋天才痊愈。病情最重时，他以为大限将至，于是开始安排后事。他首先安排的是棺椁内的随葬品。

雍正八年（1730年）五月初四日，他降旨："当年太皇太后赐朕数珠一盘，现在养心殿收着。还有圣祖皇阿玛赐朕的数珠一盘，尔等察来。同此小匣内玻璃鼻烟壶一件归于一处，交在自鸣钟（清宫造办处机构之一）好生收着。再传谕尔总管首领太监等多人知道才好。如朕万万年之后，将此三件安于梓宫内。尔总管处及自鸣钟好生记载档案。"那件玻璃鼻烟壶是怡亲王允祥的遗物。从这三件随葬品上可以看出，他最敬重的是孝庄文皇后、皇父以及十三弟允祥。

10天以后即五月十四日，胤禛又降旨，命将"金托碟白玉杯一分交与自鸣钟收储，万万年之后，在御容前祭用"。还是这一天，他又降旨，命将"黄地珐琅杯盘一分交与自鸣钟收藏，待万万年后，随往陵寝去祭用"。第二天胤禛又降旨，将一部《日课经忏》的"套壳面签子俱各换新，字迹不可动，俟换新毕，交与自鸣钟收储，万万年之后，安于梓宫内"。3天以后，即五月十八日，他又命总管太监苏培盛、李英传旨："古钱一个，交自鸣钟收储，万万年之后随《日课经忏》一处。"在14天内，他先后四次对梓宫内的随葬品作出安排。

然而，胤禛准备的这些随葬物品并没有很快派上用场，因为他最终战胜了这场疾病，又活了5年，雍正十三年八月二十三日才去世。

第四节　光绪帝后棺内随葬物品清单

清代帝后去世后,所有随葬物品均登记在册,称作"万年吉祥账"。

1. 光绪皇帝随葬品

穿戴:

光绪三十四年十月二十一日,上戴熏貂缎台冠,穿蓝江绸洋灰鼠皮袍、石青江绸洋灰鼠皮褂,束黄绉绸裙包,穿青缎凉裹尖靴。酉正二刻,大行皇帝升遐,戴去:天鹅绒冠一顶;穿黄缂丝棉金龙袍、石青缂丝棉金龙褂、月白春绸面白纺丝裹小棉袄、月白春绸棉裤、月白春绸中衣带、月白春绸套裤、白纺丝棉袜、青江绸凉裹尖靴。戴:金珀朝珠(绿玉佛塔珊瑚纪念银镀金镶珠,碧玡背云大小坠角小珠四颗);束白玉镶红碧玡线鞓带,随银镀金带挎钩一对。

黄妆缎大褥一床,黄妆缎棉被一床,黄缎大枕头一个。珊瑚朝珠一盘,伽南香朝珠一盘,木子朝珠一盘。

塞棺物品:

各种衣服48件:黄缂丝棉金龙袍三件、石青缂丝棉金龙褂二件、蓝江绸棉袍四件、灰色江绸棉袍六件、绛色江绸棉袍三件、石青江绸棉褂七件、绛色江绸棉袄三件、月白绉绸棉袄四件、茶色江绸棉袄四件、米色江绸棉袄一件、茶色江绸棉马褂二件、灰色江绸棉马褂一件、绛色江绸棉马褂一件、石青江绸棉马褂一件、蓝色江绸棉马褂三件、绛色江绸棉紧身二件、茶色江绸棉紧身一件。

各样首饰18件:绿玉佛手簪一支(上拴单挂流苏一挂、珊瑚圈托二色碧玡荷连一件、绿玉葫芦一件、瓜式挑牌碧玡蓝宝石坠角大东珠一颗、饭块珠八颗);雕绿玉杵杆一支(上拴单挂流苏一挂、红碧玡长字一件、珊瑚宝盖结绿玉荷叶挑牌红碧瑶蓝宝石坠角大饭块珠一颗、小饭块珠八颗);镀金镶绿玉活环圣手折篮一支(上拴大茄珠坠角一颗、红碧玡莲花宝盖绿玉叶正珠一颗);镀金镶绿玉活环圣手折篮一支(上拴单挂流苏一挂、红碧玡花篮一件、绿玉吉庆挑牌一件、红碧玡绿玉坠角小正珠二颗、珍珠十五颗、挺上镶红碧玡蝠一件);镀金点翠佛手九莲环簪一支(上镶茄珠一颗、葫芦正珠一颗);镀金点翠镶绿玉佛手金九莲环簪一支(上拴绿玉红碧玡竹梅米珠穗花篮一件、珍珠两颗真石坠角);镀金镶绿玉佛手簪一支(上拴单挂流苏一挂、珊瑚花篮绿玉长字红碧玡喜字绿玉坠角草葫芦一件、小正珠二颗);

镀金镶绿玉佛手簪一支（上拴镀金点翠花篮红碧玡坠角珍珠四颗）；镀金镶绿玉佛手簪一支；金镶珍珠佛手簪四支（各支上镶紫宝石二件、绿玉叶单挂流苏一挂、红碧玡蝠绿玉花篮紫宝石坠角绿玉宝石珍珠三颗）；红碧玡万福暖手五件，内有三阳开泰一件。

2. 孝定景皇后随葬品

穿戴：

金累丝点翠镶珠石长寿花寻常钿一项、大正珠帽花一件、红碧玡钮一副、正珠朝珠一盘、镀金镶正珠钻石钳子一副、大正珠钉一号、汉玉针一件、莲花鞋一双（上钉大正珠138颗）。

安放48件套：汉玉珞子二件、汉玉琴扫一件、汉玉乳钉带结子一件、白玉杵一件、雕白汉玉暖手一件、洋金镶钻石表一件、代八音金表一件、珊瑚雕寿字朝珠一盘、红碧玡朝珠二盘、绿玉朝珠一盘、正珠念珠二盘、绿玉元镯一对、绿玉蒲镯一对、绿玉挑杵一支、镀金镶黄碧玡圣手折篮一支、洋金镶紫宝石镏子一件、洋金镶珠石别针一件、洋金镶白钻石蛇紫宝石抱头莲一支、洋金镶白钻石子母绿软镯一只、金镶正珠软镯一对、洋金带链镶珠石镯一对、洋金镶钻石宝石镏子一件、洋金镶子母绿镏子一件、洋金镶绿玉镏子两件、横绳子钉洋金镶钻石帽花十一件、雕汉玉螭虎双套环一件、绿玉烟壶一件、红碧玡烟壶二件、旧玉烟碟二件、金烟碟一件、金球一对、镀金镶绿玉一轮太平车一件。

衣服53件套：明黄石青江绸绣棉龙袍褂一套、明黄石青江绸绣夹龙袍褂一套、雪灰缎棉衬衣三件、蓝缎棉衬衣一件、驼色缎棉衬衣一件、灰色缎棉衬衣五件、湖色缎棉衬衣二件、绛色缎棉衬衣一件、蓝绉绸棉衬衣一件、月白绉绸棉衬衣一件、蓝缎夹衬衣二件、绛色缎夹衬衣一件、灰色缎夹衬衣一件、驼色缎夹衬衣一件、湖色缎夹衬衣三件、雪灰缎夹衬衣一件、湖色缎绣夹半宽袖二件、绛色缎绣夹马褂一件、湖色缎绣夹马褂一件、蓝缎绣夹紧身一件、月白缎绣夹紧身一件、月白缎绉绸斗篷一件、湖色缎棉马褂一件、绛色缎棉马褂二件、灰色缎棉马褂一件、驼色缎棉马褂一件、绛色缎夹马褂一件、灰色缎夹马褂一件、蓝缎夹马褂一件、月白缎棉紧身一件、灰色缎棉紧身一件、月白缎夹紧身一件、蓝色缎夹紧身一件、蓝色缎棉紧身一件、灰色缎夹紧身三件、湖色缎夹紧身一件、绛色缎夹紧身一件、雪灰缎夹紧身一件、青色缎夹紧身一件。

第五节　皇帝谒陵与谒陵铁路专线

清朝对皇陵祭祀的重视超过了前代，皇帝更是频繁地亲往谒陵，从康熙到光绪 8 位皇帝，亲谒祖陵 209 次，其中盛京三陵 10 次、东陵 125 次、西陵 74 次。谒陵次数最多的当属乾隆皇帝，共谒陵 69 次。京城至东、西陵沿途各建造行宫四处，以备皇帝谒陵时驻跸，每次谒陵少则七八天，多则十余天，历时较长，而且队伍庞大、随从众多、礼节烦琐。

每次谒陵首先要提前修整道路，征用民夫，侵占农田，皇帝为表示爱民如子，每次谒陵都会下令蠲免路过州县钱粮至少十分之三。乾隆十一年九月，乾隆皇帝奉皇太后谒西陵，还对易州 70 岁以上的老年人均有赏赉。

这 209 次皇帝谒陵活动中，有 208 次是乘舆往返，仅有一次是乘火车谒西陵。

乘舆制度是清代宫廷典制中一项不可缺少的内容。舆辇是清朝帝后常用的交通工具，也是他们拥有至高无上的权力和威严的象征。乘舆谒陵，从北京至西陵或东陵行程 250 华里，经由四处行宫，历时四天三夜。皇帝一启銮，各部院衙门、内务府各司、军机大臣等众多官员，或骑马，或乘轿，紧随皇帝前后左右。再加上卤簿队伍、御林军及运送物品的车辆，浩浩荡荡的队伍，排开要有数十里长。道光十年，"皇帝谒陵由绮春园至梁格庄，各沿途派将三十八员，千把外委四十七员，兵一千六百七十八名，沿途护驾往返"。世宗宪皇帝恭送孝敬宪皇后梓宫的时候，用车 573 辆，场面浩大，费用惊人。

1900 年 8 月，八国联军攻进北京，慈禧太后和光绪皇帝逃往西安，1901 年，《辛丑条约》签订后，慈禧太后和光绪皇帝才从西安起銮回京。回京途中，慈禧太后对大臣们说："此次劫难，多亏列祖列宗神佑，回銮后一定要祭祖。子孙不孝，使大清遭此涂炭，自当去谢罪。"行至正定，铁路总理盛宣怀为慈禧预备了火车专列，疲惫不堪又归心似箭的慈禧太后登上自己曾经称为"妖物"的火车继续北上，先至保定休养四天后，再乘原列返回紫禁城。这次乘车，慈禧切身体会到火车的便捷和舒适。回京后，慈禧下旨要前往东西两陵告谒，并且表示，为了不劳民伤财，要轻车简从，令御前大臣、军机大臣、内务府大臣等共同商量如何破除常规，变通交通方式。第二年三月谒东陵，因为时间临近，她与光绪仍乘舆而去。同年九月（1902 年 10 月），她再次谕军机大臣，"明春择吉祇谒西陵，若由新城县之高碑店接造铁路，直达易州之梁格庄，往来便捷，省地方供应之烦，著由袁世凯速即派员复实勘估，克日赶办，限六个月内报竣，毋误要工"。

图 10-6　詹天佑旧照

袁世凯接旨以后，立即筹银 60 万两，并拟请英国工程师任筑路总工程师，但法国公使却以新易铁路为京汉铁路支线，必须由法国工程师承担此项工程。经过协商，最后委派中国工程师詹天佑为新易铁路的总工程师，责成他如期完成修造任务，通车使用。虽然修筑这条铁路仅是为了清朝皇室祭陵，但也是中国人自行设计和建造的第一条铁路，是中国铁路筑造史的开端。因此，詹天佑非常高兴，他说："这是中国自修铁路的开端，不管有任何困难，都要同心协力，克服困难，完成任务。"当时卢沟桥至汉口的铁路已建成，北京至卢沟桥尚未修建铁路，为了慈禧谒陵，特地抢建京芦段，同时铺设高碑店至易县梁格庄的铁路（图 10-6）。

铁路修筑期间，时值冬季，在严寒的季节测量、设计、修建铁路，确实不是一件容易的事。"按当时国外修筑铁路的规范，路基建成以后，需要风干一年后才能铺轨。"但是袁世凯限詹天佑 4 个月内修筑完工，否则赶不上谒陵日期就是犯了欺君之罪。詹天佑对线路进行了周密的考察、勘测、分析、计算，决定把路基夯实，边筑路基边铺钢轨。经过不懈努力，铁路工程竟于 1903 年 2 月提前完工。铁路全长 46.42 公里，全线用地 1350 多亩，共有桥梁 37 处，其中木桥 5 座、

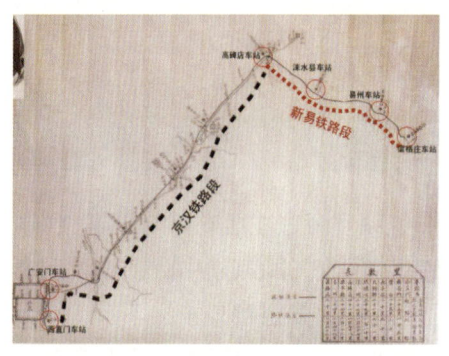

图 10-7　新易铁路里程表

扣轨桥梁 6 处、钢板桥梁 24 座、桁梁桥 2 座（图 10-7）。

新易铁路建成以后，盛宣怀和袁世凯又抓紧筹办了两宫乘坐的专用"龙车"，车厢内外装饰极尽奢华。龙车内，床铺面对车窗横置，周围挂上黄色的幔帐。床铺侧面有一个门，门外有一个便桶，如意形状，外罩宫锦绒缎套，好像一个绣花墩一样。桶内底垫黄沙，上灌水银，粪便落入水银中，无声亦无味。龙车外面，先用缎子贴里，再用黄绒包裹车身。车厢内，地铺五色羊毡，壁贴黄绒，内衬白毡。车门内，迎面

竖立一个玻璃屏风，屏风南角另辟一门，门内是一间大屋子。宝座居中，四周放有长桌，置有黄缎绣龙围垫、古玩、玉翠、书法、字画等陈设琳琅满目。宝座后面左右有门，左门夹一小巷与后节车厢相通，右门通一内室。这样的车厢布置了两节，一节为慈禧自用，一节为光绪所用。隆裕皇后、瑾妃、庆亲王等乘坐的车厢仅次于两节"龙车"。龙车布置完毕，先请总管太监李莲英阅视，李莲英很满意，连连夸奖盛宣怀、袁世凯二人"懂事"。

为了防止龙车在行进中颠簸，避免所有的陈设晃动摔毁，盛宣怀和袁世凯又先期乘车检验。登车后，袁世凯见古董挂屏，灿然满目，对盛宣怀说："选挂的这些字画很好，车厢稍有震动，若倾斜跌落下来，我们就会落个不敬之罪，谁负得了责任？"盛宣怀说："请公登车试验一下，车开到最快速度，若有震动，再想办法。"于是，这列火车以每小时行速一百里往返于北京西站至定兴，结果，满车陈设犹如一体生成，毫无损伤。由于李莲英曾提出"登车法欠体贴"，所以承办人员又煞费苦心，由月台到车厢搭一桥道，上以彩毯铺垫，两旁立有栏板，这样上车可以不踏铁级，扶栏平行至车内。

经过试车预演之后，择定于光绪二十九年三月初八日（1903年4月5日）辰刻起銮谒西陵。届日，光绪皇帝先到，等慈禧到后，皇帝首先跪接，然后隆裕、瑾妃、庆亲王等依次跪接。途中，慈禧命令停车用膳，光绪陪慈禧同桌用餐，后妃则站立其后奉陪，传菜由南门进，撤菜由北门出，来来往往，川流不息。原本四天的路程，不足两个时辰便抵达西陵。

他们三月初八日到达梁格庄行宫，三月初九恭谒泰陵、泰东陵、昌陵、昌西陵、幕陵、慕东陵，并在慕陵行敷土礼，在隆恩殿行大飨礼。两宫谒西陵虽然坐火车而来，但仪仗辇舆一一俱全，因为他们从行宫上陵，仍需乘舆。

慈禧对这次西陵之行非常满意，对相关人员大加赏赐，盛宣怀因"备办一切，甚属周妥"更有重赏，对精心修筑铁路的工程师詹天佑赏赐了她自己心爱的"法钟"。此后，清皇室与西陵之间的往返全部乘坐火车。后来隆裕太后、珍妃、瑾妃的棺椁也都是通过这列火车运送到西陵的。

新易铁路虽然是专为皇室谒陵建造，路程较短，但却是中国人自行设计和建造的第一条铁路，在中国铁路史上具有重要意义。新易铁路使北京至西陵变得更为快速便捷，大大减轻了谒陵路线周边官民的负担。因为有火车的便捷，民国初年，很多达官显贵、外国友人都争相乘火车前往西陵参观。

第六节　西陵的祭祀礼仪

清朝皇陵祭祀种类繁多，从时令上讲，有清明、中元、冬至、岁暮四时之祭；从规模上讲，有大祭和小祭（四时之祭和帝后的忌辰均为大祭，其余均为小祭）；按内容上讲，有万寿、忌辰、敷土、告祭、展谒之祭；从形式上讲，有皇帝亲诣、遣官恭代、陵寝官员自办之分。一直到乾隆初年，陵寝祭祀才完全固定下来。

1. 展谒礼

展谒礼是皇帝谒陵时必须举行的祭祀仪式，如果是大祭日，展谒礼在大祭礼之前举行。当日，贝勒以下，大臣、侍卫、三品以上文武官员在未到下马碑时下马步行。亲王、郡王到下马碑处下马。皇帝在东朝房的南房山下马或下轿，到幄次（临时搭建的帐篷，供皇帝更衣休息）中更换素服，然后由礼部官员在前面引领，从隆恩门左门进入，隆恩殿东侧绕行进陵寝门左门，到石五供北侧、明楼前，面向西站立。司拜褥官预先在祭台北面正中铺好拜褥，礼部堂官引导皇帝在拜位上，面向北行三跪九拜之礼。鸿胪寺官在陵寝门外引导王公百官随皇帝一起行礼。礼毕，皇帝退到东侧，面向西站立。内务府官员在拜褥前设奠几，准备酒和爵，皇帝到拜褥处面北而跪，群臣也随之下跪，奉爵大臣下跪将爵递给皇帝，皇帝奠酒三爵，每奠一次行一次拜礼，众臣也都跟随行礼。奠酒结束后，皇帝起立，退到东侧面向西站立，王公大臣分两列站立，皇帝、群臣举哀，举哀结束后，礼部堂官引领皇帝由原路退出。

2. 大祭礼

大祭礼也称大享礼，是最隆重的祭祀仪式。祭日上午，鸿胪寺官引领陪同祭祀的王公及文职三品京堂以上、武职二品副都统以上、外任文职按察使以上、武职二品总兵官以上官员，在隆恩殿月台下分排站立，其他大臣官员在隆恩门外月台下分班排立。王公大臣、文武官员均穿朝服，皇帝穿礼服。皇帝从幄次中走出，銮仪卫官下跪，递给皇帝水盘、布巾，皇帝盥洗完毕后，在官员引导下，由隆恩门左门进入，从隆恩殿左边的台阶上月台，从隆恩殿的左门进入大殿，然后站在东边向西而立。鸿胪寺官引导亲王、郡王、贝勒、贝子、公到隆恩殿前月台上，东西两侧相对站立。茶房人将茶桌抬到殿门外，内务府官献茶。撤茶后，茶房人将茶桌撤到月台下西边。司拜褥官铺拜褥，赞引官引领皇帝到拜位前站立。典仪官赞："执事官各司其事！"赞引官赞："就位！"皇帝站到拜位上。赞引官赞："跪！"皇帝跪。赞："上香！"

司香官进香。皇帝接过香盒拱举，仍将香盒交给司香官，站起。又赞："上香！"皇帝三次上香。赞："复位！"皇帝回到原拜位站立。赞引官依次赞："跪、拜、兴！"皇帝行三跪九拜之礼。典仪官赞："奠帛爵，行初献礼！"献帛官捧帛篚，司爵官捧爵依次到帝、后位前，司帛官下跪将帛篚献于案上，三叩头，退下。司爵官立着献爵，放在爵垫中，退下。司祝官到祝案前下跪，三叩头后站起，捧祝版跪于案左。赞引官赞："跪！"皇帝下跪。典仪官赞："读祝！"司祝官跪读祝文，读毕站起，捧祝版到神位前下跪，放在帛篚内，三叩头，退下。赞引官赞："拜、兴！"皇帝及群臣行三拜礼，站起。典仪官赞："行亚献礼！"司爵官在左侧献爵，程序和初献礼相同。典仪官赞："行终献礼！"司爵官在右侧献爵，程序和亚献礼相同。赞引官先后依次赞："跪、拜、兴！"皇帝及群臣行三跪九叩礼。典仪官赞："送燎！"司祝官、司帛官到案前行一跪三叩礼，司祝官捧祝版、司帛官捧帛篚，依次从中门走出隆恩殿，送到燎所。皇帝在拜位东侧向西站立，司拜褥官撤拜褥。鸿胪寺官引王公百官退避两旁。祝版、制帛过去后，再把拜褥铺好，皇帝复位立，赞引官宣布礼毕。皇帝回幄次内更换素服，到明楼前奠酒、举哀，结束后退出。如果是冬至大祭和国有庆典致祭，不举哀。

如果是王公官员代皇帝举行祭祀仪式，出入均走右（西）门，上下走右侧台阶。祝版、制帛送燎时，承祭的王公官员在西侧站立。隆恩殿大飨礼结束后，承祭王公官员在隆恩门外左侧台阶上向西站立，其他官员在台阶下东西两侧站立，举哀结束后退出。

3. 小祭礼

每月的初一、十五要举行朔望小祭，万寿日（皇帝生日）也要举行小祭。帝后陵小祭，承祭官由陵寝守护大臣、陵寝内务府大臣、八旗总管充任。小祭不请神牌，仅启神龛帷幔。执事官穿朝服，陈供品，由礼部司官监礼。献茶官引茶桌由隆恩门中门进，由隆恩殿中阶上月台。引礼官二员引承祭官由隆恩门西门进，上隆恩殿西阶，在月台西旁面东恭立。献茶官跪献奶茶毕，引礼官引承祭官至拜位立。司香官举香盒进前。引礼官引承祭官至香案前跪，接香盒拱举，仍授司香官，站起，再三上香毕，引礼官引承祭官回到拜位面向北立，献爵官三献毕，承祭官行三跪九叩礼，礼毕，承祭官由原路退出，小祭礼成。帝后陵的小祭礼不读祝文，不献帛，也不举哀。

4. 敷土礼

敷土礼每年清明节大祭礼之前举行。清初沿用明朝制度，每次敷土 13 担，乾隆二年，为尽量避免踩踏宝顶，改为一担。以嘉庆五年三月十二日，清明，嘉庆帝亲诣裕陵行敷土礼为例，具体礼节如下：

届日，嘉庆皇帝乘舆诣更衣幄次，更缟素（因为在高宗丧 27 个月内）。执事、随从的王公、大臣、官员等均穿素服，冠摘缨。陵寝大臣担土先至宝城石栅东旁等候。礼部堂官奏请行敷土礼。前引大臣恭导，由隆恩门左门入陵寝门左门。派出进陵寝门大臣等随入，至明楼前排立。后扈内大臣及帮扶添土大臣随嘉庆皇帝进至方城前。

陵寝内务府大臣恭进护履（鞋套）。嘉庆皇帝纳履，由东磴道升至宝城石栅东。随上宝顶之大臣等均著黄布护履。陵寝内务府大臣将土合为一筐，跪进。派出帮扶添土大臣恭接，随嘉庆皇帝至宝顶敷土处，跪进。嘉庆皇帝跪接，拱举，敷土，毕，授筐，降，脱履。前引大臣恭导，出陵寝门左门。至更衣处更衣，于隆恩殿行大享礼（图 10-8）。

图 10-8　隆恩殿内陈设旧照

5. 皇太后谒陵礼

以慈禧皇太后在光绪二十九年（1903 年）三月初九日恭谒西陵各陵礼节为例介绍于下。

于隆恩门外降舆，扈从妇女于石桥旁下车。陵寝女官前导，皇太后、皇后御素服，进隆恩门左门，由隆恩殿东旁进陵寝门左门，至明楼前行六肃三跪三拜礼，兴，退立东旁。女官进奠几于正中，皇太后诣正中，跪，三祭酒，每祭行一拜礼，皇后随行礼，礼毕，皇太后、皇后西向举哀毕，在女官恭导下，由原路退出，至降舆处乘舆。

6. 妃园寝的祭祀礼仪

妃园寝只有四时大祭，没有忌辰大祭。届时，承祭官由八旗总管充任，礼部差役人等在宫门外支搭凉棚，工部匠役安设桌张，摆列酒尊。内务府员役供献祭品，礼部打果人抬肉槽安设在凉棚内。太监进暖阁，在神龛前行二跪六叩礼，将神牌请出，安设在暖阁前的宝座上，其礼仪与帝后陵的大祭礼大同小异。嫔、贵人有四时大祭。常在、答应、福晋、格格只有清明、岁暮二大祭。皇贵妃、贵妃、妃设神牌，供设在大殿暖阁内。嫔、贵人、常在、答应、福晋、格格不设神牌。大祭时嫔以下的祭礼在宝顶前举行。清明节供献的佛花插在宝顶前所设的石方座上。摆放祭品的膳品桌、饽饽桌设在月台上，献茶供献。礼部二官员挨次到各宝顶前奠酒三爵，行一跪三叩礼。妃园寝大祭读祝文，献帛。参加完帝后陵大祭礼的王公，如果其生母葬在妃园寝内，则由内务府官员引导，到其生母墓前设奠几，由内务府官员进爵，奠酒，举哀行礼。光绪皇帝生前两次谒西陵，均至慕东陵庄顺皇贵妃位前祭奠行礼。

各园寝朔望小祭无供献，只由内关防官员上香行礼。皇贵妃、贵妃、妃、嫔、贵人、常在、答应、格格等根据等级的不同，其祭祀礼仪相应有异。

7. 王爷、阿哥园寝祭祀礼仪

端亲王、怀亲王，每年清明、岁暮二次致祭。每祭设饭桌各一张，果桌各一张，羊各一只，酒各一瓶。清明宝花一座，岁暮用金银锞各二千锭，纸钱各一千张。于享堂神牌前致祭。

三阿哥（即埋葬于阿哥园寝的弘时）既已婚娶，每年清明、中元、岁暮三次致祭。每祭设饭桌一张，果桌一张，羊一只，酒一瓶。清明宝花一座，岁暮金银锞二千锭，纸钱一千张。亦于享堂致祭。

第七节　祭品名目

清陵致祭，讲求"事死如事生"。每行祀典，各类祭品务期"必丰必洁"。祭品数量和内容，视墓主人地位高低而定。季节不同，也会使祭品发生变化，但有一个基本标准。总的来说，祭品分两大类，一类是膳品，一类是饽饽，饽饽中又分饽饽和果品两种。

1. 大祭

帝、后每位膳品桌上供膳品18盘碗，饽饽桌上供65盘碗；
皇太子、皇贵妃每位供膳品17盘碗，饽饽桌上供63盘碗；
贵妃、妃、阿哥、公主每位供膳品17盘碗，饽饽54盘碗；
以上均设匙箸，供奶茶一碗、酒三爵，设牲牢；
嫔、贵人、常在、答应、格格等各供膳品14盘碗，饽饽45盘碗。
18种膳品样色如下：
熟牛肉一方，烧野鸡一方，鲜鱼一盘，蕨菜一盘，粉汤一碗，酸奶子一碗，野鸡肉丝汤一碗，青酱瓜一碟，青酱一碟，熟羊肉一方，烧羊胸肉一盘，鮿鱼一盘，蘑菇一盘，饭一碗，芥茉菜一碗，羊肉丝一碗，咸菜一碟，酱稍瓜一碟。

如果膳品是17盘碗，则减去熟羊肉；如果是14盘碗，再减去粉汤、羊肉丝汤、酸奶子三样。

65种饽饽，包括47样饽饽和18样干鲜果品。47样饽饽样色如下：

鹅蛋一碗，鸡蛋一碗，鸭蛋一碗，奶皮一碗，鱼儿饽饽一碗，江米糕一碗，黄米糕一碗，寸麻花一碗，豇豆条一碗，蜂蜜印子二盘，炸勒克一盘，烙勒克一盘，沙糖印子二盘，七星饼一盘，鸡蛋糕一盘，鸡蛋印子一盘，鸡蛋鲁酥一盘，红馅梅花酥一盘，黄馅梅花酥一盘，白薄烧饼一盘，鸡蛋烧饼一盘，炸高丽饼一盘，红馅赶皮一盘，黄馅赶皮一盘，果馅厚酥饽饽二盘，糖酥饼二盘，红徽枝一盘，白徽枝一盘，芝麻烧饼二盘，大麻花一盘，小麻花一盘，小白麻花一盘，构奶子糕一盘，山葡萄糕一盘，奶皮花糕一盘，小菊花饽饽一盘，奶干糕一盘，山梨面糕一盘，英蓴面糕一盘，白奶糕一盘，蜂蜜一碟，白盐一碟。

饽饽桌若63样、57样、54样、45样，从中递减。

帝后桌供干鲜果品18盘碗，由下列29种中挑选，按季节所产随时更换：

苹果、红梨、黄梨、棠梨、柿子、槟子、红李、黄李、沙果、樱桃、冰糖、龙眼、荔枝、柿饼、红枣、胶枣、桃仁、榛仁、松仁、栗子、乌梨、大占、桃、李、江米糖、山里红、八宝糖、西葡萄、鲜葡萄。

牲牢：每届大祭，帝后陵隆恩殿内陈太牢一具（一牛二羊，宰杀煮熟后取头、尾、四肢和脊椎，分别摆放在牲匣内），妃园寝享殿陈少牢一具（二羊）。牛羊要肥大健康者，牛用黑牛。

香蜡炭饼：香分紫降香、块香两种，紫降香系致祭时上香之用；块香为大祭时月台上鼎炉用。蜡为素色油蜡。炭饼用于焚香。每行大祭，帝、后陵分别用紫降香五钱、块香四块（每块重一两）、白蜡若干（随朝灯）、炭饼三块（无鼎炉用一块）。妃园寝中享殿内行大祭时所用香蜡炭饼与帝、后陵略同（因无鼎炉陈设，炭饼用一块，无块香）；嫔位以下大祭时亦具香蜡。

祝版：木质，长方形，祭祀时承以须弥座式木质托座。祝版有大、小两种规格，大祝版长约一尺五寸、宽约九寸；小祝版长盈一尺、宽约六寸。祝版表面裱贴祝文（祭文），为白纸黄缘墨书。祝文最初由翰林院撰拟出固定格式，以后照式书写不做更换，文字用满、汉文互译合书。每行大祭，帝、后陵隆恩殿内神位前各供祝版一块；妃园寝享殿内共享一块祝版。嫔位以下祭祀时无祝版。

丝帛：大祭时，帝、后神位前各供制帛一端，白色，上织满、汉文"奉先制帛"字样，汉字系篆体，随筐匣。皇贵妃、贵妃、妃位大祭时各供素帛一端，白色无文。

嫔位以下无丝帛。

祭器筐：用竹编制，四面髹漆，陵寝用黄色，大祭时用来盛放丝帛（图11-9）。

冥钱纸锞：每年岁暮祭日，帝、后、皇贵妃、贵妃、妃各等位分别焚纸锞一次；帝、后各焚五色

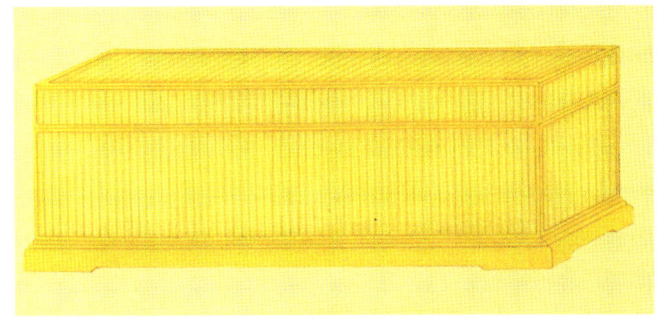

图11-9　祭器筐

纸一万张、金银锞一万个，随明黄油饰纸床、铺盖、布袱各一份；皇贵妃、贵妃、妃位各焚三色纸一千张、金银锞二千个，随金黄油饰纸床、铺盖、布袱各一份；嫔、贵人每年中元、冬至、岁暮三次大祭各焚纸锞一次，每位三色纸一千张、金银锞二千个，随红油纸床、铺盖、布袱各一份；福晋、格格、常在、答应每年岁暮焚纸一次，每位各焚素纸一千张、金银锞一千个，随用纸床、铺盖、布袱与嫔、贵人同。

佛花：又名佛堂花、楮宝花，用彩纸、金箔之类物材扎缚而成的塔形供物，上面有各种花卉和龙凤图案。每年清明前一日，帝、后、皇贵妃各于享殿内供奉大佛花一座；贵妃、妃各于享殿供奉小佛花一座；嫔位以下各于宝顶左侧供奉小佛花一座。大、小佛花俱于岁暮祭毕焚化。

洁土：每年清明，陵寝内各宝顶俱敷添洁净黄土一次。

2. 小祭

帝、后及同殿之皇贵妃，每位前各供熟羊肉一盘、青酱一碟、果品12盘。均设匙箸，供奶茶一碗、酒三爵。

皇贵妃、贵妃、妃的忌辰均为小祭，是日每位前各供果品12盘、酒三爵，设匙箸。各园寝的朔望小祭均无供献，只拈香、行礼。

另外，每年仲秋（八月），皇宫的御膳房派专人送乌珠穆秦、克什克腾羊每陵二只，分两次随祭供献。每年仲冬（十一月）由皇宫的御膳房派专人送达郎冈爱羊每陵五只，分五次随祭供献。每年春秋仲月，皇宫御茶房送交奶饼二次。每年中元节（七月十五）供西瓜一次，六月供香瓜一次，随时供献。帝、后每位前供西瓜15个、香瓜240个。皇贵妃、贵妃、妃每位前供西瓜8个、香瓜120个。

每次祭祀的供品种类繁多、五花八门，而鲜果类四季应时，多有变换。

第十一章
清西陵的保护管理

　　清代西陵设置有王公守护大臣、承办事务衙门、内务府、礼部、兵部、工部、绿营等管理机构，维护周全，管理严密。民国以后，清室逊位，加之社会长期动荡不安，导致管理日渐废弛，陵寝残破不堪，甚至酿出惊天盗案。中华人民共和国成立后，对清西陵展开了一系列卓有成效的保护与管理，使其重新焕发了生机与风采。

第一节　清朝对西陵的管理

　　为了清西陵保护及祭祀的需要，清政府在陵区设立了庞大的管理机构，划定了严格的保护范围，对清西陵实行有效的管理和保护。西陵的保护和管理机构，从雍正七年（1729年）初设到乾隆初期逐渐完善，形成定制。

1. 管理机构

　　清朝在西陵设守护大臣，之下设内务府、礼部、工部、八旗、绿营。工部和绿营统一设置，不按陵分设。这些机构分工明确，又互相配合，总人数达数千人，共同负责西陵的祭祀、管理、保卫工作。

　　守护大臣。是西陵的最高长官，设两位，分驻东府和西府，总理陵寝的全部事务。凡守护大臣均是宗室成员。守护大臣的设置起源于雍正派允禵守护康熙的景陵，其实是为了将允禵变相软禁。雍正十三年九月二十四日，雍正去世仅一个月，贝勒允祎、斐苏、公弘晀被派往守护泰陵，成为西陵的第一任守护大臣。守护大臣任期，最初并没有明确规定，嘉庆十六年才规定守护大臣每届任期三年，其遣贬的意味也逐渐淡化。但守护大臣是一个比较清贫的差事，光绪三十一年，批准每人每年增加养廉银1000两。

　　与此同时，乾隆仿雍正派大臣侍卫守护康熙景陵之例，派出大批官员前往守陵。包括领侍卫内大臣哈达；尚书魏廷珍、宪德、都统迈禄、高起；散秩大臣侯图巴、沙晋；侍郎留保、阿克敦；内务府总管盛安；副都统侯田存德、于永世；乾清门侍卫郭尔多、达哈素、那尔泰、托伦、素尔鼐、阿兰泰、六十一、鄂尔塞，还有侍卫四十员。此后，嘉庆入葬昌陵后，也仿照此例派官员侍卫守护。但随着官员职务的变动和自然死亡，而且遇缺不补，至道光二十八年四月，派去守护各陵的官员侍卫已经不多了，且都已年迈，道光皇帝当即下令，取消派遣官员侍卫守护陵寝的惯例。

乾隆九年，经允祹奏请，设立承办事务衙门，作为守护大臣的办事机构，具体负责与朝廷之间的公文往来等文案工作，设主事1人、委署主事1人、笔帖式4人，下设广恩库。广恩库是西陵进出银两等项的一个总汇机构，相当于财务部门。凡西陵陵寝的修缮用银，行宫、寺庙与官员兵役住房的修建用银，祭祀陵寝所需祭品之价银等，皆归其统管（图11-1）。广恩库每年还要拿出一笔恩赏银两，以供赏发官兵红白喜事等项之用。

图11-1 泰陵承办事务之关防印及印文

内务府。其主要职责是保管、取送祭祀用的金银器皿；在东西朝（厢）房内制作祭品、熬制奶茶；启闭宫门、殿门；打扫殿内外、院内地面；燃熄灯火；请送神牌；摆放桌张、陈列祭品、递献奶茶；支放雨搭；管理树木等。西陵总管内务府大臣由泰宁镇总兵官兼任。

帝、后陵内务府的最高长官是郎中，副长官是员外郎，其次是主事，以上三长官每座帝、后陵各设1员。以下设尚膳正、尚茶正、内管领各1员，笔帖式2员，茶房拜唐阿7名，膳房拜唐阿9名，香灯拜唐阿2名，领催2名，闲散拜唐阿28名，扫院人1名，树户70名，共计127名。皇后陵的内务府额设人数比皇帝陵略微少些。妃园寝内务府的最高长官一般为副内管领或委副内管领1员，其人员总数在30至50人之间。内务府还设有太监数名，多是皇宫内务府年老体衰者派往。

凡陵寝内务府官员补授，无论官职高低，皇帝都要亲自召见，是一种特殊的荣誉。嘉庆五年考虑到路途遥远，往来费用较高，规定此后东西陵茶、饭、香灯拜唐阿等，遇到缺出由陵寝总管拣选奏补，不必送京。

礼部。也称"奉祀礼部"。其主要职责是生产和供应制作祭品的各种原材料；主持祭祀礼仪并监礼、赞礼、读祝文、焚化祝文、纸锞；割除杂草，打扫地面；同内务府、八旗共同管理金银器皿库；宰杀牛羊，制作祭品；祭祀时抬龙亭、肉槽，在嫔以下各宝顶前奠酒行礼等。帝、后陵的礼部设郎中1员，员外郎2员，赞礼郎4员，读祝官、牛吏、挤奶人各2名，打果人5名，割草人40名，扫院人16名，喂牛人15名，屠户12名，校尉20名，鹰手、果户、网户各4名，糖匠、面匠、酱匠、油匠、粉匠、酒匠各2名，总计145人。

妃园寝礼部不设郎中、员外郎,也不设六行匠役,只设读祝官、赞礼郎、校尉、割草人、扫院人等,约四五十人。

工部。主要负责陵寝一般性的修缮;制作部分金银器皿及金属供器;制作清明节用的大小佛花;准备清明节敷土礼所用的筐、扁担、净土、黄布护履;制作纸锞;祭日,配合内务府、礼部,摆放桌张、酒尊。"西陵工部衙门,乾隆元年设于易州。乾隆二年铸给'泰陵管理修造事务关防',乾隆十二年改为'泰陵工部办理事务关防'。设掌关防郎中一人,员外郎六人,主事、笔帖式、经承各二人。还有守库把总一人,巡兵四十人,匠役一百一十人"。

八旗。也称兵部(图11-2),主要职责是负责各陵寝的安全,昼夜巡逻;祭祀之日,配合内务府启闭门户,抬撤桌张;与内务府、礼部共同管理金银器皿库等。因为帝、后、妃陵寝的等级不同,所以配备的八旗兵力也不一样。帝陵兵力最强,后陵次之,妃园寝最少。清末,西陵八旗共有官兵近千人。

皇帝陵八旗,设总管1员、翼长2员、章京16员、骁骑校2名、领催4名、披甲人67名、养育兵八名,共109名。皇后陵设章京16员、骁骑校2名、领催4名、披甲人76名、养育兵8名,共106名。妃园寝设章京8员、骁骑校1员、领催2名、披甲人38名,共49名。

绿营。也称汉军,是驻西陵的主要军事保卫组织,主要职责是负责陵寝内外的安全,保护皇帝、后妃、钦点王公大臣谒陵期间的人身安全;营建陵寝和大修陵寝时,负责工地的安全,维护工地秩序;芟割陵区边界的火道等。

绿营的最高长官是泰宁镇总兵官,正二品,驻梁格庄,辖左右两营。下设中军游击、守备、千总、把总等官弁28员,统率马、步兵。中军游击驻南百泉,左营守备驻北百泉,右营守备驻小龙华。

图 11-2 慕陵山河关防印

雍正八年(1730年)八月十九日,泰陵开始兴建,清政府随即设立泰宁协,是西陵最初的军事保卫组织。泰宁协设副将1员、守备2员分驻左右营、千总2员、把总4员、外委千总2员、外委把总6员,额设马步兵600名。

负责巡查红桩内外、看守一切物料、稽查匪类等，兼辖涞水水东村怡亲王园寝。

为加强陵区保卫，雍正十一年（1733年）十一月，将直隶保定府属易州升为直隶州，管辖原易州、涞水及山西省广昌县（今涞源县）。雍正十三年（1735年）十一月，雍正梓宫将奉移山陵，金城重地，更宜肃清，因而将泰宁协改为泰宁镇。将原易州、房山、涞水所辖的永宁山龙脉及山后的拒马河沿岸、紫荆关、插箭岭、广昌白石山等来龙要地，都归于泰宁镇管辖。泰宁协改为泰宁镇后，增设总兵、中军游击各1员，千总2员，把总4员，外委千总、外委把总各2员，马步兵400名，泰宁镇马步兵达1000名，内拨出200名加防涞水、房山二营。

乾隆二年十月，在端亲王、怀亲王和弘时阿哥金棺奉移园寝前夕，按照东陵荣亲王园寝之例，增加保卫力量。添设张格庄千总1员、步兵50名，王各庄把总1员、步兵50名，归左右营统辖。至此，泰宁镇左右二营共有马步兵900名，每年官兵俸银28000两，俸粮4099斗。

随着西陵诸多陵墓的建造，泰宁镇的守兵不断增加，至道光二十年（1840年），泰宁镇共有兵丁1335名，包括马兵、步兵、马目兵、巡海马兵、瞭望马步兵、守口马兵等兵种，在陵寝内外广设堆拨（即兵站、哨所）。至光绪朝，守护六陵地面红桩界限内就有马兵、步兵、守兵1475名，分管地面20段，设内围、中围、外围、汛拨191处。

2. 皇陵禁区

划定广阔的皇陵禁区，严格限制人员进入陵区内，在800平方公里的陵区范围内，设立了5道保护边界，严申禁令（图11-3）。

风水围墙是陵区最内环的界线，是第一层保护边界。风水墙从大红门开始向两侧延伸，始建周长42华里，墙宽1.1米、高4米，遇水搭桥，随山起伏，东、西、南各有口子门6处与外界相通，是护陵人员出入的门户，各门昼夜有兵把守，严禁入内（图11-4）。

风水墙外约一里设立红桩（红色的木桩），是第二层保护边界，

图 11-3　乾隆朝泰陵图，图上标注有风水围墙和红桩界线　引自《清代皇宫陵寝》

图 11-4　风水墙东口子门 1900 年

每里立 3 根，共 587 根，周长 157 里。至宣统初年，西陵红桩界达到 160 里。红桩外 40 步设白桩，为第三层保护边界。白桩外 10 里设青桩（黑色木桩），为第四层保护边界。青桩外开辟 20 里的官山，为陵区第五层保护边界，也是最外围的禁区。界桩每根高 9 尺、直径 6.7 寸，除青桩外，同色界桩间用黄丝绳连接，桩上悬禁令："严令军民人等，不得于桩内取土取石、设窑烧炭、砍伐树株等，违者治罪。"

《大清律》明确规定："红桩以内寸草为重，白桩以内禁止樵采，青桩以内禁止烧造""违者，红桩以内斩，白桩以内边陲充军，青桩以内杖一百、徒三年，官山以内杖九十、徒二年半"。界桩同时也是大清法律的宣示。

3. 防火措施

经过油饰彩绘的木构建筑群和苍茫的林海，使西陵成为高等级火险区域，火灾遂成为威胁西陵安全的最大隐患，防火成为保卫西陵的一项重要内容。清朝对陵区的防火问题尤为重视，为了预防火灾的发生，在陵寝内外采取了一系列的防火措施。

在宫殿区，设有无数的大铜海，用来储水，这是最典型的消防设施。陵区的玉带河也同样具有消防储水作用。还有就是具有象征意义的消防设施，如殿角的龙头、殿顶的走兽，许多都是传说中的灭火神将。而在陵区内随处可见的龙的形象，除隐喻皇帝外，更和云雨紧密相连，都有兴云作雨，消除火灾隐患的祈愿（图 11-5）。

在陵区外围的林海中，开挖火道设置防火隔离带。风水墙外开挖外火道、内火道、围屏山等多条防火道，长达 100 多千米，宽 20～50 丈。后龙火道每年九月初一日，泰宁镇左右两营派千总、把总 2 员，马步兵丁 120 名分割，自左营奇峰岭起至右营上陈驿玉皇沟止。风水墙内也要定期清除草茭。据档案记载：西陵每年九月初一日开圈，允许民人入内割除草茭，如闰月年，自八月初一日开圈起至

图 11-5　泰陵铜海

次年三月初一日止。届时绿营总兵衙门先期在路口贴出布告，晓谕满、汉军民人等届期进入围墙内割草。各口子门严格搜查出入人等，严禁夹带火镰、烟包及其他易燃物品。

光绪末年，为了防火，东西陵开始使用较为先进的消防器具。光绪三十一年（1905年），盛京将军赵尔巽等奉旨变通东西陵守护章程，奏请东西陵各添置新式洋水龙两架、水枪百支，每月演习一次，每年由守护大臣、总管内务府大臣会同查工大臣查验一次，如有损坏责成随时修补，经政务处议准，采办进口水龙、水枪。

第二节 清朝管理守护机构与现今地名对照

西陵的管理机构，按职责分建营房，这些营房早已演变成如今的村落，但有多处依然保留着清代的原貌，尤以忠义村和凤凰台为代表。

守护大臣居住的东府、西府设在华北村；

承办事务衙门设在凤凰台村；

工部设在易州城内；

泰陵内务府设在五道河村（图11-6）；

泰陵、泰陵妃园寝礼部设在太和庄村；

泰陵八旗设在太和庄村；

泰东陵内务府设在晓新村；

泰东陵礼部、八旗设在凤凰台村（图11-7）；

泰陵妃园寝内务府设在忠义村（图11-8）；

泰陵妃园寝八旗设在南百泉村；

昌陵、昌西陵、昌陵妃园寝内务府营房设在太平峪村；

图11-6 泰陵内务府衙署大门

图11-7 凤凰台村大门（2015年 摄）

图 11-8　忠义村俯瞰，原为泰陵妃园寝内务府营房

昌陵、昌西陵、昌陵妃园寝礼部设在下岭村；

昌陵、昌陵妃园寝八旗营房设在北百泉村太平营；

昌西陵八旗设在龙里华村龙山庄；

慕陵内务府营房设在龙泉庄村大圈；

慕陵、慕东陵礼部设在华北村；

慕陵八旗设于慕各庄；

慕东陵内务府设在龙泉庄村小圈；

慕东陵八旗设在龙里华村里仁庄；

泰宁镇总兵衙署设在梁格庄村；

左右营守备分驻北百泉和小龙华村。

第三节　清朝时西陵的修缮

清朝西陵的维修由工部的屯田清史司掌管。陵寝的修缮有"岁修""另案""专案"之分。每年十月，由皇帝派工部侍郎二人，勘明应修工程。所有应修之处，交由陵寝工部衙门办理。应支经费、物品造册咨送工部，由节慎库支领。需用纸张、颜料、布匹等项，咨行工部核准，行文户部支领。

1. 岁修

岁修是指工程量较小、费用较少的零星修理，一般在数百两银子之内。岁修的工程费用，清初由工部拨银五百两存于陵寝工部库内，遇有奇零工程及临时添置器物即可动支，事竣咨部核销，不敷时再报请给发。其后则规定东陵或西陵照例可由工部预支备用银五百两至二三千两不等，以为岁修及祭祀之用。乾隆二十九年以后，又规定陵寝岁修工程，先由陵寝总理大臣查明，开列清单，奏请钦派工部侍郎前往勘核估价，再奏闻皇帝钦准，然后由陵区自行兴工，咨部核销，手续比较烦琐。岁修银数，也自乾隆朝以后有所限制，东、西陵合计每年不得超过 1700 两。直到光绪三十一年（1905 年），经盛京将军赵尔巽等奏请，两陵的岁修银数才有所增加，仅西陵一处，就增为银 1500 两，并将此项银两列入西陵每年正常经费内奏销，免去了许多繁杂手续。

2. 另案及专案工程

"如所报工程非数百金所能竣事，则另行办理，谓之另案；至若工程浩大，又属急不容缓必须特请估修，则又谓之专案。"另案实际上就是大项的岁修工程，而专案则是具有临时抢险性质的大型工程。如光绪二十年（1894年）西陵守护大臣荣毓等奏称"奴才等恭查陵寝每年岁修案内，遇有情形较重应行修理者，遵照工部原奏，归入另案奏请，交部查勘办理"；等等。

另案或专案工程所需费用，是实报实销，临时拨付。虽是实报实销，但其兴工手续则比岁修工程更为烦琐。首先，由陵寝总理大臣具折奏报，皇帝派两名大臣带司员赴陵勘估，开列清单，具折奏闻，经朱批依议之后，另派大臣前往主持承修，工竣之后再具折奏闻，又另派大臣前往验工。因此，一项另案或专案修缮的工程，仅仅由京派往的钦使及他们的随员，其往来路费及招待费就相当可观，而且由于勘估与承修大臣并不是同一个人，往往意见不一，其结果就是在兴工之后，常常奏请追加项目，增加预算。所以到光绪二十八年（1902年），经工部奏准，"嗣后两陵修缮工程，除夏秋大雨，情形紧要（即抢修性质专案工程，也称"要工"），仍照专案向章奏请钦派大臣估修外，将岁修例数及另案名目删去，其年例应报各工，每年冬间准由该管大臣据实统报一次，由工部奏请钦派堂官两员分往勘估并承修"。也就是岁修与另案合一，简化手续，减少参与人数，力求减少开支，提高效率。可惜这种改革为时已晚，不到10年，清王朝即告覆灭。

另案与专案工程，虽然是由京中钦派大臣前往勘估或承修，但具体办事者仍然是陵寝工部衙门。西陵工部衙门设在易州，领给泰陵工部办理事务关防，其编制除派驻各处陵寝的人员外，衙门本身有郎中、员外郎、主事、经事承办、匠役、守库把总、巡兵（由泰宁镇拨给）等共162人。它与朝中工部的关系，既有所联系又非直接隶属，是朝中工部官员升转的台阶之一，业务上也有所来往，但它是隶属于西陵总理大臣之下，郎中以下官员均归陵寝总理大臣管辖。陵区一切为修造而动支的钱粮，均由陵寝工部衙门经手。

3. 陵寝修缮的其他规定

凡陵寝修缮，其招商雇工、采购备料，也全由陵寝工部衙门负责。雇佣工役要严格审查，事先将预备雇用的人员姓名、住址汇总，移送给地方官员，查明来历，证明确实是守法乡民才可雇佣。工程所用材料的取用也各有指定地点，如西陵取土烧砖是在易州管头村及北河头村；烧石灰是在房山县韩奇村及涞水县檀山村、易州琅山村；采石是在房山县卢家庄大石窝砂峪及易州鸭子沟；而金砖来自苏州；澄浆砖来自山东临清；木料多来自南方的两广、云贵川等省。

行宫和永福寺的修缮分为两种，损坏情形较轻的定为缓修，损坏情形较重的定为必修，即时修理。清朝后期，由于财力拮据，规定行宫、永福寺遇有皇帝谒陵活动才进行维修。

营房的修缮。嘉庆七年由工部奏准，嗣后营房成案分年带修，钱粮不得过千两以外，其另案内无须再估修营房，以节约资金。依照此规定，西陵总管大臣每年只能报修 16 间左右的房屋，而大多数得不到及时有效的修缮。据西陵大臣奏称，道光十六年，报修 638 间营房，可修 20 间；道光二十三年，报修 512 间，而只能修 16 间；道光二十八年，报修 430 间，可修 16 间，只有 3% ～ 4% 的破损房屋能得到及时的修理。

1900 年八国联军入侵中国，这年 9 月联军中的法国军队占领西陵达一年之久。联军在西陵大肆抢掠，凤凰台金银库被抢，各陵寝和库房的金银器皿、字画、雕漆匾额等珍贵物品以及门窗上的镀金片、合页均被抢掠。第二年四月十五日，驻西陵的法军开始撤离；八月，将西陵的管理权交由清政府。由于大量祭器被抢走，无奈西陵祭祀时只得以木质祭器代替。1902 年，西陵不得不进行了一次全面的维修，涉及西陵内所有 13 处陵寝，修缮项目共计 288 项，兴工期间又追加 75 项工程，花费白银近 15 万两。

清末，由于财力困顿，不仅陵寝附属建筑得不到及时维修，各座陵寝本身也因管理不善而渐趋荒芜（图 11-9、图 11-10）。

图 11-9　1900 年西陵旧照（一）

图 11-10　1900 年西陵旧照（二）

第四节　中华民国时期的清西陵

民国时期，社会动乱，清西陵也受到了极大的冲击，庞大的陵区管理机构逐渐趋于解体。陵区内只有一位全荣公爷为皇室代表，主持由西陵承办事务衙门改称的西陵办事处主管陵区事务。吃皇粮的守陵人再也拿不到俸禄，只能靠开垦陵区周边土地为生或外出谋生，加之军阀混战，各路军阀在陵区几进几出，短短十几年间，陵区大量的树木被砍伐，古建筑破损严重，陈设物品丢失一空。西陵办事处对此根本无能为力。

1928年，民国河北省政府在西陵成立了"河北省第二林垦局"，开垦陵区荒地，拍卖陵区土地。在这一时期，陵区内涌入大量汉族人口。

1929年，为了保护古迹，阻止破坏，民国政府与逊清皇室在西陵联合成立了"西陵古迹保管委员会"，总理陵区事务。

1930年，为了加强陵区管理，北京西陵办事处又与陵区地方政府成立一个专门护陵看树的警察队，由西陵古迹保管委员会领导，共设警察30余名，配备武器。此时，陵寝虽然得到基本的护卫，但没有维修活动。1934年，古建筑学家刘敦桢一行对西陵古建筑进行勘察，勘察报告收入《刘敦桢文集》。文集的照片、文字对陵寝状况有真实客观的反映。文中记述：辛亥革命前，陵区方圆三十里遍植仪树海树。自直鲁军阀马瑞云等来此驻防，古松被大规模盗伐，陵户也乘机侵盗。大红门内具服殿门窗被窃掠一空，平板枋、额枋也被锯去，上部斗拱虚悬檐下。光绪皇帝的崇陵，虽因年代较近，彩画油饰灿然若新，但野草没过小腿，在诸陵中最为荒凉。由于此时大量外来人口涌入，陵区外围的风水墙被一段段拆毁，砖石被用来建造民房。许多殿宇长满草茨，偶有瓦顶渗水，造成大木构件糟朽，有的濒临坍塌。

1937年，"七·七事变"后，警察队解散，西陵办事处撤到县城。清朝灭亡后，逊清皇室财政紧张，用于陵寝的经费大为缩减。此时直隶多系军阀混战，有的缺兵少饷，觊觎皇陵，使得人心惶惶。许多差役趁乱逃走，另谋出路。原来守护森严的陵区所剩员役、兵弁无几，陵区几乎处于无人管理的状态。光绪的崇陵和崇陵妃园寝都是在这一时期被盗掘的。

1938年，驻北京的西陵办事处组织成立了约20人的"西陵守卫队"，经过武装训练后与西陵办事处一起驻扎西陵。

日本侵华期间，因末代皇帝溥仪去东北做了伪"满洲国"的傀儡皇帝，驻西陵的伪军叫作满洲队，意为"满洲国"皇帝直接派来保护西陵的人，并由载涛贝勒做统领。主要陵寝虽未遭破坏，但为了建造日军炮楼，道光的端顺固伦公主园寝、风水墙等被大规模拆除。

1945年，抗战胜利后，西陵守卫队解散，陵区各种机构全部散失，八路军发布布告，保护文物古迹，对西陵进行保护，直到1949年中华人民共和国成立。

第五节
中华人民共和国成立后对清西陵的保护和建设

图 11-11 清西陵"全国重点文物保护单位"的保护标志

1949 年中华人民共和国成立后,国家不断加大对清西陵的投入,使清西陵得到了全面有效的管理、保护和建设。

1954 年,易县成立清西陵文物保管所。1961 年,清西陵被列入全国重点文物保护单位。(图 11-11)1987 年,清西陵文物保管所升格为清西陵文物管理处。2012 年 11 月,为进一步理顺管理体制,成立清西陵保护区党工委和管委会。保护区总面积 237 平方公里,包括易县西陵镇和梁格庄镇全部区域,以及高村镇大雁桥村和大龙华乡小龙华村。负责清西陵世界文化遗产的保护、管理和建设,对辖区内的文物保护、旅游开发、社会事务等方面行使管理职能。

清西陵古建筑的修缮自 1957 年开始,而大规模的文物建筑保护修缮工程则始于 20 世纪 80 年代。(图 11-12 ~ 图 11-15)40 多年来,国家先后投资近 10 亿元,仅"十二五"期间就拨款达 6.9 亿元,对西陵的陵寝建筑进行了全面维修,抢救和保护了一批濒

图 11-12 1982 年泰陵马槽沟清淤整治中

图 11-13 1982 年泰陵马槽沟清淤整治后

图 11-14 1988 年永福寺大雄宝殿维修前

危建筑群，如永福寺、端王园寝、公主园寝等；恢复了崇陵东配殿、行宫西侧值房、三卷殿等重要古建；为所有陵寝建筑安装了消防、防雷、监控等安防设施，并不断跟进改造，使清西陵古建筑群重新焕发了生机。

图 11-15　大雄宝殿维修后

1959 年时任国务院副总理兼外交部长陈毅来西陵视察，对清西陵的保护和绿化工作非常重视。在他的指示下，1960 年成立了西陵林场，在陵区内开始大面积绿化造林，先后栽植和播种松柏树 20 万株（图 11-16）。

多年来，清西陵对周边环境也进行了大规模不间断的综合治理。尤其是申报世界文化遗产期间，国家调拨 8000 万元旅游国债，对西陵周边进行了全面综合整治，包括修筑神道辅路、拆迁违章建筑、关停治理矿山企业、植树绿化等，此后又相继实施了清西陵水系综合治理工程。经过治理，清西陵恢复了山清水秀、植被茂密的历史景观。2000 年，清西陵被列入世界文化遗产名录（图 11-17）。

1979 年 5 月 1 日，清西陵泰陵对游客开放，标志着清西陵旅游建设拉开序幕。此后，清西陵的其他陵寝也陆续开放，旅游团队建设和旅游服务配套设施不断得到完善，先后修筑长达 15 公里的环陵旅游公路，建造了清西陵旅游综合服务中心、多处旅游厕所，并完善了景区标识系统、门禁管理系统、智慧景区系统等。2020 年清西陵被评为国家 AAAAA 级景区（图 11-18）。

图 11-16　陈毅在泰陵视察时与工作人员合影

图 11-17　清西陵世界文化遗产证书　　图 11-18　清西陵 AAAAA 级景区标牌

附 录

一、清西陵大事记

清 代

雍正三年（1725 年）

二月二十六日，雍正皇帝下旨，派钦天监监正明图，同兵部侍郎傅鼐、总兵官许国桂带领相关人员前往遵化州等处相度吉地。相度得距离景陵 60 里处的遵化州九凤朝阳山为陵址。

六月十三日，曾于今易县西古县村选勘陵址，并竖立碑石。

雍正四年（1726 年）

正月初七日，正红旗汉军副都统许国柱、原任总督河道中军副将李楠，奉旨会同钦天监监正明图等人一同往遵化州看九凤朝阳山吉地。

二月，九凤朝阳山吉地定穴时，发现较为严重的风水缺陷。

雍正七年（1729 年）

十二月初二日，易州泰宁山下太平峪被确定为雍正皇帝陵址。

雍正八年（1730 年）

八月十九日，雍正皇帝陵寝工程于太平峪开工兴建。随设泰宁协，设副将一员、守备二员、千总二员、把总四员、外委千总二员、外委把总六员，马步兵 600 名。

雍正十一年（1733 年）

十一月，从直隶总督李卫所请，升直隶保定府属易州为直隶州，以保定府之涞水及山西省之广昌（今涞源县）二县隶之。

雍正十三年（1735 年）

八月二十三日子时，雍正皇帝在圆明园去世，享年 58 岁。

九月二十一日，监察御史玛起元给乾隆皇帝上奏折，建议为泰陵补建石像生。

九月二十四日，乾隆皇帝派贝勒允祎、斐苏、公弘晀前往守护太平峪陵寝，同时派领侍卫内大臣一员、尚书二员、都统二员、散秩大臣二员、侍郎二员、内务府总管一员、副都统二员、乾清门侍卫八员、侍卫四十员前往守护。

十一月，乾隆皇帝下旨改泰宁协为泰宁镇。设总兵一员、中军游击一员、守备二员、千总四员、把总八员、外委千总四员、外委把总八员，马步兵 1000 名。第一任泰宁镇总兵为公元。

乾隆元年（1736 年）

二月二十四日，乾隆皇帝恭定雍正皇帝陵名为"泰陵"。

五月二十一日，乾隆皇帝御赐"泰宁山"名为"永宁山"。

七月，经礼部等衙门题准，设立泰陵内务府、奉祀礼部、工部、兵部各管理衙门。

九月十六日，泰陵全工告竣。

十月十一日，乾隆皇帝恭送雍正皇帝梓宫奉移至泰陵隆恩殿。

乾隆二年（1737 年）

二月二十二日，乾隆皇帝恭谒泰陵，亲送孝敬宪皇后梓宫奉移泰陵，安奉于隆恩殿西旁芦殿内，孝敬宪皇后梓宫奉安正中，敦肃皇贵妃金棺安右侧稍后。

三月初二日辰刻，雍正皇帝、孝敬宪皇后、敦肃皇贵妃葬入泰陵地宫。

三月初八日，乾隆皇帝降旨建造泰陵圣德神功碑亭。九月初七日，立碑。乾隆六年七月初二日碑亭合龙，工程告竣。预估工料银 13 万两。乾隆七年五月二十八日，碑文镌刻完毕。

十一月十九日，乾隆皇帝恭谒泰陵，行释服大礼。

乾隆三年（1738 年）

二月十六日，乾隆皇帝恭谒泰陵。

八月二十三日，乾隆皇帝奉皇太后谒泰陵，行三周年祭礼。

十一月初五日，端亲王、怀亲王、弘时等分别入葬端亲王园寝、怀亲王园寝、阿哥园寝。

乾隆十三年（1748 年）

三月，西陵一路四处行宫动工营建，于当年闰七月完工。四处行宫分别是：良乡的黄新庄行宫、房山的半壁店行宫、涞水的秋澜行宫和西陵的梁格庄行宫。

八月，以雍正皇帝忌辰，乾隆皇帝奉皇太后恭谒泰陵，第一次驻跸西路四处行宫。

本年，补建泰陵石像生。

乾隆十四年（1749 年）

三月十三日，以平定大金川战事告捷，乾隆皇帝启銮祭告东、西二陵。

乾隆二十一年（1756 年）

二月，乾隆皇帝恭谒孔林，于启銮之晨，接到擒获准噶尔叛军首领阿睦尔撒纳的捷报，当即传谕取道良乡，改程告祭泰陵。

乾隆二十三年（1758 年）

三月，因平定准噶尔部，乾隆皇帝恭谒东陵、西陵。

乾隆二十五年（1760 年）

二月，以回疆战役告捷，乾隆皇帝告祭东、西二陵。

乾隆三十四年（1769 年）

九月，西陵太监周进朝盗窃泰陵隆恩殿东暖阁内供奉佛像珠幡。守护大臣弘眺、内务府大臣永泰等被革职，主犯与失职官员分别治罪。

乾隆三十五年（1770 年）

二月，命将东、西各陵堆拨房屋由木板房改建成瓦房。

乾隆四十一年（1776 年）

二月，因平定两金川，乾隆皇帝告祭泰陵。

乾隆四十二年（1777 年）

正月二十三日丑刻，崇庆皇太后（孝圣宪皇后）去世，享年 86 岁。

四月十四日卯时，孝圣宪皇后梓宫奉移泰东陵，乾隆皇帝亲自护送并谒泰陵。二十五日辰时，孝圣宪皇后梓宫奉安泰东陵地宫。

九月，乾隆皇帝恭谒泰陵、泰东陵。

乾隆四十三年（1778 年）

正月，因孝圣宪皇后去世周年，乾隆皇帝恭谒泰陵、泰东陵，至泰东陵行期年大祭礼。

三月初四日，乾隆皇帝从圆明园启程，恭谒泰陵、泰东陵；初九日清明节，至泰东陵，行敷土礼、大飨礼。

乾隆四十四年（1779 年）

正月，因孝圣宪皇后去世二周年，乾隆皇帝恭谒泰陵、泰东陵，至泰东陵行二周年大祭礼。

四月十四日，乾隆皇帝从圆明园启銮，恭谒泰陵、泰东陵；十九日，恭谒泰东陵行释服礼。

乾隆四十八年（1783 年）

泰东陵修缮工程出现质量问题，承修大臣弘畅、和尔经额、刘浩被治罪。弘畅被削去亲王，降为郡王；和尔经额已身故，应赔银两着落伊子盛住赔补；刘浩虽患病，仍令前往陵上无偿充任监修。

乾隆五十二年（1787 年）

春，仿东陵隆福寺之例在西陵建永福寺，于次年冬完工。

乾隆六十年（1795 年）

九月，乾隆皇帝命皇太子永琰恭谒东陵、西陵。

嘉庆元年（1796 年）

三月十四日，嘉庆皇帝奉太上皇恭谒西陵。

十二月二十一日，太上皇乾隆发布谕旨，确定此后皇帝分葬东、西陵的昭穆相建制度。

嘉庆四年（1799年）

二月十九日，昌陵开工营建，至嘉庆八年夏季主体工程基本完工。

嘉庆五年（1800年）

闰四月二十四日，三等承恩公盛住被授为西陵总管内务府大臣，办理万年吉地（即昌陵）工程。

嘉庆六年（1801年）

二月二十七日，奉上谕，守护陵寝之贝勒、贝子、公等，每届三年轮换。

嘉庆八年（1803年）

十月十二日，孝淑睿皇后梓宫奉移西陵。十七日，嘉庆皇帝启銮，恭谒西陵，并临视孝淑皇后梓宫奉安地宫。二十二日，孝淑皇后梓宫奉安昌陵地宫。

嘉庆九年（1804年）

十二月，西陵赞礼郎清安泰控告西陵总管内务府大臣盛住每逢朔望小祭，私遣翼长拈香行礼，在白桩以外、青桩以内的风水禁地开塘取石。经英和、戴均元调查属实，盛住被拔去双眼花翎，革去公爵，加恩免死，发往乌鲁木齐。

嘉庆十年（1805年）

三月十一日，嘉庆皇帝自南苑启銮恭谒西陵，十四日至五公主园寝赐奠；十五日谒泰陵、泰东陵，至孝淑皇后陵寝奠酒，临妃园寝赐奠。

嘉庆十三年（1808年）

六月，砖商孙兴邦控告笔帖式双福等人在办理太平峪万年吉地（即昌陵）工程时，任意侵冒工程银两。经查，曾任西陵总管内务府大臣的盛住侵贪工程银九万两。催长鹤龄、笔帖式双福各贪污帑银三千两。七月初八日，所有案犯拟定罪名：盛住已死，其子孙家人全部革职，查抄家产，发往黑龙江和吉林效力赎罪。鹤龄和双福立即处斩。曾经和盛住同时期管理昌陵事务的大臣们因对盛住的罪行毫无察觉，分别给予革职或降职。另有同案犯成文等三人，定秋后处斩，后加恩免死。

六月底，总理西陵事务的贝勒永鋆向嘉庆皇帝奏报昌陵殿宇出现渗漏、油饰脱裂、糟朽情形。

嘉庆十四年（1809年）

三月，嘉庆皇帝恭谒泰陵、泰东陵，至孝淑皇后陵寝奠酒，临妃园寝赐奠。

三月，依据举报，协办大学士长麟等奉旨查验昌陵工程，查实昌陵石像生有作假情弊。

十四年至十五年，昌陵二柱门、琉璃花门、东西配殿、宫门、方城、穿堂、东西朝房、神厨、神库等建筑维修，共销算工料银35621两。

嘉庆十六年（1811 年）

闰三月十二日辰时，庄妃金棺由田村殡宫奉移西陵，十六日至昌陵妃园寝。十九日午时庄妃金棺葬入地宫，嘉庆皇后（孝和睿皇后）亲临妃园寝看视庄妃入葬。皇后单独谒西陵，并参加一位妃子的入葬典礼，这是清代仅有的一次。

嘉庆十七年（1812 年）

三月，在昌陵妃园寝内添修石券工程中，由于筑打地宫内地面灰土的震动力过大，造成坍塌，有 6 位工人被砸埋而毙命。西陵泰宁镇总兵官穆克登额捐资，将 6 人尸体掩埋，并将负责工程的监督等交部议处。

嘉庆十八年（1813 年）

三月十九日，嘉庆皇帝恭谒泰陵、泰东陵，至孝淑皇后陵寝奠酒，临妃园寝赐奠。

嘉庆二十年（1815 年）

三月二十一日，嘉庆皇帝第九女慧愍固伦公主金棺奉移西陵张格庄园寝。二十五日，入葬公主园寝东侧地宫。

嘉庆二十一年（1816 年）

三月，嘉庆皇帝恭谒泰陵、泰东陵，至孝淑皇后陵寝奠酒，临妃园寝赐奠；第二次临张格庄公主园寝赐奠。

嘉庆二十三年（1818 年）

三月，嘉庆皇帝恭谒西陵。嘉庆皇帝第三次临张格庄公主园寝赐奠；恭谒泰陵、泰东陵，至孝淑皇后陵寝奠酒，临妃园寝赐奠。

三月至四月，泰陵松树发生虫灾。

嘉庆二十五年（1820 年）

七月二十五日，嘉庆皇帝驾崩于承德避暑山庄，享年 61 岁。

九月，道光皇帝赐嘉庆皇帝陵名为"昌陵"。

道光元年（1821 年）

三月十一日，道光皇帝奉皇太后命，恭送嘉庆皇帝梓宫至昌陵。二十三日午刻，嘉庆皇帝葬入昌陵地宫。

四月二十日，道光皇帝诏建昌陵圣德神功碑亭。历时十年，至道光十年九月碑文镌刻完毕。

四月二十八日，道光皇帝下谕，叫停北京南郊王佐村孝穆皇后葬地改建万年吉地（皇帝陵）的工程。

九月初二日，择定东陵界内绕斗峪为道光皇帝陵址。

十月十八日卯时，绕斗峪陵寝正式开工。

道光二年（1822年）

三月，道光皇帝恭谒东陵之后奉皇太后恭谒西陵，至昌陵宝城前行礼，并至张格庄公主园寝奠酒。

三月初十日，道光皇帝将"绕斗峪"改名为"宝华峪"。

十月，道光皇帝奉皇太后恭谒昌陵，行释服礼。

十一月，修理泰陵、泰东陵各座殿宇碑亭等工程。

道光四年（1824年）

四月初五日，永福寺一名班弟因私自出寺回家，被严行重责，留寺当差。

九月二十五日，永福寺恭办道场，排演经典法器，班第萨木丹不服管教，破口大骂，被永福寺革退。

同月，昌陵妃园寝添建一处石券工程，由于打夯造成剧烈震动，再次造成隧道两侧槽帮坍倒，砸伤多人。

道光五年（1825年）

十二月初九日，昌陵隆恩殿揭瓦维修，至道光七年六月完工。

本年，守护昌陵三等侍卫巴汉泰被侍卫瑞光鬭殴打致死。

道光七年（1827年）

本年秋，宝华峪工程竣工。

九月二十二日，孝穆皇后梓宫葬入宝华峪地宫。

本年，泰陵圣德神功碑亭进行揭瓦维修，并更换不露明处木植。

道光八年（1828年）

九月，道光皇帝谒东陵、西陵，以宝华峪工程不慎，夺大臣英和、戴均元等职，英和入狱。

本年，西陵侍卫富英将所住官房门窗等物盗卖，并令张大等偷卖空闲官房窗扇，被枷满鞭责后，发往热河充当苦差。

道光十年（1830年）

闰四月，西陵发生松毛虫灾害。

道光十一年（1831年）

二月，道光皇帝恭谒西陵，并阅视已选陵址，赐名为"龙泉峪"。

四月，确定龙泉峪（即慕陵）工程规制。方城、明楼、穿堂诸券、琉璃花门、石像生俱著撤去。大殿三间，单檐成做。甬路不必接至大红门。至地宫宝顶、月台、丹陛，并建石牌楼一座。宫门前建一路三孔桥。于双峰岫地方建立妃衙门。

本月，西陵礼部打果人喜常偷窃金银祭器，被处斩。

十一月初八日，龙泉峪陵寝破土动工。

道光十二年（1832年）

本月，停止马兰镇总兵、泰宁镇总兵在皇帝谒陵时进献活狍鹿。

闰九月二十七日，宝华峪陵寝建筑开始拆卸，至道光十五年年底，全部拆卸完毕。木料运往西陵龙泉峪工地，所拆石料、砖块等交石门工部储存，这些拆卸材料基本用于咸丰皇帝的定陵工程。

道光十五年（1835年）

八月，龙泉峪工程（慕陵）全工告竣，共耗工料银 2434300 两。

八月二十日，孝穆皇后梓宫和平贵人彩棺自东陵奉移西陵。二十八日，在彰义村，与道光皇帝继后孝慎皇后梓宫、睦答应彩棺汇合。九月初三日，一起奉移至西陵龙泉峪。

八月，道光皇帝恭谒西陵，并临视孝穆皇后和孝慎皇后梓宫奉移龙泉峪。

十二月十一日，孝穆皇后、孝慎皇后梓宫葬入龙泉峪地宫。

道光十六年（1836年）

七月二十六日，端顺固伦公主金棺奉安西陵龙泉峪公主园寝地宫。

道光十七年（1837年）

二月初三日，永福寺维修工程开工，至八月初一日完成了天王殿、大雄宝殿、普光明殿的揭瓦、瓦瓦工程。

道光十八年（1838年）

三月，道光皇帝奉皇太后恭谒泰陵、泰东陵、昌陵，至龙泉峪孝穆皇后陵寝奠酒。

道光十九年（1839年）

九月二十六日，为孝敬宪皇后忌辰准备祭品时，泰陵西朝房因用火不当将南间大柁烤糊，事后将有关官员分别进行杖八十、革职、留任等处罚。

道光二十年（1840年）

二月，西陵守护大臣庆玉因碾轧神路，贪污工程款被发往伊犁当差。

四月，因枯干树梢被窃，将泰宁镇总兵清安等枷号一个月，销除旗档，分别军徒。

十一月，道光皇帝恭谒西陵；初九日，临视孝全皇后梓宫奉安地宫。

十二月，泰宁镇总兵松筠奏请将西陵白桩改为石座，获准后支领 200 两银子为西陵 581 根白桩安设石座。

道光二十一年（1841年）

三月，道光皇帝恭谒西陵，至龙泉峪孝穆皇后、孝慎皇后、孝全皇后陵寝祭酒，阅视宝城。

道光二十二年（1842年）

十一月，规定陵寝总管任职期满后，先陛见，再委任新职。

道光二十三年（1843 年）

十月，昌陵妃园寝享殿修理工程完竣。

道光二十九年（1849 年）

十二月十一日申刻，嘉庆皇帝的孝和睿皇后去世，享年 74 岁。

道光三十年（1850 年）

正月十四日，道光皇帝去世，享年 69 岁。

三月二十日，孝和睿皇后梓宫奉移昌陵隆恩殿暂安；二十四日至昌陵，停放于隆恩殿西间。

四月，咸丰皇帝定道光皇帝陵名为"慕陵"。

九月十七日，慕陵西朝房内煮茶导致烤糊靠山二柁，将永康、载岱等交宗人府议处。

九月十八日，咸丰皇帝奉皇贵太妃，恭送道光皇帝梓宫于慕陵隆恩殿暂安。

咸丰元年（1851 年）

正月，咸丰皇帝奉皇贵太妃恭谒西陵。

二月二十日，昌西陵动工营建。

咸丰二年（1852 年）

二月二十日，咸丰皇帝奉康慈皇贵太妃恭谒西陵，恭送道光皇帝梓宫奉安地宫，并阅视昌西陵工程和魏家沟（即今崇陵所在地）山势。

三月初一日辰刻，咸丰皇帝至道光皇帝梓宫前行迁奠礼；午刻，至昌陵隆恩殿孝和睿皇后梓宫前，行释服礼。

三月初二日，道光皇帝梓宫入葬慕陵地宫。

四月，咸丰皇帝恭谒西陵，至慕陵行释服礼。

五月，规定每年秋末冬初清理陵寝河道。

八月二十七日，昌西陵工程告竣。

咸丰三年（1853 年）

二月二十四日，孝和睿皇后梓宫奉移昌西陵；二十六日葬入昌西陵地宫。

本年春，泰陵、泰东陵、昌陵松柏树生有松虫。

咸丰五年（1855 年）

八月初八日，慕陵妃园寝恭定为"慕东陵"，并按皇后陵规制进行了升格改扩建，成为清代第二座后妃合葬的皇后陵。

十月二十五日，孝静皇后梓宫奉移西陵，暂安在慕东陵隆恩殿正中。

咸丰七年（1857 年）

四月二十日，孝静皇后梓宫奉安于慕东陵地宫。

八月，昌陵隆恩殿维修工程告竣。

本年，慕东陵隆恩殿揭瓦油饰。

咸丰八年（1858年）

二月初十日，慧憨固伦公主园寝享堂开工维修。

咸丰十一年（1861年）

十二月二十七日，昌陵隆恩殿丢失陈设多件，将专司失守之内务府员役5名交部议处。

同治元年（1862年）

二月初一日，昌陵后宝山前后两坡树株被偷伐滥砍440余株，管事员外郎台布、主事富源、依经阿，兼辖郎中炳善被革职，从重发往新疆效力赎罪。树户郑狗儿等均发边远充军。泰宁镇总兵舒精阿以失察，降五级调用，准其抵销。

同治四年（1865年）

八月，经守陵大臣奕梁、纯堪、文俊奏报，泰陵大红门前南牌坊东次间最下面的石柁枋有裂缝寸许。

同治五年（1866年）

三月二十八日，西陵拜唐阿存志、秉义盗取慧憨固伦公主园寝软片、瓷器等物，交刑部审办。

本年，西陵已革候补笔帖式、拜唐阿吉旺窃取祭祀蜡烛卖钱被抓，判其杖一百、徒三年并流放。

同治六年（1867年）

三月初三日，庄顺皇贵妃（光绪帝祖母）金棺奉移西陵；十月十五日，入葬慕东陵地宫。

同治八年（1869年）

三月初四日，泰东陵隆恩殿和昌陵妃园寝享殿揭瓦修理。

同治十一年（1872年）

十月，修理慕陵隆恩殿。

同治十三年（1874年）

二月，同治皇帝奉慈安、慈禧皇太后恭谒西陵。

光绪三年（1877年）

九月十八日，西陵发生荒火，火借风势，情势危急。西陵守护大臣溥丰、奎瑛和总管内务府大臣清安带领官兵迅速将火道内的荒草清除干净，阻止了火势蔓延。所管绿营兵弁撤职，西陵守护大臣溥丰、奎瑛及泰宁镇总兵清安议处。

光绪六年（1880年）

十一月，禁止车辆碾轧神路，规定所有车辆由两旁土路行走。

光绪七年（1881年）

正月十九日，昌西陵隆恩殿进行维修。

光绪十三年（1887年）

三月，光绪皇帝奉慈禧皇太后恭谒泰陵、泰东陵、昌陵、昌西陵、慕陵、慕东陵，奠酒行礼，礼毕，至庄顺皇贵妃园寝奠酒，随后至九龙峪相度陵址，初次确定九龙峪为光绪皇帝陵址，并改名为金龙峪。

光绪二十三年（1897年）

五月，慕陵、慕东陵发生松毛虫灾害。守护大臣载信、全荣及总管内务府大臣祥麟立即派兵捉拿，经月余净除。

光绪二十四年（1898年）

十月，永福寺宝云阁修缮完竣。

光绪二十五年（1899年）

六月，规定陵树生虫以三个月为限，三个月内捕净，管理人员免议，逾期分别议处。

本年，西陵泰宁镇总兵祥霖参奏陵寝守护大臣固山贝子毓橚，纵容家丁，信任劣员，陵寝重地毫无整顿，有负委任。同时，参奏守护大臣奉恩镇国公全荣，不能约束家人、属员，不胜守护之任。毓橚、全荣均开去守护差使，交宗人府分别议处。

光绪二十六年（1900年）

九月，八国联军中的法军入侵西陵，在西陵大肆抢掠。

光绪二十七年（1901年）

本年，法军侵占西陵后，凤凰台金银库被抢，各陵寝和库房的金银器皿、字画、雕漆匾额等珍贵物品，以及门窗上的镀金片、合页均被抢掠。

四月十五日，驻西陵的法军开始撤离。八月，将西陵的管理权交由清政府，由于大量祭器被抢走，无奈西陵祭祀时只得以木质祭器代替。

光绪二十八年（1902年）

九月，谒陵专线铁路新易支线开工建造，由詹天佑负责设计和施工，第二年二月完工。这条铁路全长46.42公里，是中国人自行设计和建造的第一条铁路。

本年，因八国联军破坏严重，西陵大修。涉及西陵内所有13处陵寝，修缮项目共计363项，花费白银近15万两。

光绪二十九年（1903年）

四月初五日，光绪皇帝奉慈禧太后启銮，至永定门乘火车恭谒西陵。六日，奉皇太后至泰陵、泰东陵、昌陵、昌西陵、慕陵、慕东陵宝城前奠酒行礼。随后光绪皇帝至庄顺皇贵妃宝城前奠酒行礼。七日，上奉皇太后自梁格庄行宫启銮，乘火车幸保定府。

光绪三十一年（1905 年）

三月十一日，盛京将军赵尔巽等奉旨变通东西陵守护章程及岁修工程。五月二十一日上奏变通章程八条，后奉旨遵行。其中东西陵岁修银由 900 两和 800 两，分别增加至 2000 两和 1500 两。东西陵守护大臣，每员每年增加养廉银一千两。

光绪三十二年（1906 年）

正月，谕令派出王公祭祀东、西陵，每次赏给盘费银 100 两，由户部发给。

七月，守护西陵大臣载润等奏请于陵区内开凿井眼，以灌溉树木。

光绪三十三年（1907 年）

八月，西陵守护大臣载润、溥霱、希廉请示为各陵添置消防器材新式水龙等。

十一月，西陵承办事务衙门奏请在西陵守陵营房修建初等小学堂 12 处，在半壁店添建高等小学堂 1 处。

光绪三十四年（1908 年）

十月二十一日，光绪皇帝逝于瀛台涵元殿，享年 38 岁。溥仪登基。尊慈禧太后为太皇太后。二十二日，慈禧太后逝于西苑仪鸾殿，享年 74 岁。

十月二十四日，派溥伦、陈璧带领堪舆人员驰往东、西陵，为光绪皇帝选堪陵址。

十二月十四日，再次选定光绪陵址于西陵金龙峪，定光绪皇帝陵名为"崇陵"。

十二月二十五日，奉上谕，崇陵规制恭照惠陵规制敬谨兴修。

宣统元年（1909 年）

正月初三日，载洵奉命负责兴修梁格庄行宫，恭备光绪帝梓宫暂安。该工程于二月初十日开工，闰二月二十八日竣工。

二月初八日，崇陵工程破土。

闰二月十七日，崇陵工程兴工。

三月十三日，隆裕皇太后乘火车至西陵行宫，十四日恭谒各陵。

三月十五日，光绪皇帝梓宫奉移至梁格庄行宫正殿暂安。

六月二十八日，散秩大臣曾广銮在梁格庄行宫值班期间，未经具折请假擅自回京，交部议处。

十一月，因王公大臣等前往梁格庄行宫住班，半月更换一次，备火车专车以供其往返乘坐。

宣统三年（1911 年）

六月八日，因厂商拖欠工资，崇陵工地石匠罢工，进而引发全工地罢工。各厂商迫于官方的压力，核发并上调工人工资，至七月十七日，全部复工。

十二月二十五日，宣统皇帝退位，清朝统治结束。崇陵工程暂时停工。

十二月二十六日，南京临时政府公布《清室优待条件》。其中规定，清帝宗庙、陵寝永远奉祀，民国政府设立卫兵保护。光绪皇帝陵寝由民国政府赶修，其奉安典礼仍如旧制。

中华民国时期

民国一年（1912年）

7月2日，奉大总统令，任命赵秉钧、阿穆尔灵圭办理崇陵未完工程。

民国二年（1913年）

2月，自本年清明起，泰宁镇总兵每年届期查验祭礼。

4月2日，派曾任直隶布政使凌福彭代表国务总理赵秉钧驻崇陵工地督修。崇陵续修工程开工。

4月3日（农历二月二十七日），隆裕皇太后梓宫自皇极殿奉移至正阳门西车站，用火车运送到西陵梁格庄行宫西所正殿暂安。

4月9日（农历三月初三日），光绪皇帝的珍妃金棺由恩济庄奉移至正阳门火车站，用火车运送到西陵梁格庄行宫东院正殿停放。

12月10日，端康太妃（瑾妃）乘火车至西陵，先至光绪皇帝、皇后梓宫前奠酒、举哀行礼，再至珍妃金棺前站立奠酒。11日，瑾妃恭谒西陵各陵，返回行宫后再到珍妃金棺前奠酒。

12月13日，光绪皇帝、皇后棺椁及珍妃金棺一起奉移崇陵和崇陵妃园寝。申初二刻（下午3点半）光绪皇帝与皇后葬入崇陵地宫，珍妃金棺葬入崇陵妃园寝西宝券。端康太妃亲临奠送。

民国三年（1914年）

2月27日，赵秉钧去世。凌福彭奉命督修崇陵未完工程事宜。

6月26日，逊清皇室以赵秉钧生前"筹划崇陵工程，居功至伟"为由，为其在梁格庄兴隆寺山山阳设立专祠，在祠堂的东侧并排建造了赵秉钧墓。

本年，溥仪派前湖北按察使梁鼎芬守护崇陵，并办理崇陵种树事宜。

民国四年（1915年）

1月12日，崇陵工程告竣。

3月26日，崇陵栽种树株择吉开工。

5月2日，曾任广东廉州府教授李青赴西陵为溥仪勘选陵址，后择定崇陵偏右的南平台（今梁格庄镇西大地村）为陵址。

民国五年（1916年）

9月5日，崇陵植树工程告竣，共植树40601株。

民国六年（1917年）

7月25日（农历六月初七日），西陵地区狂风暴雨，连续4日雨止，西陵各陵受灾严重。崇陵神道碑亭四周河流满溢，冲倒树木共有7619株。

民国七年（1918年）

4月，易县守备军泰宁镇标下之兵等900人，因前任长官私将陵区耕地变卖，致使饷银无着落，联名状告至陆军部，陆军部交直隶省长调查，后查明属实并得以解决。

民国八年（1919年）

7月26日（农历六月二十九日），崇陵一带彻夜大雨，暴发山洪，崇陵的马槽沟泊岸被冲塌数十丈，并冲倒200多棵树木。慕东陵饽饽房应用祭器亦被水冲走61件。

民国九年（1920年）

1月5日，曾任崇陵植树大臣梁鼎芬去世，后葬于西陵梁格庄行宫东侧。

1月17日，拿获上年冬偷窃昌陵吻带盗贼。

民国十年（1921年）

2月13日（农历正月初六），泰宁镇衙署被当地军阀占领，查封账簿，出售木植，驱逐司员。

民国十三年（1924年）

11月至12月，崇陵妃园寝东侧砖券改修石券。

民国十四年（1925年）

6月1日，直隶总督李景林闻听清西陵古松柏树和陵寝祭器屡被守陵官兵盗窃，前泰宁镇游击曾将陵内的松柏锯伐，为此李景林特派奉军马瑞云旅长接任泰宁镇守使一职。

12月13日，光绪皇帝的瑾妃金棺由广化寺奉移到西直门火车站，用火车将金棺运送至西陵，14日葬入崇陵妃园寝东侧地宫内。

本年，直系和奉系军阀先后控制西陵。守军几进几出，毫无节制，陵区苍松古柏被砍伐盗卖，一些古建筑被毁，许多祭祀器皿宝物被抢掠。

民国十五年（1926年）

5月，泰宁镇守使陈增荣严查6000余件丢失的西陵祭器。后查明，原总兵刘骥任内参谋长金松生已将19箱银祭器押运至京，作价15000圆，充作军需。

本年，陈增荣率定西陵八景，并刻石铭记，陈于梁格庄火车站站台。

民国十七年（1928 年）

11 月 29 日，东、西两陵守护大臣津贴改为每月 300 圆支领。

本年，民国河北省政府在西陵（现西陵中学）成立了"河北省第二林垦局"，后改称为"林务局"，设局长一名（楚昌龄），下设厂长、科长、会计、工人，共 20 余人，主要目的是开垦荒地，拍卖土地。此后大量汉民涌入陵区。

民国十八年（1929 年）

本年，民国政府与逊清皇室联合在西陵成立"西陵古迹保管委员会"，委员长由清皇室代表袁祥茂充任，下设委员 4 人，省政府 1 名、易县政府 2 名，另一名由省第二林务局抽出，共 5 人管理陵区事务。

民国十九年（1930 年）

1 月，经河北省府委员会议决，将清西陵行宫拨给省立易县初级中学（原为河北省立第八中学）职业班作为教舍。当年 8 月，河北省农矿厅又将行宫前官地和附近官山拨予该校。

本年，为了加强陵区管理，北京西陵办事处与地方政府成立专门护陵看树的警察队，由西陵古迹保管委员会领导，队址设在凤凰台。警察队设立警官 1 名、巡长 8 名、警察 20 多名。至 1937 年，该队解散。

民国二十二年（1933 年）

4 月 11 日，杜五儿等 6 人盗掘清西陵境内的怀亲王园寝未遂。

民国二十七年（1938 年）

本年，驻北京的西陵办事处组织成立了"西陵守卫队"，经过训练后与西陵办事处一起驻扎在西陵的五道河村，直到 1945 年全部撤回北京。

本年秋，光绪皇帝崇陵地宫被一股不明身份的武装力量盗掘。崇陵妃园寝中的瑾妃地宫被以鄂士臣、关友仁为首的 8 个守陵人后裔盗掘。

本年，泰陵驻扎伪军一个团。

民国三十七年（1948 年）

本年，赵秉钧墓被盗。

中华人民共和国成立以来

1949 年

北京某保密机关占用慕陵作库房，至 1976 年搬出。

1954 年

清西陵文物保管所成立。

1956 年
龙泉峪北厂子村兴修水利，以打井为由，将村东的端顺固伦公主园寝地宫拆毁。
1957 年
泰陵神道碑亭、东配殿、东朝房揭瓦维修。此后历年均有文物本体维修。
1958 年
泰陵大碑楼遭雷击，正脊和大吻被击毁。
1961 年
3 月 4 日，国务院公布清西陵为第一批全国重点文物保护单位。
1964 年
泰陵大碑楼维修工程开工。

本年起，崇陵被北京 386 部队占用，至 1974 年。
1965 年
5 月，天津市外贸局以战备为由占用永福寺，至 1979 年 10 月。
1966 年
解放军 58011 部队在西陵修建营房，进驻昌陵东配殿。

泰陵更衣殿落架维修。泰陵大碑楼维修工程竣工。
1968 年
6 月 25 日，昌陵东配殿由于电线短路失火，致东配殿南山花、南稍间椽子、望板及三架梁以上的檩枋等构件大部分被烧毁；明间、南次间部分椽望等构件被烧毁，建筑物瓦顶部分被毁，彩画被烧糊熏黑。
1976 年
8 月 17 日，崇陵东配殿遭雷击起火。雷电击中东配殿东南角房檐下安装的变压器起火，引燃东配殿东南角檐椽。东配殿全部落架保护。1995 年至 1996 年间复建。

本年，北京某保密机关从慕陵搬走，解放军某部坦克团又占用慕陵。
1979 年
5 月 1 日，泰陵正式对游客开放。
1980 年
4 月 8 日，由河北省考古发掘队对泰陵地宫进行试掘，发现地宫尚未被盗掘。

4 月 15 日，国家考古研究所所长夏鼐、国家文物局局长任质斌等来西陵实地考察，确认泰陵地宫尚未被盗掘，停止挖掘，并将其回填。

4 月 17 日，河北省考古发掘队试掘崇陵地宫，发现已经被盗。

6 月 15 日至 7 月 26 日，经国家文物局批准、河北省文物局同意，保定地区文化局主持对清西陵被盗的崇陵地宫进行保护性清理。

8月1日，崇陵地宫对外开放。

1981年

本年底，河北省农林科学院林业研究所从西陵梁格庄行宫搬出，但家属宿舍仍居住，直至1990年底全部搬出。

1983年

5月1日，梁格庄行宫招待所对外营业。

1985年

4月9日，张格庄大队管理委员会将阿哥园寝正式移交给清西陵文保所管理。

10月20日，昌陵圣德神功碑亭落架维修工程开工。

1986年

清西陵慕陵、昌陵对外开放。

1987年

6月5日，易县清西陵文物保管所划归保定地区行署文化局直属单位，更名为保定地区清西陵文物管理处，升格为副处级事业单位。

1988年

4月7日，永福寺修缮工程正式开工，历时7年，于1994年10月竣工。

本年，澳门蔡氏兄弟影视公司到西陵拍摄电影《夜盗珍妃墓》。

1989年

9月20日，易县上岳各庄村的果亲王允礼园寝享殿被火烧毁。村民魏金全因精神失常，在殿内居住，将享殿烧毁。

1990年

3月1日，泰陵内务府衙署院内大堂及两座配房因电路老化起火被烧毁。

1992年

2月4日（农历新年）凌晨，清西陵泰陵西配殿展室被盗，丢失文物16件。

1993年

5月1日，昌西陵正式对外开放。

1994年

2月5日，由中国城市规划设计研究院编制的《清西陵总体规划》获河北省人民政府批准施行。

7月21日，由河北省文研所工程师陈英奇主持，清西陵文物管理处副主任尚洪英、刘永福及古建科、资料科部分工作人员等参加，对端亲王园寝地宫进行了清理。

1995年

1月26日，前清末代皇帝溥仪的骨灰安葬于崇陵附近华龙皇家陵园。

5月1日，清西陵永福寺对外开放。

1996年

2月5日，国家文物局将清西陵列入申报世界文化遗产预备名单。

1997年

6月至1998年11月，清西陵古松进行普查、编号、定牌、拍照、建立档案。经过普查，清西陵现存古松柏为13902株。

1999年

3月5日，按照国家文物局的统一部署，清西陵和清东陵申报世界文化遗产工作经省政府批准正式展开。河北省人民政府副省长刘健生任河北省东、西两陵申报世界遗产领导小组组长。

5月，清西陵古松林暴发有史以来最大规模的松毛虫灾害。易县政府发动全县干部职工参与西陵除虫工作，并使用飞机喷洒灭虫剂，使虫灾得到控制。

6月24日，清西陵景区管理体制改革会议在易县召开。即日起原保定市管辖清西陵文物管理处移交给易县人民政府管理，保留副处级机构。

9月25日，清西陵环陵旅游公路建设项目开工，项目总投资1474万元，全长13.6公里。2002年7月竣工。

2000年

1月9日，联合国教科文组织世界遗产委员会、国际古迹遗址理事会秘书长让·路易卢森对清西陵申遗项目进行评估考察。实地考察后，在清西陵行宫会议室召开了座谈会。河北省副省长刘建生、国家文物局郭旃处长、保定市副市长贾体新、保定市文物局局长姚秀珍、易县县长刘建立、副县长兼清西陵文物管理处主任王胜利等参加了座谈会。

2月1日下午，岭东村果郡王弘瞻园寝享殿发生火灾，享殿全部被烧毁。

4月29日，北京西至易县西陵旅游专列"皇家铁路号"正式通车一年后停运。

6月1日，泰陵圣德神功碑亭至昌陵神道辅路竣工，全长2400米。

9月30日，泰陵至崇陵神道辅路开工建设，2001年6月15日竣工，全长5030米。

11月30日，第二十四届世界遗产委员会会议在澳大利亚东北部城市凯恩斯召开，会议决定，清西陵所在的"中国明清皇家陵寝"项目被联合国教科文组织列入《世界文化遗产名录》。

2001年

1月9日，清西陵被国家旅游局评为AAAA级景区。

4月29日，庆祝中国清西陵申报世界遗产暨河北省假日文化启动工程（中国歌舞团赴易县老区慰问演出）大型文艺演出在泰陵隆恩殿门前广场隆重举行。文化部副部长艾青春、河北省文化厅厅长张希有、河北省文物局局长张立柱等有关领导，多家新闻媒介的记者和几千名群众观看了这次演出。

5月1日，泰陵妃园寝、端亲王园寝正式对外开放。

6月15日—8月12日，清西陵大红门至昌西陵神道辅路罩面工程完成，全长4000米。

7月9日，"中国清西陵世界文化遗产标志揭幕仪式"在清西陵大红门前广场举行。河北省省长钮茂生、副省长杨千、河北省旅游局局长王新勇、保定市委书记王廷玖、市长付志方、副市长贾体新、河北省文物局副局长谢飞以及河北省旅游工作会议的全体代表300余人也同时参加了揭幕仪式。河北省副省长杨千、保定市委书记王廷玖为标志碑揭幕。

8月15日下午3点30分，国家文物局在北京人民大会堂举行了世界文化遗产证书颁发仪式，清西陵、清东陵参加了仪式。

11月29日，清西陵遭受有史以来最严重的暴雪灾害，大约上百株古松和上千株幼松柏受到不同程度的损伤。

2002年

7月，清西陵大红门迎宾路、112国道至慕陵、112国道至昌陵三段旅游道路竣工通车。

9月28日，河北省第九届人民代表大会常务委员会第二十九次会议通过《清东陵保护管理办法》适用于清西陵保护和管理的公告。

2003年

4月，《清史》纂修重大科研课题"光绪帝死因研究"课题组正式启动，清西陵文物管理处是四家组成单位之一。

7月19日，泰陵南面石牌坊中间楼顶西北垂脊走兽遭雷击损坏。

9月8日，清西陵火焰牌楼上的石雕蹲龙和中门上的火焰宝珠被盗。12日，被盗石构件从天津追回。26日，被盗石构件归安原位。

2007年

6月9日，《清西陵建筑》特种邮票发行。

2008年

1月14日，清西陵开展全国第三次不可移动文物普查工作，至2010年4月9日完成。

11月2日，"光绪死因研究成果"新闻发布会在北京京西宾馆召开，正式向外界公布课题成果：光绪死于砒霜中毒。这一成果也被评为2008年中国十大科学发现之一。

2009 年
2月24日，河北省《河北省志·清陵志》志书编纂委员会成立，正式启动《清陵志》编纂工作。

2012 年
3月，清西陵"十二五"文物保护工程启动仪式在泰东陵举行。河北省副省长孙士彬出席仪式。工程总投资6.9亿元。

11月25日，保定市清西陵保护区党工委、清西陵保护区管委会成立。

2015 年
7月11日，上岳各庄允礼园寝发现盗洞，经过保卫科两天一夜的蹲守，于12日上午抓获盗洞挖掘人两名。

9月，清西陵成功通过了申报AAAAA景区河北省旅游局专家质量景观初评。

2016 年
9月23日—25日，河北省首届旅游发展大会在京西百渡休闲度假区（即涞源、涞水、易县）举办，清西陵圆满完成大会代表观摩接待。

2017 年
4月28日，泰陵大碑楼两侧出入口实现封闭管控。

7月8日，第一届清西陵徒步大会成功举办。

2018 年
9月27日，占地130亩的清西陵综合服务区建成并投入使用，同时启动景区中巴车运营。

2019 年
9月底，占地130亩的清西陵综合服务区建成并投入使用。

1月—10月，在各陵指定区域，安装活动型防护值班室21座。

2020 年
1月8日，清西陵被评为国家AAAAA级旅游景区。

2021 年
1月1日，《保定市清西陵保护条例》正式颁布实施。

1月7日，清西陵被评为国家AAAAA级旅游景区。

2022 年
1月15日，《清西陵文物保护总体规划》由河北省人民政府办公厅公布施行。

2023 年
7月29日—31日，易县遭遇百年不遇的强降雨，受台风"杜苏芮"影响，持续暴风雨造成景区环陵公路途经桥梁两处损毁断交。文物本体受损部位共25处，致陵区 50 余株松树受到不同程度的损毁。

11 月 22 日，大型网络直播旅游推介活动"东方甄选看世界•河北行"西陵站成功举办，东方甄选董事长俞敏洪、主播思宇在清西陵进行了现场直播推介。

2024 年

3 月 27 日，于南百泉村发现光绪十三年崇陵选址志桩"金龙峪金星宝盖志桩"，成为光绪帝生前亲选陵址的实物见证。

12 月 31 日，清西陵 2023 年灾后重建工程（水毁工程）全部修复完成，主要包括泰陵五孔桥、昌西陵、昌陵、崇陵、崇妃园寝马槽沟局部泊岸整修；泰东陵、慕东陵石平桥、昌西陵三孔桥整修及泰陵五孔桥南塂地、太宁寺风水墙整修等。

二、清朝皇帝简表

年号	庙号	谥号	名字	生卒年	享年	即位年龄	在位年数	在位时间	入葬陵寝	后妃人数	儿子	女儿	世系	生母
天命	太祖	高	努尔哈齐	1559—1626	68	58	11	1616—1626	沈阳福陵		16	8	显祖长子	宣皇后
天聪	太宗	文	皇太极	1592—1643	52	35	17	1627—1643	沈阳昭陵		11	14	太祖八子	孝慈高皇后
顺治	世祖	章	福临	1638—1661	24	6	18	1644—1661	东陵孝陵	31	8	6	太宗九子	孝庄文皇后
康熙	圣祖	仁	玄烨	1654—1722	69	8	61	1662—1722	东陵景陵	56	35	20	世祖三子	孝康章皇后
雍正	世宗	宪	胤禛	1678—1735	58	45	13	1722—1735	西陵泰陵	25	10	4	圣祖四子	孝恭仁皇后
乾隆	高宗	纯	弘历	1711—1799	89	25	60	1736—1795	东陵裕陵	41	17	10	世宗四子	孝圣宪皇后
嘉庆	仁宗	睿	颙琰	1760—1820	61	37	25	1796—1820	西陵昌陵	19	5	9	高宗十五子	孝仪纯皇后
道光	宣宗	成	旻宁	1782—1850	69	39	30	1820—1850	西陵慕陵	20	9	10	仁宗二子	孝淑睿皇后
咸丰	文宗	显	奕詝	1831—1861	31	20	11	1851—1861	东陵定陵	18	2	1	宣宗四子	孝全成皇后
同治	穆宗	毅	载淳	1856—1874	19	6	13	1862—1874	东陵惠陵	5	0	0	文宗长子	孝钦显皇后
光绪	德宗	景	载湉	1871—1908	38	4	34	1875—1908	西陵崇陵	3	0	0	奕譞二子	慈禧胞妹
宣统			溥仪	1906—1967	62	3	3	1908—1912	西陵华龙陵园	5	0	0	载沣长子	瓜尔佳氏

三、清帝谒陵简表

皇帝	谒陵次数			
	盛京三陵	东陵	西陵	合计
努尔哈齐	—	—	—	—
皇太极	6	—	—	6
福临	—	—	—	—
玄烨	3（第一次未至永陵）	47	—	50
胤禛	—	8	—	8
弘历	4	26	39	69
颙琰	2	27	12	41
旻宁	1	9	15	25
奕詝	—	1	5	6
载淳	—	2	1	3
载湉	—	5	2	7
溥仪	—	—	—	—
合计	16	125	74	215

参考文献

[1] 清宫档案.朱批奏折［A］.建筑工程.

[2] 清宫档案.录副奏折［A］.建筑工程.

[3] 清宫档案.上谕档［A］.建筑.

[4] 清宫档案.内务府来文［A］.礼仪.

[5] 清宫档案.内务府来文［A］.建筑工程.

[6] 清宫档案.内务府来文［A］.陵寝事务.

[7] 清宫档案.内务府来文［A］.祭祀丧葬.

[8] 清宫档案.内务府来文［A］.陵寝坛庙.

[9] 清宫档案.新整内务府档［A］.敬事房.

[10] 清宫档案.内务府奏案［A］.

[11] 清宫档案.德宗、孝定景皇后大事档［A］.

[12] 清宫档案.溥仪档［A］.

[13] 中国第一历史档案馆.清西陵档案［A］.

[14] 中国第一历史档案馆.雍正朝汉文朱批奏折汇编［M］.南京：江苏古籍出版社，1991.

[15] 中华书局.清实录［M］.北京：中华书局，1986.

[16] 清代官修.畿辅通志［M］.石家庄：河北人民出版社，1985.

[17] 中华书局.清会典［M］.北京：中华书局，2013.

[18] 鄂尔泰.八旗通志［M］.长春：东北师范大学出版社，1985.

[19] 张登高.直隶易州志［Z］.易县文化局影印本，1747（乾隆十二年）.

[20] 寿鹏飞.易县志稿［M］.北京：学苑出版社，1990.

[21] 赵尔巽.清史稿［M］.北京：中华书局，2020.

[22] 爱新觉罗·弘历.清高宗(乾隆)御制诗文全集［M］.北京：中国人民大学出版社，1993.

[23] 布兰泰（乾隆六年原纂，英廉光绪十二年重纂）.昌瑞山万年统志［Z］.全国图书馆文献缩微中心手抄本.

[24] 清东陵守陵大臣.陵寝易知［M］.手抄本，1886（清光绪十二年）.

[25] 唐邦治.清皇室四谱［M］.长沙：文海出版社，1982.

[26] 张尔田.清列朝后妃传稿［M］.长沙：文海出版社，1982.

[27] 朱寿朋.光绪朝东华录［M］.北京：中华书局，1958.

[28] 蔡冠洛.清代七百名人传[M].北京：中国书店，1984.

[29] 章乃炜，王蔼人.清宫述闻[M].北京：紫禁城出版社，2009.

[30] 吴振棫.养吉斋丛录[M].北京：中华书局，2005.

[31] 昭梿.啸亭杂录[M].北京：中华书局，1980.

[32] 赵尔巽.清史稿[M].北京：中华书局，1977.

[33] 秦国经.逊清皇室秘闻[M].北京：故宫出版社，2014.

[34] 爱新觉罗·溥仪.我的前半生[M].北京：群众出版社，2013.

[35] 冯其利.清代王爷坟[M].北京：紫禁城出版社，1996.

[36] 俞进化.清东陵与西陵[M].北京：北京出版社，1981.

[37] 陈宝蓉.清西陵纵横[M].石家庄：河北人民出版社，1998.

[38] 于善浦.光绪皇帝的珍妃[M].北京：紫禁城出版社，2005.

[39] 萧奭，朱南铣.永宪录[M].北京：中华书局，1997.

[40] 郭福祥.明清帝后印玺[M].北京：国际文化出版公司，2003.

[41] 王其亨.风水理论研究[M].天津：天津大学出版社，1992.

[42] 冯尔康.雍正传[M].北京：人民出版社，1985.

[43] 张习孔，田珏.中国历史大事编年[M].北京：北京出版社，1997.

[44] 宝成关.奕䜣慈禧政争记[M].长春：吉林文史出版社，1990.

[45] 张恩荫.圆明大观话盛衰[M].北京：紫禁城出版社，2004.

[46] 关文发.清帝列传：嘉庆帝[M].长春：吉林文史出版社，1993.

[47] 孙文范、冯士钵、于伯铭.清帝列传：道光帝[M].长春：吉林文史出版社，1993.

[48] 冯元魁.清帝列传：光绪帝[M].长春：吉林文史出版社，1993.

[49] 陈瑞云.清帝列传：宣统帝[M].长春：吉林文史出版社，1993.

[50] 杨珍.清朝皇位继承制度[M].北京：学苑出版社，2009.

[51] 左步青.清代皇帝传略[M].北京：紫禁城出版社，1991.

[52] 清代宫史研究会.清代宫史探微[M].北京：紫禁城出版社，1991.

[53] 清代宫史研究会.清代皇宫陵寝[M].北京：紫禁城出版社，1995.

[54] 清代宫史研究会.清代宫史丛谈[M].北京：紫禁城出版社，1996.

[55] 杨宽.中国古代陵寝制度史研究[M].上海：上海古籍出版社，1985.

[56] 钱实甫.清代职官年表[M].北京：中华书局，1980.

[57] 张德泽.清代国家机关考略[M].北京：学苑出版社，2001.

[58] 王其亨.光绪生前于西陵金龙峪择定万年吉地的史实[J]//故宫博物院.故宫

博物院院刊：第 1 期 .1989.

[59] 徐广源 . 清西陵史话［M］. 重庆：重庆出版社，2017.
[60] 林乾 . 雍正十三年［M］. 天津：百花文艺出版社，2020.
[61] 林乾 . 论雍正帝相度万年吉地的几个问题［J］// 故宫博物院 . 故宫博物院院刊：第 4 期 .2017.
[62] 王胜利，尚洪英 . 世界文化遗产清西陵丛书：皇家寺庙永福寺［M］. 石家庄：河北美术出版社，2003.
[63] 李国荣，张书才 . 实说雍正［M］. 北京：紫禁城出版社，1999.
[64] 杨启樵 . 雍正帝及其密折制度研究［M］. 广州：广东人民出版社，1983.
[65] 陈书砚 . 清代崇陵工程研究［D］. 天津大学研究生院，2014.
[66] 孙静庵，胡思敬 . 栖霞阁野乘：国闻备乘［M］. 重庆：重庆出版社，1998.
[67] 李寅 . 探秘清代帝后陵［M］. 北京：中华书局，2015.
[68] "清光绪帝死因研究"课题组 . 清光绪帝死因鉴证［M］. 北京：北京出版社，2017.
[69] 马秀娟 . 试述光绪朝西陵林木管理［J］// 文物春秋杂志社 . 文物春秋：第 2 期 .2005.
[70] 易县地方志编纂委员会 . 易县志［M］. 北京：中央编译出版社，2000.
[71] 胡汉生 . 明十三陵研究［M］. 北京：北京燕山出版社，2013 年 .
[72] 谭玉华 . 庚子年间法国军官欧仁 . 凤撒吉利非对易州清西陵的调查［J］// 北京外国语大学 . 国际汉学：第 3 期 .2020.

后 记

乙巳新岁，《清西陵三百年》一书终于要付梓了，此时，我心中充满了难以言说的感慨和感动！

我从参加工作就在清西陵。30多年来，随着对清西陵研究学习的深入，我越来越对她产生一种尊崇和敬畏之情。每当我走近她，都会被她的沉凝、博大和深邃所震撼。

我感觉她就是一位智者，300年沧海桑田，她就那样静静地伫立在易县这块"乾坤聚秀"的神奇土地上，感受着寒来暑往，关注着时代变迁，把对岁月的记忆融刻进宫门前斑驳的海墁、梁柱上崭新的彩绘，把对历史的感悟幻化为新与旧的交替、兴与衰的变迁。

我觉得她还是一位使者，从历史的深处走来，波诡云谲的清宫秘史，荟萃千年的建筑艺术，独特多元的历史文化是她厚重的肌体。她历经了康乾盛世的昂首起步，走过了清末、民国的步履蹒跚，如今迈出新的稳健步伐，把历史艺术和文化带给新时代的我们。

随着对清西陵历史文化研究的不断深入，新的研究成果不断涌现出来，我本人也全程参与了光绪死因的课题研究，我深深感受到，这些年来通过清史学界同行们的不懈研究和探索，从她自身蕴含的传统文化，到她背后的历史风云，再到相关人物的荣辱悲欢，都进行深度挖掘和详细考证，使清西陵的历史更加清晰完整，内涵更加丰富深刻。

我一直有一个愿望，就是希望能够通过自己的努力，把清西陵的艺术、文化、故事推介给更多的访客和读者，把她蕴含的中华文明的精神与价值内核展现给大众，让更多的人了解她、喜欢她、关注她，也让更多的人通过了解清西陵而为中华文明的博大精深感到骄傲。

经过较长时间的酝酿、构思和编写，这本书几易其稿，终于结集成《清西陵三百年》。本书在创作过程中得到了有关专家和我的同事们的大力支持和帮助。在此，我要感谢清西陵保护区管委会各位领导对我的支持和鼓励；感谢清史学家朱诚如先生、林乾先生的积极评价和大力推介；感谢王其亨先生在书稿编写过程中给予的不吝帮助和精心指导；感谢徐广源先生和易县文化学者潘新宇先生的真诚帮助；感谢责任编辑王天恒女士的辛勤付出；感谢王江山、赵骏、赵林森、于正万、李英平和涞水县文保所刘丽娟副所长等朋友提供的精美图片。最后特别要感谢我的家人，是你们无私的爱与包容，让我能全身心地进行编写工作。同时，本书也参考和借鉴了很多学界方家的著作和研究成果，恕我未能一一列出，在此一并表示真挚的感谢和深深的敬意。

  由于本人水平有限，书中难免有不详或不妥之处，敬请各位专家和读者批评指正，本人不胜感激。

邢宏伟

2025年1月于西陵永慕斋